Inhaltsverzeichnis

Vorwort	5
Die Bundestagswahl 2013	11
Schlaglichter	17
„Schicksalsjahr" 2011?	39
(K)ein Grund zum Feiern?	89
Auf Abwegen: Kölner Parteitag 1983	107
Zeitenwende oder Wendezeiten	183
Okkasionist Schröder	193
Vom Elend einer Parteireform	219
Nicht auf halbem Weg stehen bleiben	235
25 Jahre Frauenquote sind genug	239
Der Makel der Frauenquote	267
Bittere Bilanz: 25 Jahre Frauenquote	287

INHALTSVERZEICHNIS

Weiter auf dem Holzweg	293
Haben wir noch eine Wahl?	297
Symptomatisch?!	305
Wahlkampf in Zeiten des Policy Mainstreamings	319
Der lange Abschied von Rot-Grün	331
Anmerkungen	341

Klaus Funken

Zum 150sten keine Festschrift

Anmerkungen zur SPD heute

Ein Cuncti-Buch
www.cuncti.net

Vorwort

150 JAHRE ist die Partei 2013 alt geworden. Es wurde gefeiert, in Leipzig, Berlin und sonst wo. Es war ja Wahlkampf. Aber Stimmung kam nicht auf. Von Aufbruch keine Spur. Der Wahlkampf trostlos. Der Kandidat bemitleidenswert. Eine merkwürdige Aura aus Depression, Trotz und Verzagtheit umgibt die Partei. Und diese Aura verschwindet nicht. Nach dem erneuten Wahldebakel im Herbst 2013 erst recht nicht. Die Mitgliederbefragung – ein riskanter und gleichwohl erfolgreicher Schachzug des Parteivorsitzenden Sigmar Gabriels – hat die Partei zumindest kurzfristig aus der Lethargie gerissen, in die sie nach dem deprimierenden Ergebnis der Bundestagswahl unweigerlich gefallen wäre. Doch wird dieses Stimmungshoch nur von kurzer Dauer sein. Bald wird die Partei den trüben Alltag des Regierens wieder ertragen müssen.

VORWORT

Als ich meine Arbeit für die SPD im Deutschen Bundestag begann, war sie die stärkste Fraktion. Fast 46 Prozent der Stimmen hatte sie bei der Bundestagswahl 1972, der „Willy Wahl", erreicht. Ein Traumergebnis. Annemarie Renger zog als erste Frau ins Amt des Bundestagspräsidenten. Helmut Schmidt war 1974 Willy Brandt im Kanzleramt gefolgt und plagte sich mit der ersten Ölpreiskrise herum, der anwachsenden Arbeitslosigkeit, nicht zuletzt mit den Anschlägen deutscher Terroristen, die das Land seit Jahren schon in Atem hielten. Die Entspannungspolitik kam nach der KSZE-Konferenz von Helsinki ins Stocken, die hoch gesteckten Erwartungen erfüllten sich nicht. Stattdessen rüsteten die Sowjets unentwegt auf. Der innere Führungszirkel der Partei, die sogenannte Troika - das waren Willy Brandt, Helmut Schmidt und Herbert Wehner – hielt die Partei zusammen – trotz aller Querelen, Animositäten und Empfindlichkeiten. Willy Brandt führte die Partei und hielt dem Kanzler den Rücken frei, der „Onkel", wie Herbert Wehner respekt- wie liebevoll genannt wurde, führte die Fraktion - wenn es sein musste – mit eiserner Hand und sicherte Schmidt die parlamentarische Mehrheit. Schmidt konnte sich auf ihn verlassen.

Als ich meine Arbeit 2010 beendete, war die SPD im Jahr zuvor auf 23 Prozent abgestürzt. Das schlechteste Ergebnis seit dem Zweiten Weltkrieg. Die SPD war praktisch auf das Niveau von vor dem 1.Weltkrieg zurückgefallen. Ein historisches Debakel. Ein solcher Absturz ist erklärungsbedürftig, würde man meinen. Nicht so bei den Sozialdemokraten. Mehr als eine fulminante „Ich habe verstanden" -Rede des neuen Parteivorsitzenden, Sig-

Vorwort

mar Gabriel, auf dem Parteitag nach dem Desaster kam bei der Aufarbeitung nicht heraus. Klar: Ein Neuanfang musste her. Wieder einmal. Das Thema „Soziale Gerechtigkeit" wieder mehr in den Vordergrund stellen, einen neuer Schulterschluss mit den Gewerkschaften versuchen, mehr innerparteiliche Demokratie wagen. Mehr war es nicht, was Gabriel anzubieten hatte. Vieles blieb danach nicht mehr als Ankündigung, Wunschdenken, Rhetorik. Wieder einmal. Die gewonnenen Wahlen in Ländern und Kommunen seit dem Desaster von 2009 täuschen darüber hinweg, dass die SPD sich von der Talsohle des Jahres 2009 nicht wirklich wegbewegt hat. Spektakulär war bislang nur der Wahlsieg der SPD in Hamburg. Das dürftige Wahlergebnis vom 22. September 2013 holte die SPD wieder auf den Boden der Tatsachen.

Wie konnte man einen Vertrauensverlust wie den des Jahres 2009 erklären? Die sozialdemokratischen Mitglieder in Merkels Kabinett der großen Koalition hatten doch gute Arbeit geleistet, wie man allerorten lesen konnte. Sicher: Die Partei zog nur widerborstig mit. Klar, sie war regierungsmüde und vornehmlich mit dem beschäftigt, was Schröder in den sieben Jahren seiner Amtszeit hinterlassen hatte. Die Kluft zwischen dem Spitzenpersonal der Partei und den Funktionären und einfachen Mitgliedern, die sich während Schröders Kanzlerschaft weit geöffnet hatte, blieb. Das tiefe Misstrauen gegenüber denen da oben auch. Ganz ungerechtfertigt war es nicht. Die große Koalition begann mit einem eklatanten Wortbruch. Zudem mutete der neue Vize-Kanzler, Arbeitsminister Franz Müntefering, den Genossinnen und Genossen die Erhöhung des Renteneintrittsalters auf 67 Jahren

Vorwort

zu. Eine Provokation ganz im Stil des Basta-Kanzlers. Doch reicht das aus, um den Absturz bei der Bundestagswahl 2009 und das erneute Wahldebakel 2013 zu erklären? Offensichtlich nicht. War dieser Absturz dann zwangsläufig? Ja und Nein. Es gibt keine leichten Antworten. Das ist kein Erinnerungsbuch von jemandem, der dabei war. Ich bin kein Politiker, ich bin Berater gewesen. Da gibt es nichts zu erinnern, was öffentlich gemacht zu werden braucht. Das ist auch kein Buch über die Geschichte der SPD der vergangenen Jahrzehnte. Es ist eine Sammlung von längeren analytisch beschreibenden und kurzen pointiert polemischen Texten aus den letzten drei Jahren, allesamt Momentaufnahmen, Schlaglichtern, die ich für charakteristisch halte. Alle Texte stehen für sich und können unabhängig voneinander gelesen und verstanden werden. Kleinere Texte wurden zuvor im Netz auf verschiedenen Plattformen verstreut bereits veröffentlicht und können in der Zusammenschau erneut nachgelesen werden. Wiederholungen in den Texten lassen sich nicht immer vermeiden und sind mit Nachsicht zu überlesen.

Sich mit dem Niedergang der SPD zu beschäftigen ist für jemanden, der lange Zeit für sie gearbeitet hat, kein Vergnügen. Natürlich hatte ich mir Gedanken gemacht, wie es soweit kommen konnte. Es waren immer die gleichen Ereignisse, die mir einfielen, wenn man so will Schlaglichter des Niedergangs. Teilweise lagen sie schon lange zurück. Möglicherweise sind sie in der Partei gar nicht mehr präsent oder werden verdrängt, dennoch üben sie einen unheimlichen, unwiderstehlichen Sog aus. Darüber jedoch zu schreiben, etwas zu Papier zu bringen und

VORWORT

wohlmöglich noch zu veröffentlichen, diese Absicht hatte ich nicht. Ich bin dann eher zufällig dazu gekommen, mich mit meiner Partei, der SPD, noch einmal intensiver zu befassen: Anfang des Jahres 2011 – die „Grünen" lagen in Umfragen in Baden-Württemberg und Berlin deutlich vor der SPD – meldeten sich chinesische Freunde bei mir und fragten besorgt, was denn da los sei in Deutschland: wird hier das Ende der SPD als Volkspartei eingeläutet, werden die Grünen „die traditionsreichste Partei Deutschlands" tatsächlich überholen oder sogar ablösen? Was waren die Gründe? Warum jetzt? Und warum gerade die „Grünen"?

Ein Vortrag wurde vereinbart, möglicherweise auch ein Text für die „Deutschland-Studien" der Tongji Universität. So fing es dann an. Der überwiegende Teil der hier im Band versammelten Texte sind Beiträge, die in den letzten Monaten geschrieben wurden. Nur einige, meist kleinere Beiträge sind in den vergangenen beiden Jahren bereits veröffentlicht worden. Die schriftliche, bisher unveröffentlichte Langfassung meines Shanghaier Vortrags ist unverändert geblieben, obgleich er von der aktuellen Lage Anfang des Jahres 2011 ausgeht, die sich, wie wir wissen, deutlich verändert hat. Das Wesentliche des Beitrages hat gleichwohl auch heute noch Bestand.

Klaus Funken, im Januar 2014

Die Bundestagswahl 2013

Die Parteienlandschaft in Deutschland ist weiter in Bewegung. Diese Feststellung mag vorerst überraschen, sind doch seit langem erst einmal wieder nur vier Parteien im Deutschen Bundestag vertreten. Nach dem Triumph von Angela Merkel bei der Bundestagswahl am 22. September 2013 scheint sich für einige Beobachter der Trend wieder in Richtung Volksparteien zu drehen. Dagegen spricht nicht nur das mickrige Ergebnis für die SPD. Auch relativiert sich das Unions-Ergebnis, wenn man die Zustimmung aller Wahlberechtigten zur Union in Betracht zieht. Überhaupt ist zu beachten, dass diese vier Parteien nur knapp 60 Prozent der Wahlberechtigten auf sich vereinigen konnten. Gut 11 Prozent der Wahlberechtigten haben Parteien gewählt, die nicht die Fünfprozenthürde geschafft haben. Davon zwei nur ganz knapp: FDP und AfD. Knapp 29 Prozent der Wahlberechtigten sind erst gar nicht zur Wahl gegangen. Das führt zu der denkwürdigen Situation, die das Wahlergebnis ei-

Die Bundestagswahl 2013

gentlich auf den Kopf stellt: während nur 47 Prozent der Wahlberechtigten die Parteien der schwarz-roten Koalition gewählt haben, verfügen eben diese Parteien im Deutschen Bundestag über 80 Prozent der Mandate. Das ist in Systemen mit Mehrheitswahlrecht nichts außergewöhnliches, in Systemen mit Verhältniswahlrecht schon. Trotz des für viele überraschend guten Abschneidens in Bayern und im Bund sind die Unionsparteien weit entfernt von den Wahlergebnissen vergangener Tage.

1983 überzeugte Helmut Kohl noch 43 Prozent aller Wahlberechtigten, CDU/CSU zu wählen, bei Angela Merkel waren es 22. September 2013 nur noch gut 29 Prozent. Von ihren Ergebnisses 2009 oder 2005 ganz zu schweigen. Der Wahlerfolg der neokonservativen „Alternative für Deutschland", die den Sprung in den Bundestag – praktisch aus dem Stand heraus – nur knapp verpasste, war einer der Sensationen am Wahlabend. Das hatte zuvor noch keine Partei geschafft.

Der Union muss aber dieser Erfolg der AfD in den Ohren klingen. Hier wächst ein Mitbewerber im konservativen Lager heran, der der Union noch zu schaffen machen kann. Bei Lichte besehen ist also das Potential für Aufsplitterung des deutschen Parteiengefüges nach wie vor groß. Während sich im linken Spektrum drei Parteien fest etabliert haben, eine vierte Partei, die „Piraten", sich selbst um jeden Erfolg gebracht hat, kann sich mit der AfD und einer wiedererstarkten FDP die Erosion der Volkspartei CDU/CSU auch wieder beschleunigen. Darüber können die Wahlerfolge der Union im Bund und in Bayern nicht hinwegtäuschen.

Die Bundestagswahl 2013

Optimal

Angela Merkel verdankt ihren Erfolg einer geradezu optimalen Ausgangslage: die wirtschaftliche Lage in Deutschland war so gut wie lange nicht mehr, die Konsumfreude der Bürger ungebrochen, die Zahl der Arbeitslosen so gering wie seit über zwanzig Jahren nicht mehr, die Kassen von Bund und Ländern prall gefüllt, Gleiches vermeldeten die Renten- Kranken- und Arbeitslosenkassen, das Gespenst der Eurokrise schien gebannt. Die Bürgerinnen und Bürger waren zufrieden mit ihrer persönlichen Situation. Und das kam – wie üblich – der Regierung zugute.

Die Oppositionsparteien hatten dagegen zu keinem Zeitpunkt der Kampagne auch nur den Hauch einer Chance. Sie fanden einfach kein Rezept, die Kanzlerin zu stellen und sie ernsthaft herauszufordern. Der Kanzlerkandidat, den die SPD präsentierte, war so schwach wie kein Kandidat zuvor. Das Wahlprogramm der Partei war umfangreich, aber konturlos, es konnte niemanden begeistern. Die Themen, die den Menschen unter den Nägeln brannten, wurden dagegen nicht angesprochen: Die Risiken und Unwägbarkeiten aus der Eurokrise und der Energiewende. Die Ausgangslage für die Oppositionsparteien war deshalb von Anfang an schon ziemlich verkorkst. Merkels Union, die kein populäres, wahlwirksames Thema links liegen ließ, bot zudem kaum Angriffsflächen. Merkel hieß das Programm. Das reichte. Die großen Themen blieben tabu, über die vielen kleinen konnte trefflich gestritten werden. Nur wen interessierte das?

Das Feld für einen Wahlsieg war somit für die Unionsparteien frühzeitig bestellt. Es drohte nicht nur, es wurde auch der langweiligste Wahlkampf in der Geschichte der Bundesregierung. Merkels Triumph am 22. September war vorprogrammiert. Das war Wahlkampf in Zeiten des Policy Mainstreamings.*(vgl. dazu die Beiträge in diesem Band: „Haben wir noch eine Wahl?", „Symptomatisch?!", „Wahlkampf in Zeiten des Policy Mainstreamings")*.

Ein Stück Normalität

In Staaten mit Verhältniswahlrecht (auch mit einem modifizierten Verhältniswahlrecht wie bei uns) ist die Dominanz von zwei großen Parteien, wie in den ersten drei Jahrzehnten in der Geschichte der Bundesrepublik, eher ungewöhnlich. Dem Verhältniswahlrecht liegt die Vorstellung zugrunde, dass im Parlament alle gesellschaftlichen Gruppen und politischen Strömungen entsprechend ihrem Anteil an Wählerstimmen vertreten sein müssen. Deshalb erhalten die Parteien annähernd so viel Parlamentssitze wie sie proportional Stimmen bei Wahlen erhalten haben. Es gehen also keine Stimmen „verloren" wie beim Mehrheitswahlrecht. Das Verhältniswahlrecht erleichtert damit aber auch den Erfolg kleinerer Parteien. Es führt früher oder später zu einer Vielfalt mittlerer und kleinerer Parteien auch in den Parlamenten. Volksparteien können sich kaum halten. Hinzukommt, dass das deutsche Parteiengesetz die Gründung von kleinen Par-

Die Bundestagswahl 2013

teien begünstigt. So setzt die üppige staatliche Finanzierung von Parteien bereits sehr früh ein, auch wenn Parteien noch einen sehr geringen Zuspruch beim Wähler finden. So können neu gegründete Parteien schon dann einen Staatszuschuss erwarten, wenn sie die sogenannte „Fünfprozenthürde" deutlich verfehlt haben. Dass „Grüne", „Linke" und jetzt eben die AfD sich relativ leicht in die deutsche Parteienlandschaft einfügen konnten, ist vornehmlich dem Verhältniswahlrecht und der staatlichen Parteienfinanzierung geschuldet. Auch eine reformierte FDP kann deshalb auf ein „Comeback" hoffen. Der Niedergang der Volksparteien, die Abnahme ihrer Bindungskraft, die Existenz mehrerer kleiner oder auch mittelgroßer Parteien ist deshalb nichts Außergewöhnliches, sondern eher ein Stück Normalität. *(vgl. hierzu „Schicksalsjahr" 2011?)*

Diagnose zuerst

Dennoch, das Auseinanderklaffen zwischen den beiden Volksparteien ist erklärungsbedürftig. 16 Prozentpunkte liegen heute zwischen der Union und der SPD, 2005 lagen beide Parteien noch gleichauf. Bei der SPD muss etwas Zusätzliches hinkommen, was für den besonders drastischen Wählerverlust verantwortlich ist. Es gibt offensichtlich Fehler und Versäumnisse, die es nur bei ihr und ihrem Führungspersonal gibt. Und das nicht erst seit einigen Jahren. Die entscheidenden Fehler, die die Partei von Grund auf verändert haben, liegen –

Die Bundestagswahl 2013

wie mir scheint – schon Jahrzehnte zurück. Sie führen uns zurück an den Beginn der achtziger Jahre. Hier gab es die Weichenstellungen – programmatisch und personell, die die Partei nachhaltig verändert haben, nicht zu ihrem Vorteil. Darum soll es in diesem Band gehen. Vor der Therapie steht die Diagnose, das gilt auch für die sieche SPD. Man kommt nicht daran vorbei, an die Wurzeln des Problems zu gehen. Und das tut weh. Warum also dieser tiefe Absturz? Diese Deklassierung? Und warum gelingt es nicht, aus der Talsohle wieder herauszukommen? Hier scheinen Ursachen zu wirken, die der heutigen Parteiführung nicht anzulasten sind, und die weiter zurückgehen.

Schlaglichter

KÖLNER URKNALL

Dass die SPD mit dem Kölner Beschluss, den NATO-Doppelbeschluss für gescheitert zu erklären, falsch lag, ist eine historische Tatsache. Dass sie in Köln auch einen neuen sicherheitspolitischen Kurs einschlug, der höchst problematisch war und der die Partei international weitgehend isolierte, ist wohl auch eine richtige Feststellung, mag jedoch bestritten werden. All das ist unerheblich, ohne Belang, die Geschichte ist darüber hinweg gegangen. Auch über die bittere Niederlage, die die Partei ihrem ehemaligen Bundeskanzler Helmut Schmidt in Köln bereitete, hätte längst der Mantel des Vergessens gelegt werden können. Das, was der Partei auch heute noch, dreißig Jahre nach den Ereignissen, zu schaffen macht, ist etwas ganz Anderes, etwas viel Elementareres:

SCHLAGLICHTER

In Köln verwirtschaftete die SPD das wichtigste Kapital, das eine Partei besitzt, das sie pflegen und hegen muss wie ihren Augapfel, und das ist ihre Glaubwürdigkeit, ihre Zuverlässigkeit, ihre Berechenbarkeit. Daraus entsteht das Vertrauen ihrer Anhänger und Wähler, ohne das keine Partei überleben kann. Beides – Glaubwürdigkeit und Vertrauen – zu erringen, kostet unheimlich viel Kraft und Zeit, beides zu verlieren, geht im Handumdrehen. Der Kölner Parteitag vom November 1983 steht für diesen Verlust an Glaubwürdigkeit und Vertrauen wie kein Ereignis zuvor in der Nachkriegsgeschichte der Partei.

Solange Helmut Schmidt im Amt war, war die Partei mit großer und die Bundestagsfraktion sogar mit überwältigender Mehrheit dem sicherheitspolitischen Kurs des Kanzlers gefolgt – trotz des enormen Drucks, dem die Partei von allen Seiten ausgesetzt war. Nach seinem Sturz am 1. Oktober 1982 seilte sich die Partei von Schmidt ab. Jetzt bekannten sich immer mehr auch führender Genossen zur Friedensbewegung, die Schmidt jahrelang als einen Militaristen und Erfüllungsgehilfen kriegslüsterner US-Regierungen denunziert hatte. Besonders undurchsichtig war während der innerparteilichen Konflikte die Haltung des Parteivorsitzenden. Bis zum Ende von Schmidts Kanzlerschaft stand er dem Bundeskanzler zur Seite und unterstützte öffentlich den NATO-Doppelbeschluss, hatte aber gleichzeitig – wie er später bekannte – von Anfang an erhebliche Bedenken dagegen und förderte diejenigen in der Partei, die gegen Schmidt anrannten. Es war diese offensichtliche Doppelbödigkeit Willy Brandts, die Schmidt besonders schmerzte. Und nicht nur ihn. Den letzten Rest an Glaubwürdigkeit verlor die Partei dann, als sie für die Bundestagswahl am 6. März 1983 Helmut Schmidt als Gegenkandidaten zu Helmut Kohl ins Rennen schicken wollte, eben denselben Helmut Schmidt, der nie geleugnet hatte, dass er zum NATO-Doppelbeschluss stehen würde, dass er ihn nach wie vor für richtig hielt. Schmidt winkte ab. Hans-Jochen Vogel wurde dann kurzfristig als Ersatz gefunden.

Nur wenige Monate nach dem Nominierungsversuch schickte die Partei Schmidt in die Wüste. *(siehe in diesem Band „Auf Abwegen: Kölner Parteitag 1983")*Nach Köln war die Glaubwürdigkeit, die die SPD in langen Jahren des Opponierens und des Regierens zuvor errungen hatte, dahin. Das Vertrauen der Menschen in die Zuverlässigkeit und Berechenbarkeit der Partei war zerstört. Tugenden, auf die Schmidt in seinem politischen Leben immer größten Wert gelegt hatte. Tugenden, mit denen auch ein KZ geführt werden könne, höhnte Lafontaine. Die Menschen sahen das anders. Es brannte sich im kollektiven Bewusstsein der Deutschen der Eindruck fest, dass der Partei nicht mehr getraut werden kann, dass Sagen und Handeln auseinandergehen. Köln war der Urknall.

SCHLAGLICHTER

SERIENTÄTER

Seither lieferte die Partei immer wieder Beispiele, welche das eingebrannte Misstrauen der Menschen bestätigen sollten. Zu denken wäre da beispielsweise an den denkwürdigen Tag im Oktober 1985, als in Hessen die erste rot-grüne Koalitionsregierung unter Holger Börner vereidigt wurde. Zuvor hatte sich seine Minderheitsregierung schon monatelang von den „Grünen" tolerieren lassen. Börner selbst war im Juni 1984 auch mit den Stimmen der „Grünen" zum Ministerpräsidenten gewählt worden. Im Wahlkampf 1982 hatte Börner dagegen noch erklärt: „Fotos mit mir und den Grünen an einem Verhandlungstisch werden noch nicht einmal als Montage zu sehen sein". Er sei Nassrasierer und müsse sich morgens im Spiegel ansehen. („Der Spiegel" vom 16. August 1982). Wer in Deutschland erinnerte sich nicht an Börners Festlegung beispielsweise in einem Interview mit der Tageszeitung „Die Welt" vom 21. September 1983: „Die Grünen stehen für mich außerhalb jeder Kalkulation. Ich schließe nicht nur eine Koalition, sondern jede Zusammenarbeit mit ihnen aus".

Ein dreiviertel Jahr später galt das nicht mehr. Ein Glaubwürdigkeitsdesaster nicht nur für Börner, sondern für die ganze Partei. Hier trat wieder der „hässliche Politikertyp", der reine Machtmensch, zutage, der durch und durch unglaubwürdig und dem alles zuzutrauen ist. Welcher Anhänger konnte, als er der SPD bei der Bundestagswahl 1998 die Stimme gab, ahnen, dass das rot-grüne Kabinett seine Amtszeit mit der Zustimmung zu

SCHLAGLICHTER

einem völkerrechtswidrigen Kriegseinsatz beginnen und mit der Verabschiedung der Hartz IV-Gesetze beenden würde. 1998 lag das jenseits aller Vorstellungskraft. Vier Millionen Wähler verlor Schröders Partei während seiner Kanzlerschaft. Konsequenzen hat die Parteiführung aus dem Absturz in der Wählergunst nicht gezogen. Nach der Bundestagswahl ging es im Basta-Stil gleich weiter: Die SPD hatte im Wahlkampf die Anhebung der Mehrwertsteuer - Merkels Union hatte eine Erhöhung von 2 Prozentpunkten auf 18 Prozent vorgeschlagen – kategorisch abgelehnt, nach der Wahl wurde dann in der „Großen Koalition" das Gegenteil vereinbart, ja noch ein Prozentpunkt drauf gelegt. Der neue Finanzminister Peer Steinbrück erläuterte einer verdutzten Öffentlichkeit, warum seine Partei einer Mehrwertsteuererhöhung um 3 Prozentpunkte zugestimmt hatte. Das Führungspersonal der Partei schien es geradezu darauf angelegt zu haben, dem Spruch gerecht zu werden. „Was kümmert mich mein dummes Geschwätz von gestern". 2006 überraschte dann Franz Müntefering, Arbeitsminister und Vize-Kanzler in Merkels Kabinett, die Öffentlichkeit mit dem Vorschlag, das Renteneintrittsalter stufenweise auf 67 Jahre anzuheben. Der Vorschlag kam aus heiterem Himmel, eine Diskussion in der Partei hatte es zuvor nicht gegeben. Kein Wunder, dass Mitglieder in Partei und Gewerkschaften entsetzt waren.

Es war jedoch nicht nur der Vorschlag selbst, der sie erzürnte, sondern auch die Art und Weise, wie Müntefering ihn durchsetzte. Kritikern, so kanzelte er sie öffentlich ab, würde er nicht entgegen kommen, es sei schließlich lange genug darüber diskutiert worden. Doch an eine solche Diskussion konnte sich niemand erinnern. Dass das Gedächtnis der Menschen so kurz ist wie ein Katzendarm, ist eine fromme Selbsttäuschung der Politiker. Sind erst einmal Glaubwürdigkeit verspielt und Vertrauen zerstört, frisst sich dieses Gefühl in das Gedächtnis der Menschen fest. Es wird zu einer jeder Zeit abrufbaren Prädisposition. Es kommt dann auf das einzelne Ereignis gar nicht an, es braucht auch gar nicht mehr im Einzelnen erinnert zu werden, es reicht, dass Ereignisse wie diese immer mal wieder auftreten, um das Gefühl zu reaktivieren, es aus dem Unterbewusstsein hervor zu holen. Das schockierende Ergebnis der Bundestagswahl aus dem Jahr 2009 hat genau damit zu tun. Die mangelnde Akzeptanz des Kandidaten im Wahlkampf 2013 ebenso. Die Menschen vergessen nicht so leicht, und sie verzeihen auch nicht so leicht.

Der Verlust einer Führungsreserve

Der Kölner Parteitag hatte für die weitere Entwicklung der SPD aber auch gravierende personalpolitische Folgen. Wer den NATO-Doppelbeschluss nach wie vor für angemessen, die doppelte Sicherheitsphilosophie des Bündnisses für vernünftig und richtig hielt, wurde in der Partei gemieden wie ein Aussätziger. Wer noch ein gutes Wort über Atomkraftwerke verlor, war erledigt. Für verantwortliche Positionen in der Partei ungeeignet. Es begann das große personalpolitische Reinemachen. Nach dem Sturz von Schmidt im Oktober 1982 wurden die „Schmidt-Leute" entweder sofort entsorgt – sie verloren ihre Wahlkreise, erhielten keine aussichtsreichen Listenplätze mehr, kamen als Delegierte für Parteitage nicht mehr in Frage – oder sie wurden nach einer Anstandsfrist abserviert. Selbst jüngere Mitglieder aus Schmidts Kabinett hatten – von Ausnahmen abgesehen – kaum noch Aussichten, Einfluss auf den risikoreichen Weg zu nehmen, den die Partei jetzt einschlug. Willy Brandt hatte personalpolitisch vorgesorgt. Schon während des innerparteilichen Machtkampfs um den NATO-Doppelbeschluss hatte er Vorkehrungen für die Zeit nach Schmidt getroffen. Es waren die jungen, aufstrebenden Nachwuchskräfte – Oskar Lafontaine, Gerhard Schröder, Heidemarie Wieczorek-Zeul, Björn Engholm oder Rudolf Scharping -, die sich in der kritischen Auseinandersetzung mit Schmidts Politik besonders hervorgetan hatten, die er hofierte, denen er „Gesicht gab". Seinem „Lieblingsenkel" Oskar Lafontaine war Brandt ganz besonders zugetan. Dem saarländischen Kommunalpolitiker gelang unter Brandts Protektion der Durchstieg zum „Weltpolitiker". Lafontaine schien wie kein zweiter die Zukunft der SPD zu repräsentieren.

Mit Willy Brandts „Enkel" – Diskussion wurde eine ganze Führungsreserve der SPD, die für eine Fortsetzung einer pragmatischen Politik im Sinne Helmut Schmidt hätte bereitstehen können, vorzeitig weggeräumt.Sie hatte zudem den unwiderstehlichen Charme, dass der „Großvater" Willy Brandt in der Partei für Jahre unangefochten blieb und die Fäden fest in der Hand behalten konnte. Nicht nur programmatisch, sondern auch personell bewirkte der Kölner Parteitag somit eine Verschiebung der politischen Koordinaten. Aus der linken Minderheit der siebziger wurde die neue Mehrheit der achtziger Jahre, die seither den Takt schlägt. Die Parteirechte, die Schmidt bis zum bitteren Ende seiner Regierungszeit die Treue gehalten hatte, war nur noch ein Schatten vergangener Tage. Damit fehlte aber der Partei in den folgenden Jahren das Korrektiv, dass nötig gewesen wäre, um die Partei auf einem mittleren Weg der Vernunft zu halten.

Wir elenden Feiglinge

Im Jahr 1988 wurde auf dem Parteitag der SPD in Münster eine verbindliche Frauenquote beschlossen. 40 Prozent aller Spitzenpositionen in der Partei sollten verpflichtend mit Frauen besetzt werden. Auch bei der Aufstellung von Kandidaten für politische Mandate galt jetzt die Frauenquote. Die verbindliche Quotenregelung hatte aber gleich einen doppelten „Schönheitsfehler" : Sie verstieß gegen Artikel 3, Absatz 3, Satz 1 des Grundgesetzes, nach dem niemand wegen seines Geschlechts benachteiligt oder bevorzugt werden darf. Sie verstieß zudem gegen Artikel 21, Absatz 1, Satz 2, der bestimmt, dass die innere Ordnung der Parteien demokratischen Grundsätzen entsprechen muss. Dass Stimmen gleich viel wert sein müssen, ist die Grundvoraussetzung jeder demokratischen Abstimmung. Die Stimmengleichheit wird aber mit einer Quotenregelung faktisch abgeschafft. *(siehe dazu in diesem Band „25 Jahre Frauen-*

quote sind genug") Der verabschiedete Quotenbeschluss hatte für das Innenleben der Partei fatale Folgen. Die ohnehin nicht sehr ausgeprägte innerparteiliche Demokratie wurde vollends pervertiert. Niemand kann in einer Demokratie Anspruch auf ein Amt anmelden, niemand kann ein Amt zugeteilt erhalten, nur weil er einem Geschlecht, einer Altersgruppe, einer Region, einer Berufsgruppe, einem Verband oder einer Gewerkschaft zugehört.

Quotenregelungen als Instrument einer verteilungsgerechten Zwangsbewirtschaftung von Führungspositionen zerstören die demokratische Legitimation der Führungspersonen und müssen die Attraktivität einer Partei auf Dauer schädigen. Die SPD ist dafür das beste Beispiel. Die Partei hatte sich ein neues Dreiklassenwahlrecht geschaffen. *(siehe „Der Makel der Frauenquote" und „Weiter auf dem Holzweg")*

Hans Apel hat in seinem Tagebuch die Stimmung in den Führungsgremien der Partei damals im Jahr 1988 beschrieben: „In persönlichen Gesprächen hält niemand diese Quotierung für sinnvoll. Auch die meisten Frauen sind dagegen, sie ziehen einen politischen Aufstieg ohne die Krücke der Quote vor. Auch sie befürchten, daß sich künftig weniger qualifizierte Männer in der SPD engagieren, weil ihre Aufstiegschancen über Jahre blockiert sind. Doch bis auf wenige Ausnahmen sind wir alle elende Feiglinge. Wir haben Angst vor der organisierten Kraft der Frauen in der ASF und hoffen, daß der Kelch der Quote an uns vorübergeht." Doch der Kelch ging weder an der Partei noch an Apel und anderen Leistungsträgern vorüber.

SCHLAGLICHTER

ENTSORGUNG DER LEISTUNGSTRÄGER

Dass die Auswahl von Führungspersonen in einer Partei nach anderen Kriterien als Persönlichkeit, persönliche Ausstrahlung, Qualifizierung, Wählbarkeit, Leistungsbereitschaft und Leistungsfähigkeit erfolgen kann, ist ein weitverbreiteter Irrtum. Parteien sind kein Selbstzweck. Funktionen in Parteien sind keine Vermögenstitel, aus denen wie auch immer begründete Rechtsansprüche abgeleitet werden können. Spitzenfunktionäre haben Führungsaufgaben im Interesse ihrer jeweiligen Partei möglichst erfolgreich wahrzunehmen. Dafür werden sie an die Spitze gewählt. Dazu sind Führungsqualitäten erforderlich, die geschlechtsunspezifisch verteilt sind.

Noch auf dem Parteitag in Münster wurden Schwergewichte der Partei entweder entsorgt oder bekamen den deutlichen Hinweis, dass ihre Zeit abläuft. Hans Apel, Finanz- und Verteidigungsminister in Helmut Schmidts Kabinett, unter Vogel finanzpolitischer Sprecher der SPD-Bundestagsfraktion, wurde aus dem Vorstand gewählt. Ebenso meinte die Partei auf den langjährigen Bundesgeschäftsführer der Partei, Peter Glotz, verzichten zu können. Glotz, Vertrauter von Willy Brandt, war einer der wenigen kreativen, sprachgewandten Politiker, die die Partei überhaupt vorzeigen konnte. Aber auch anderen, knapp noch einmal am Rauswurf vorbeigekommenen langjährigen Leistungsträgern wie dem außenpolitische Sprecher der SPD-Bundestagsfraktion, Karsten Voigt, oder dem wirtschaftspolitischen Sprecher, Wolfgang Roth, wurden die rote Karte gezeigt, sie konnten sich schon einmal auf ihr Karriereende vorbereiten. Der ehemalige Bremer Bürgermeister, Hans Koschnick, ein sozialdemokratisches Urgestein, 18 Jahre hatte er dem Bremer Senat vorgestanden, sowie der ehemalige Bundesbildungsminister und amtierende 1. Bürgermeister der Freien und Hansestadt Hamburg, Klaus von Dohnanyi, kamen nur mit knapper Not an einem persönlichen Debakel vorbei. Im vierten (!) Wahlgang wurden sie noch einmal in den Parteivorstand gewählt. In den Vorstand rückten dann Frauen ein, die zuvor niemand kannte und von denen auch nach ihrem Einzug in den Vorstand niemand mehr etwas zu hören bekam. Seit 1988, seit dem Quotenbeschluss von Münster, ist das Kriterium, einem Geschlecht anzugehören, ausschlaggebend für die Auswahl des Spitzenpersonals. Seit 25 Jahren bevölkern nun die „Quothilden", wie zwangsquotierte Frauen von ihren männlichen Kollegen spöttisch genannt werden, die Gremien der Partei – bis zu 50 Prozent. Und nicht nur dort. Regierungen, Landeslisten, Schattenkabinette – überall werden weibliche Mitglieder in die Posten quotiert.

Der Partei hat die Quotierung allerdings nicht gut getan. Sie verlor seither die Hälfte ihrer männlichen und selbst ein Drittel ihrer weiblichen Mitglieder. Der Bekanntheitsgrad des weiblichen Führungspersonals in der SPD ist so gering wie in keiner anderen Partei. Sozialdemokratinnen kommen in der Öffentlichkeit – bis auf eine Handvoll Ausnahmen – nicht vor, selbst wenn sie Spitzenpositionen bekleiden. Zur Verwunderung der Genossinnen kommt gerade die Quotenpartei aber bei Frauen nicht gut an. Wie komme es, so fragte Andrea Nahles, dass die SPD bei Frauen und hier besonders bei jungen Frauen so schwache, ja schockierend schlechte Wahlergebnisse erziele? Die Genossinnen haben darauf selbstredend die richtige (feministische) Antwort parat: Die Männer sind schuld. Sie haben es – wieder einmal – vermasselt, wie zuletzt bei der Bundestagswahl am 22. September 2013. *(siehe dazu „(K)ein Grund zum Feiern?")*

Das Mannheimer Egomanenstück

Irgendwie bezeichnend für die Führungsqualitäten besagter Brandt-Enkel ist vielen die Inszenierung der Politposse „Wie erledige ich einen glücklosen Parteivorsitzenden" auf dem Mannheimer Parteitag im November 1995 in Erinnerung geblieben. Sie wurde live, zur besten Sendezeit des Fernsehens aufgeführt. Eine Novität in der deutschen Politik. Einen solchen Coup hatte es bisher noch nicht gegeben, zweifellos ganz nach dem Geschmack der skandalhungrigen Medienmeute.

Doch war das Egomanenstück entsetzlich anzuschauen für das Fußvolk der Partei, das fassungslos ob der Disziplinlosigkeit, der brutalen Machtgier und des grenzlosen Egoismus der handelnden Personen sich die Augen rieb? Mancher fragte sich hernach, was denn von einer solchen Troika zu erwarten sei, wenn sie erst an den

Schalthebeln der Macht Platz genommen hat. Die Frage war allzu berechtigt, wie wir heute alle wissen.

Sielower Exekution

Als Willy Brandt im März 1987 vom Vorsitz der SPD wegen einer Lappalie zurücktrat, hatte er die Partei 23 Jahre geführt. In den 23 Jahren danach hat die SPD 10 Parteivorsitzende verschlissen, der 11. Vorsitzende nach Brandt, Sigmar Gabriel, ist zwischenzeitlich länger im Amt als alle seine 10 Vorgänger zuvor. Nichts macht die personalpolitische Konfusion an der Spitze der SPD deutlicher als diese schlichte Tatsache. Brandts Enkel haben seit Anfang der achtziger Jahre wie keine andere Generation zuvor der Partei den Stempel aufgedrückt. Nicht zu ihrem Besten.

Aus welchen Gründen auch immer die jeweiligen Vorsitzenden schließlich das Handtuch warfen, eines ist ihren kurzlebigen Regentschaften gemeinsam: Sie waren immer umstellt von Missgunst und Schadenfreude, sie blieben Einzelkämpfer an der Spitze, allein auf sich gestellt – ohne ein echtes Team an ihrer Seite. Sie kämpften als Solisten, auch nicht immer mit fairen Mitteln, um den Vorsitz, übersahen dabei allerdings, dass – wichtiger als die Besitzergreifung des Amts selbst – die Anerkennung des Amtsinhabers durch die anderen Führungspersonen an der Spitze ist.Erst wenn das Spitzenpersonal dem neu ins Amt gewählten Vorsitzenden „Gesicht gibt", wenn es seine Autorität anerkennt, wenn es ihn unterstützt, auch und gerade dann, wenn es einmal eng wird, wenn es darum geht, Fehler des Vorsitzenden auszubügeln, gemeinsam auszubügeln, erst dann hat der neue Vorsitzende überhaupt eine Chance, seine Aufgabe erfolgreich wahrzunehmen und sich im Berliner Haifischbecken zu behaupten. Doch zu dieser puren Selbstverständlichkeit haben sich Brandts Enkel nie aufraffen können. Keine Führung der SPD nach Brandts Abgang konnte sich auf diese Banalität verlassen. Stattdessen gab es – kaum war ein neuer Vorsitzender installiert – ein Hauen und Stechen, ein Treten und Beißen.

Selbstredend spielt die „Hauptstadtpresse" bei dem innerparteilichen Intrigantenstadel begeistert mit. Das ist so ganz nach ihrem Geschmack. Der Partei tat das alles andere als gut. Sie konnte nie sicher sein, ob im Führungspersonal nicht wieder eine Intrige oder eine Parteirevolte unterwegs war, von der sie dann in der Presse lesen konnte, wer Opfer, wer Königsmacher und wer der Neue werden sollte. So kam die Partei seit Brandts Abgang an der Spitze nie zur Ruhe.

Neben der Mannheimer Egomanenposse ist wohl die Exekution des „glücklosen" Kurt Beck das zweite herausragende Beispiel für die Aufführung des sozialdemokratischen Dauerbrenners: „Wie erledige ich eine neue Führungsperson am wirksamsten?" Der Sielower Exekution am 7. September 2008 ging wie in jedem guten Kriminalstück eine Vorgeschichte voraus. Franz Müntefering, Parteivorsitzender seit März 2004, war im Oktober 2005 einer Parteirevolte, die von Andrea Nahles, damals schon Präsidiumsmitglied, angeführt worden war, zum Opfer gefallen. Aus Verdruss warf Müntefering Ende Oktober 2005 den Parteivorsitz hin. Der Vize-Kanzler und Arbeitsminister der gerade erst gebildeten großen Koalition war nur noch eine halbe Portion. Seine Autorität war angeschlagen. während die Parteimitglieder sich ungläubig die Augen rieben, konnte Bundeskanzlerin Angela Merkel mit Wohlwollen registrieren, dass der einst so mächtige Parteichef von einer ehrgeizigen Nachwuchspolitikerin ins Abseits gestellt werden konnte. In der entscheidenden Sitzung des Parteivorstandes, als es um Münteferings Kopf ging, hatte sich einer zum Urlaub abgemeldet: Kurt Beck. Zufall oder nicht, Müntefering hatte noch eine Rechnung offen, zumal Andrea Nahles, die Linke, aus dem „Stall" Kurt Becks, dem Rechten, kam. Eine neue Folge des sozialdemokratischen Intrigantenstadels bahnte sich an. Nachdem der neue Parteivorsitzende Matthias Platzeck nach wenigen Monaten im Amt krankheitsbedingt ausschied, wurde Kurt Beck am 14. Mai 2006 zum neuen Vorsitzenden der Partei gewählt.

Kaum war der Neue installiert, wurde auch schon an seinem Stuhl gesägt. Natürlich war der bodenständige Pfälzer nicht nach dem Gusto der Berliner Medienmeute und der intellektuellen Schickeria im Lande. Aber er gewann Wahlen in seinem Heimatland und nicht nur einmal. Aus dem zuvor konservativen Rheinland-Pfalz hatte er seit seinem Regierungsantritt 1994 ein sozialdemokratisches Kernland gemacht. Ähnlich wie sein Vorgänger im Amt war er unbeliebt bei den Medien und höchst beliebt bei den Menschen „draußen im Lande". Und dort gewann man Wahlen und nicht in den Redaktionsstuben der Hauptstadtpresse. Den Führungsgremien der Partei war das aber ziemlich schnuppe. Kurt Beck als Parteivorsitzender hatte und er bekam auch keine Chance. Weder bei den Medien, noch beim Führungspersonal der SPD. Und selbst den Parteiapparat bekam Beck nicht in den Griff. So war sein Ende absehbar. Auf eine Kanzlerkandidatur hatte er schon frühzeitig verzichtet. Nun wurde ihm Anfang September 2008 auf einer gemeinsamen Klausur des Parteipräsidiums, des führenden Fraktionsvorstandes der Bundestagsfraktion, der SPD-Bundesminister in Merkels Kabinett und der SPD-Landesregierungschefs am Sielower See in der Nähe von Potsdam auch noch das Gesicht genommen. Ein für diese Zwecke höchst geeignetes Hamburger Magazin berichtete in einer Vorabmeldung genüsslich von der Sielower Exekution der Genossinnen und Genossen. Beck war entsetzt, erschien schon gar nicht mehr zur Klausurtagung und reiste ab. Das neue Führungsduo Steinmeier-Müntefering erreichte bei der Bundestagswahl 12 Monate später 23 Prozent der abgegebenen Stimmen.

Die Verirrung des Basta-Kanzlers

WIE gerade ein sozialdemokratischer Bundeskanzler eine „Reform" wie die Hartz IV Reform, d.h. die faktische Abschaffung der Arbeitslosenhilfe, durchsetzen würde, muss jedem Sozialdemokraten ein Geheimnis bleiben. Keine konservativ-liberale Regierung hätte sich einen derart tiefen Eingriff in die sozialen Besitzstände von Betroffenen zugetraut. Bei der zweiten Schröder Regierung war das anders. Zwar nur mit einer hauchdünnen Mehrheit ausgestattet, brachte Schröder den Gesetzentwurf auf den Weg und boxte ihn gegen allen Widerstand im Parlament durch. Eins zu Eins, hatte Schröder im Wahlkampf 2002 versprochen, sollten die Vorschläge der Hartz Kommission umgesetzt werden und damit Basta. *(siehe „Okkasionist Schröder" in diesem Band)*Dass das intransparente, ineffiziente, zu dem teure Nebeneinander von Sozialhilfe und Arbeitslosenhilfe, von kommunaler Hilfestellung und Unterstützung durch die Bundesanstalt für Arbeit, überwunden werden musste, leuchtete jedem ein. Dass dabei aber die Arbeitslosenhilfe, die für Langzeitarbeitslose faktisch unbegrenzt gezahlt werden konnte, auf das Existenzminimum der Sozialhilfe gekürzt werden sollte, traf die Gewerkschaften mitten ins Herz. Das war ein direkter Anschlag auf den Kernbestand der gewerkschaftlich Organisierten: auf die Facharbeiter, die sich bei der anhaltenden Wirtschaftsflaute mit über 5 Millionen Arbeitslosen wie noch nie zuvor in ihrer Existenz bedroht fühlten.

Die faktische Abschaffung der bisherigen Arbeitslosenhilfe traf vor allem ältere Arbeitnehmer mit einem mittleren Einkommen, die über Jahrzehnte Beiträge in die Arbeitslosenversicherung eingezahlt hatten, arbeitslos geworden waren und auf dem Arbeitsmarkt kaum noch vermittelt werden konnten. Sie wurden jetzt auf die deutlich geringere Sozialhilfe verwiesen. Ihr Lebensstandard war mit einem Schlag auf ein Minimum verkürzt worden. Vor allem Ostdeutsche mussten sich betrogen fühlen, die nach dem Zusammenbruch der Wirtschaft in der DDR keine Chance mehr hatten, eine angemessene Arbeit zu finden. Zusammen mit der neuen Zumutbarkeitsregelung war es diese „Hartz IV" genannte Reform, die die Daumenschrauben nicht nur bei den „Faulen und Arbeitsscheuen", wie es in diesen Zeit häufig gehässig hieß, ansetzten, sondern eben auch bei den Hunderttausenden von Langzeitarbeitslosen, die ohne jede Schuld arbeitslos geworden und geblieben waren. Dabei wäre dieser Kahlschlag gar nicht nötig gewesen, um das propagierte „Fördern und Fordern" durchzusetzen. Er wäre auch nicht nötig gewesen, um die Arbeitslosenversicherung zu sanieren. Der „Genosse der Bosse" hatte sich im Irrgarten des neoliberalen Zeitgeistes verlaufen.

Feminismus oder Sozialismus

Seit dem kümmerlichen Ende des Sozialismus in Europa ist der Feminismus in allen linken Parteien – nicht nur in den sozialdemokratischen Parteien, sondern auch bei den ehemals kommunistischen Parteien und den „Grünen" – quasi als Ersatzideologie aufgerückt. Dabei berufen sich die Genossinnen auf den Parteipatriarchen August Bebel, der als „erster Feminist in der SPD" hochgelobt wird. Marxismus und Feminismus gingen Hand in Hand, so wird Bebels „Die Frau und er Sozialismus" aus dem Jahre 1879 umgedeutet. „Ein Sozialist ist ein Feminist und wenn er kein Feminist ist, ist er kein Sozialist", hatte Toni Sender, sozialdemokratische Reichstagsabgeordnete in den zwanziger Jahren, heißgeliebtes Idol der AsF heute und Namensträgerin von Preisen, Stiftungen, Schulen usw., befunden. Dieser Satz wird heute so selbstverständlich zitiert, als sei er Kernbestand sozialdemokratischer Identität. Wer ihn in Frage stellt, hat nicht mehr viel zu lachen in der SPD.

Marxismus und Sozialismus haben abgedankt. Der sogenannte „demokratische Sozialismus", über den die Genossinnen und Genossen jahrzehntelang immer voller Eifer und Inbrunst gestritten hatten, hat ebenso ausgedient, auch wenn er im Hamburger Grundsatzprogramm von 2007 als geschichtlicher Merkposten noch erwähnt wird. Seit dem Siegeszug des Feminismus ist auch in der SPD der „Klassenkampf" dem „Geschlechterkampf" gewichen. Nicht mehr die Zugehörigkeit zur arbeitenden Klasse, sondern zum weiblichen Geschlecht ist zum Ausgangspunkt politisch strategischer Überlegungen mutiert. „Die Zukunft ist weiblich" wiederholen nunmehr die Genossinnen die Heilserwartungen des Feminismus. Die „Arbeitsgemeinschaft sozialdemokratischer Frauen" (AsF) verkündete auf ihrem Bundeskongress 2008 ebenso schlicht wie kurz und bündig „Jetzt sind wir dran". Frauen vor – wie auch immer, wozu auch immer, wann auch immer, mit allen Mitteln. *(siehe in diesem Band „(K)ein Grund zum Feiern?")*

SCHLAGLICHTER

WENDE ODER ENDE

BRAUCHT es eigentlich heute noch eine sozialdemokratische Partei? Allenthalben heißt es, dass doch alle Parteien irgendwie „sozialdemokratisch", sind: Die postkommunistische „Linke" ebenso wie die „Grünen", die Mehrheit der CDU/CSU zwischenzeitlich auch und selbst die FDP-Führung bedient sich ungeniert aus dem sozialdemokratischen Traditionsbestand. Warum also noch eine eigenständige sozialdemokratische Partei? Ihre historische Mission ist doch erfüllt. Hat sich also die SPD überlebt, braucht man sie noch? Das Ende des „sozialdemokratischen Zeitalters" ist schon mehr als einmal vorhergesagt worden.

Eine Überlebensgarantie, wie so mancher Genosse zu meinen scheint, gibt es jedenfalls nicht, wie das Schicksal der italienischen Sozialisten oder auch das gerade noch abgewendete Ende der britischen Labour Party im Jahre 1982 zeigen. Alle sozialdemokratischen Parteien Europas sind heute in der Krise. Nicht nur die deutsche Sozialdemokratie. Daran ändern auch die Wahlsiege nichts, die sozialdemokratische Parteien meist als Protest der Wähler gegen unfähige und hilflose konservative Regierungen erzielen können. Als Regierungsparteien werden sie dann schnell von der Wirklichkeit eingeholt, ihre Wahlprogramme nicht selten als gut verpackter linker Populismus enttarnt. Die Wahlsiege überdecken somit die Krise, sie lösen sie nicht, sie vertiefen und verschlimmern sie eher. Das Bild ist durchwachsen, die Zeichen sind mehrdeutig interpretierbar. Vom kargen Brot

Schlaglichter

des Pragmatismus allein kann eine sozialdemokratische Partei nicht leben. Vom Karrierismus ihres Spitzenpersonals aber auch nicht. Der Weg ins feministische Wolkenkuckucksheim wird ihr letztlich auch nicht aus der Patsche helfen. Die Frage, ob die Zeit einer politisch autonomen, eigenständigen Sozialdemokratie in Deutschland oder in Europa ihrem Ende entgegengeht, lässt sich nur schwer beantworten. Sie im Jahr des 150sten Gründungstages der SPD zu stellen, ist allerdings so abwegig auch nicht.

"Schicksalsjahr" 2011?

Unveröffentlicht: Schriftliche Fassung des Vortrags „Krise und Chancen der deutschen Sozialdemokratie", gehalten am 16. Mai 2011 am „Institut für Deutschland- und EU-Studien" der Tongji Universität, Shanghai; eine gekürzte chinesische Fassung ist erschienen in Deutschland-Studien, Nr. 3/2011

Einleitung

Am 22. Mai 2011 wurde zum ersten Mal in der Geschichte der Bundesrepublik Deutschland ein Mitglied der Partei „Die Grünen" zum Ministerpräsidenten gewählt. Am Ende des Wahlkampfes nicht mehr ganz unerwartet wurden „Die Grünen" noch vor der SPD hinter der CDU zweitstärkste Partei in Baden-Württemberg. Für die Fortsetzung der schwarzgelben Koalition

„SCHICKSALSJAHR" 2011?

reichte das Wahlergebnis nicht aus. In dem neuen grünroten Regierungsbündnis wird die SPD ein – wenn auch starker – Juniorpartner sein. Was vor einem Jahr noch als undenkbar erschien, ist im Jahre 2011 Wirklichkeit geworden. Für die einen ist es ein Traum, für die anderen ein Albtraum. Für die Sozialdemokraten in jedem Fall ein Schock, nicht nur in Baden-Württemberg. Sicher: Das Unglück von Fukushima hat der Anti-Atomkraft-Partei einen erheblichen Auftrieb verschafft. Doch bereits vor Fukushima erreichten die „Grünen" seit gut eineinhalb Jahren bei Wahlen und Umfragen Ergebnisse deutlich im zweistelligen Bereich. Es tut sich was im deutschen Parteiensystem.

Der Abstieg der Volksparteien – vor allem der SPD – scheint unaufhaltsam. Wie bei einer Kerze, die von zwei Enden brennt, verliert sie an Zustimmung. Sie gibt Stimmen ab an alle anderen Parteien, besonders stark jedoch an die „Grünen" und an die „Linke". Aber sie verliert auch an CDU/CSU und FDP. Auffällig ist zudem, dass ehemals sozialdemokratische Wähler inzwischen überhaupt nicht mehr zur Wahl gehen. Im vergangenen Jahrzehnt hat die SPD auf Bundesebene die Hälfte ihrer Wähler verloren. Während sie bei der Bundestagswahl 1998 noch stattliche 40,9 Prozent erzielen konnte, waren es 2009 nur noch magere 23,0 Prozent. In der Parteiengeschichte Deutschlands ist dieser Absturz in der Wählergunst einmalig. Die SPD erzielt heute eine Zustimmung bei den Bürgern wie zuletzt in den zwanziger Jahren des vergangenen Jahrhunderts, als das linke Wählerpotential in zwei große Blöcke – SPD und USPD, später dann KPD – gespalten war. Und die Partei weiß

„SCHICKSALSJAHR" 2011?

bis heute nicht, wie sie mit diesem Abstieg umgehen soll. Das Ergebnis auf nationaler Ebene wiederholt sich – mit wenigen Ausnahmen – auch auf der Länder- und der Gemeindeebene. Unter den drei „kleinen" Parteien vollziehen sich nicht weniger dramatische Verschiebungen. Die „Grünen" scheinen nicht nur die FDP als die bürgerlich liberale Partei Deutschlands abzulösen, sie binden ganz offensichtlich auch das bürgerlich sozialliberale Wählerpotenziale an sich, auf das die SPD früher hatte rechnen können. Die „Linke" (die frühere PDS) ist in den neuen Bundesländern als eine der drei „Volksparteien" fest etabliert, sie kann jedoch zwischenzeitlich auch damit rechnen, in westdeutschen Landtagen die Fünfprozenthürde zu überspringen.

Damit steht der SPD nicht nur in Ostdeutschland ein gefährlicher Konkurrent gegenüber, der zwischenzeitlich mehr als einmal das Amt des Ministerpräsidenten für sich beanspruchen kann, auch in Westdeutschland macht die „Linke" der SPD das Leben schwer – sei es, dass sie als unbequemer Mehrheitsbeschaffer benötigt wird, sei es, dass sie der SPD in den Wahlkreisen die entscheidenden Stimmen wegnimmt, die die SPD für den Gewinn eines Direktmandats benötigt. Die FDP ist seit ihrem fulminanten Ergebnis bei der Bundestagswahl 2009 aus dem Schritt geraten und findet auch mit der neuen Partei- und Fraktionsspitze keinen Boden mehr. Es droht ihr ein Absturz in die Bedeutungslosigkeit.

"Schicksalsjahr" 2011?

Die Lage in der ersten Hälfte 2011

Das Jahr 2011 könnte vor allem für die SPD zu einem Schicksalsjahr werden. In sieben Landtagswahlen muss sie sich den Wählern stellen und es ist nicht sicher, dass sie am Ende des Jahres noch den gleichen Rang und den gleichen Stellenwert im deutschen Parteiensystem einnehmen wird wie am Anfang des Jahres. Fünf Wahlen haben zwischenzeitlich stattgefunden – mit für die SPD durchwachsenem Ergebnis.

Der von vielen Beobachtern erwartete und von ihr selbst befürchtete weitere Abstieg, wie er sich mit dem Desaster bei der Bundestagswahl 2009 abzeichnete, ist ausgeblieben. Dem unerwartet deutlichen Wahlsieg in Hamburg – die SPD erzielte mit 48,5 Prozent der abgegebenen Zweitstimmen das beste Bürgerschaftswahlergebnis der letzten 20 Jahre – folgte der bescheidene dritte Platz (21,5 Prozent) – nach CDU 32,5 und der Partei „Die Linke" 23,7 Prozent – am 20. März in Sachsen-Anhalt. Die „Grünen erzielten 7,1 Prozent der abgegebenen Stimmen. Mit 35,7 Prozent – das waren 9,9 Prozent weniger als in der vorangegangenen Landtagswahl – musste die SPD herbe Verluste in Rheinland-Pfalz einfahren, aber immerhin blieb sie knapp vor der CDU (35,2 Prozent) stärkste Partei. Die „Grünen" konnten ihren Stimmenanteil sensationell von 4,6 Prozent 2006 auf 15,4 Prozent verdreifachen. Dagegen verliefen die Bremer Bürgerschaftswahlen am 22. Mai wieder eher in normalen

Bahnen. Die SPD blieb stärkste Kraft, sie konnte ihren Stimmenanteil sogar gegenüber den Wahlen des Jahres 2007 leicht verbessern. Überraschend das schwache Ergebnis der CDU, die nach den Grünen auf dem dritten Platz landeten. Die „Grünen" konnten auch in Bremen zulegen, sie blieben aber gegenüber den sensationellen Ergebnissen von Baden Württemberg und Rheinland Pfalz zurück. Der Fukushima Effekt ließ bereits wieder nach.

Wahlen im Schatten von Fukushima

während in der Bürgerschaftswahl am 20. Februar 2011 in Hamburg das Kandidatenprofil, die Lösungskompetenz der Parteien und die klassischen Themen einer Landtagswahl wie soziale Gerechtigkeit, wirtschaftliche und arbeitsmarktpolitische Entwicklung sowie schul- und bildungspolitische Fragen im Mittelpunkt [1] standen, waren die Landtagswahlen in Sachsen-Anhalt, Rheinland-Pfalz sowie vor allem in Baden-Württemberg eindeutig von der Reaktorkatastrophe von Fukushima geprägt.

Sicherlich haben dazu auch die Medien beigetragen, die geradezu im Gleichklang die ohnehin schon latent vorhandene Angst der Deutschen vor einer Nuklearkatastrophe in einem bisher nicht gekannten Ausmaß und einer ebenso wenig gekannten Intensität geschürt haben, die im Vergleich mit der Berichterstattung in anderen Ländern Ihresgleichen sucht. Eine objektive, nüchtern an den Fakten orientierte vor allem auch emotionslose Berichterstattung über das Reaktorunglück von Fukushima

„SCHICKSALSJAHR" 2011?

war in den deutschen Medien eine Seltenheit. Dagegen wurde die Angst der Menschen von den Medien fleißig bedient, obwohl sich an der Sicherheitslage deutscher Kernkraftwerke nichts, aber auch gar nichts verändert hatte.

Der Schock – für die SPD

Ein denkwürdiges, vielleicht ein historisches Ereignis und geradezu ein Schock für die SPD (wenn er auch nicht mehr unerwartet kam) war dann das Ergebnis der Landtagswahl am 27. März in Baden-Württemberg: hier konnte die Partei „Die Grünen" zum ersten Mal die SPD – wenn auch knapp – überholen und als zweitstärkste politische Kraft im Land ablösen. Die „Grünen" konnten zum ersten Mal in der Geschichte der Bundesrepublik den Ministerpräsidenten eines Landes stellen. Das Wahlergebnis ist aus vielerlei Gründen bemerkenswert: Baden-Württemberg ist seit je ein liberal konservativ geprägtes Land. Es gehört zu den großen westdeutschen Flächenstaaten, es ist zudem mit knapp 10,8 Millionen Einwohner eines der bevölkerungsreichsten, dazu noch reichsten Bundesländer mit der geringsten Arbeitslosenquote (4,2 Prozent im März 2011) in Deutschland. Das Land wächst deutlich schneller als der Rest der Republik. Die Löhne sind hier am höchsten, die Verschuldung pro Kopf der Bevölkerung am niedrigsten.

Baden-Württemberg hat nach wie vor die höchste Industriedichte aller Bundesländer und beheimatet viele bedeutende, sehr große aber auch kleine und mittlere Industrieunternehmen von Weltgeltung, erinnert sei

"SCHICKSALSJAHR" 2011?

nur an Bosch, Bilfinger, Daimler-Benz, Liebherr, Porsche, Würth oder ZF Friedrichshafen. Allerdings ist der Anteil der Kernenergie am Primärenergieverbrauch hier auch besonders hoch. Das erklärt sicherlich zu einem guten Teil das sensationelle Abschneiden der „Grünen". In einem solchen Land die Zahl der Wähler mehr als zu verdoppeln und sogar hinter der CDU zweitstärkste Partei zu werden, ist für eine postmaterialistische Partei wie die „Grünen" schon etwas Außergewöhnliches. In der Vergangenheit hatten die Grünen nur in Universitätsstädten und Grostädten wie Berlin, Bremen, Hamburg, Köln, Stuttgart oder Frankfurt zweistellige Wahlergebnisse erzielt. In Flächenländern war ihnen dies nur in den letzten beiden Jahren gelungen, wie zuletzt in Nordrhein-Westfalen (12,1 Prozent am 9.5. 2010), Schleswig-Holstein (12,4 Prozent am 27.9. 2009) oder Hessen (13,7 Prozent am 18.1. 2009).

Der Höhenflug der „Grünen" ist also keineswegs ein singuläres Ereignis, wie von den Wahlen im Schatten Fukushima zu erwarten wäre. Erstmals bei einer Landtagswahl war in Baden-Württemberg die Umwelt- und Energiepolitik (Atomausstieg) das entscheidende Thema im Wahlkampf. Alle anderen Themen – wie etwa bei der Hamburg Wahl nur vier Wochen zuvor – blieben demgegenüber zurück.

Nach Ansicht der Wähler besitzen aber die „Grünen" bei dem Thema Umwelt- und Energiepolitik die höchste Kompetenz. Für die „Grünen" war somit eine Traumkonstellation vorhanden: Das Thema, das den Wählern das wichtigste war (Atomausstieg, erneuerbare Energi-

45

en), wird klar einer Partei zugeordnet, den „Grünen". Bessere Voraussetzungen für ein positives Wahlergebnis waren kaum vorstellbar. Dennoch überrascht das Ausmaß des Sieges der „Grünen". In Baden-Württemberg konnten „Die Grünen" ihren Stimmenanteil mehr als verdoppeln und kamen auf 24,2 Prozent der abgegebenen Zweitstimmen. Die „Grünen" haben im Wähleraustausch an keine andere Partei Stimmen verloren. Im Gegenteil: Sie gewannen von der CDU 87.000 Stimmen und von der FDP 61.000 – das waren im Übrigen die beiden Parteien, die sich im Herbst 2010 noch für eine Verlängerung der Laufzeiten von Atomkraftwerken eingesetzt hatten. Die „Grünen" gewinnen von den „Linken" und anderen Kleinparteien. Vor allem aber kommt ihnen die gestiegene Wahlbeteiligung zugute: Sie haben 266.000 Nichtwähler wieder an die Urne gebracht. [2]

Bittere Erkenntnis

Für die SPD besonders bitter, geradezu deprimierend war: Auch 140.000 SPD-Wähler sind zu den „Grünen" gewechselt. Keine andere Partei verlor so viel Wähler an die „Grünen" wie die SPD. Und das bei einem Thema, das gerade der Partei seit Jahrzehnten besonders am Herzen liegt und das sie wie kein anderes Thema nach vorne gebracht hatte: den Atomausstieg. Sie war der erste Landesverband in der SPD, der sich kritisch mit der Atomenergie auseinandergesetzt hat. Lange vor Gründung der „Grünen" hatte die Baden-Württembergische SPD im Jahre 1975 die erste Konferenz einer politischen Partei organisiert, „in der die friedliche Nutzung der Atomenergie grundsätzlich hinterfragt wurde." [3] Zusammen mit dem Landesverband Schleswig-Holstein hatte sie an vorderster Front für den Ausstieg aus der Atomenergie gekämpft – zunächst gegen die Bedenken einer großen Mehrheit in der Partei und vor allem auch gegen den erbitterten Widerstand der sozialdemokratisch geführten Bundesregierung unter Helmut Schmidt. Elf Jahre nach der ersten Anti-Atom-Konferenz der SPD hat die Gesamtpartei nach langen innerparteilichen Kämpfen 1986 den Ausstieg aus der Atomenergie beschlossen. Es hat noch einmal 12 Jahre gedauert, bis dann die erste rot-grüne Bundesregierung unter Gerhard Schröder gemeinsam mit den Stromerzeugern den Ausstieg aus der Kernkraft vereinbart hatte. Trotzdem war der SPD daraus keine energiepolitische Kompetenz bei den Wählern erwachsen. Auch nicht in Baden-Württemberg. Ein bedenkenswerter Vorgang, den die Partei offensichtlich erst ganz langsam zu realisieren beginnt. Eines ist jedoch sicher: Der Versuch Erhard Epplers, ehemaliger Landesvorsitzenden der SPD und nach wie vor „Graue Eminenz" in der Partei, aus der SPD eine grüne Volkspartei zu machen, ist bei der Landtagswahl in Baden-Württemberg grandios gescheitert. „Volkspartei" sind die „Grünen", die SPD ist Juniorpartner und wird es vorerst wohl noch bleiben.

Ende des Schmusekurses?

Die „Grünen" sind nicht nur eine auf allen staatlichen Ebenen festetablierte Partei, sie kann zwischenzeitlich auch bei Wahlen – von der kommunalen Ebene ange-

"SCHICKSALSJAHR" 2011?

fangen bis zu Europawahlen – zweistellige Ergebnisse erwarten. Die „Grünen" haben sich über drei Jahrzehnte als eine berechenbare, liberalbürgerliche Partei mit einer hochprofessionellen Spitze, einem effizienten Funktionärskörper und einer nach wie vor – zumindest im Vergleich zu den anderen Parteien – engagierten Parteibasis gemausert. Sie verfügen über eine solide Basis an Stammwählern und sie können sich jetzt auf viele neue Wechselwähler freuen, die ihnen auch aus dem bürgerlichen Lager zufließen. Der permanente Alarmismus, den die „Grünen" in die Politik getragen haben, ihr kompromissloses Nein zur Kernenergie tragen dieser Tage Früchte. Drei Viertel der Deutschen befürworten einen schnellen Ausstieg aus der Kernenergie. Die panikartige, völlig unglaubwürdige Kehrtwende der Merkel-Regierung in Sachen Kernenergie wird der Union nicht helfen, sie stärkt dagegen nachhaltig das Gewicht und die Stellung der „Grünen". Merkels Kehrtwende drängt zudem ihren liberalen Koalitionspartner an den Rand seiner Existenz.

Die „Grünen" wurden von der SPD über Jahrzehnte hinwg weniger als gefährlicher Konkurrent im politischen Wettbewerb als vielmehr als „natürlicher" Juniorpartner betrachtet, mit dem sie am ehesten ihre Politik durchsetzen kann. Das war eine leichtfertige Fehleinschätzung. Bis heute ist die SPD Führung nicht bereit, diese Fehleinschätzung zu korrigieren und Konsequenzen daraus zu ziehen.

Die SPD mag sich damit trösten, dass es lediglich singuläre Ereignisse waren (das umstrittene Bahnhofsprojekt „Stuttgart 21" und vor allem das Reaktorunglück

„SCHICKSALSJAHR" 2011?

von Fukushima) die zum Höhenflug der „Grünen" geführt haben. Doch dieser Trost wird nicht lange andauern. Wahlergebnisse und Umfragen zeigen: Die „Grünen" rücken der SPD immer näher, ihr Abstand zur SPD wird immer enger. Aus Sicht der SPD besorgniserregend eng. Und das nicht erst seit wenigen Wochen und Monaten. Nicht nur das gestiegene, nicht selten überheblich auftrumpfende Selbstbewusstsein der „Grünen" macht der SPD zunehmend zu schaffen. Die „Grünen" denken auch gar nicht daran, die SPD als bevorzugten Regierungspartner anzusehen. Mit dem Ausstiegskurs der Bundeskanzlerin eröffnen sich völlig neue Perspektiven: Für die „Grünen" hat sich die Option für eine dauerhafte Regierungsbeteiligung – sei es mit der Union, sei es mit der SPD – eröffnet. Die SPD bemerkt erst langsam, dass sie ihre Strategie gegenüber den „Grünen" ändern muss, wenn sie ihre Regierungsoptionen voll nutzen will.

Wie und wann der Höhenflug der „Grünen" enden wird, ist ungewiss. Die SPD wird der Tatsache ins Auge sehen müssen, dass sie als Volkspartei, wie wir sie aus den ersten vierzig Jahren der Bundesrepublik kannten, ausgedient hat. Das ist die reale Lage. Von einer Anerkennung dieser Lage ist sie allerdings noch weit entfernt. Umso schlimmer für sie.

Es ist im Übrigen wenig wahrscheinlich, dass die „Grünen" das Erbe der SPD als Volkspartei antreten werden, wie hier und da gemunkelt wird. Wir werden es vielmehr auf absehbare Zeit mit drei linken Parteien zu tun haben, die in den verschiedenen Regionen des Landes auf sehr unterschiedliche Zustimmung der Wähler

49

"Schicksalsjahr" 2011?

stoßen werden. Im Osten werden die „Linken" ein übers andere Mal die SPD hinter sich lassen. Es wird eine reine Frage der Zeit sein, wann sie auch im Osten Ministerpräsidenten von der „Linken" akzeptieren wird. Im Westen werden die „Grünen" in Zukunft mehr als einmal den Regierungschef stellen. Die SPD ist eine der drei Linksparteien, die nicht länger davon ausgehen kann, dass ihr in einem Bündnis die Position des Regierungschefs automatisch zufällt. Sie muss sich auf diese neue Lage programmatisch-konzeptionell und personell einstellen. Es wäre aber falsch, den Abstieg der SPD von einer Volkspartei zu einer mittelgroßen Partei als ein rein sozialdemokratisches Phänomen zu betrachten.

Auch die Union droht den Charakter einer Volkspartei zu verlieren. Von der Dimension des Abstiegs wie bei der SPD ist sie bisher verschont geblieben. Zu betonen ist, dass auch sie im vergangenen Jahrzehnt dramatisch an Zuspruch verloren hat. Die CDU unter der Parteivorsitzenden Angela Merkel ist heute eine Partei, die zusammen mit ihrer „Schwesterpartei", der CSU, Bundestagswahlergebnisse erzielt, welche im Durchschnitt um 10 Prozentpunkte niedriger ausfallen als in jenen Jahren, in denen Helmut Kohl die CDU noch führte. Das Wahlergebnis der Union bei der Bundestagswahl 2009 ist mit 33,9 Prozent das schlechteste Ergebnis seit ihrem Bestehen. Allerdings profitiert die Union – und teilweise auch die FDP – davon, dass sich bislang keine dritte Partei rechts von der Mitte aufgestellt hat. Dabei dürfte diese – bei dem unsäglichen Schlingerkurs der Bundeskanzlerin – vermutlich gute Chancen haben, sich bei Wahlen durchzusetzen.

Der Abschied von den Volksparteien

Was sind nun die Gründe für den Abstieg der Volksparteien[4], insbesondere den Abstieg der SPD? Sind es Fehler der Volksparteien selbst, sind es falsche strategische Weichenstellungen ihrer Führungen oder gibt es allgemeine, nicht oder kaum beeinflussbare Faktoren, die den Abstieg der Volksparteien verursachen? Es ist wohl beides, doch es sind vor allem die von Parteien nicht oder nur sehr begrenzt beeinflussbaren objektiven Faktoren, die den Umbruch der deutschen Parteienlandschaft verursacht haben. Das wird im Folgenden zu untersuchen sein. Schauen wir uns zunächst die allgemeine, von den Parteien nicht oder nur kaum zu beeinflussende Seite des Problems an. Danach nehmen wir die SPD spezifischen Problemen unter die Lupe.

Deutsches Wahlrecht begünstigt kleine Parteien

Die deutsche Bundesrepublik hat drei Jahrzehnte lang die Stabilität eines Mehrheitswahlrechts genossen. Ein Dreiparteiensystem – zwei Volksparteien (CDU/CSU und SPD) und eine kleine liberale Partei (FDP), die in der Regel einen Regierungswechsel bewirken konnte – war in der Politik tonangebend. Das mag im nach hinein erstaunen. Denn das in Deutschland geltende Wahlrecht ist kein Mehrheitswahlrecht, sondern ein modifiziertes Verhältniswahlrecht. Dem Verhältniswahlrecht liegt die Vor-

„SCHICKSALSJAHR" 2011?

stellung zugrunde, dass im Parlament alle gesellschaftlichen Gruppen und politischen Strömungen entsprechend ihrem Anteil an Wählerstimmen vertreten sein sollen. Deshalb erhalten die Parteien im Parlament annähernd so viel Sitze wie sie proportional Stimmen bei Wahlen erhalten haben. Es gehen somit keine Stimmen „verloren" wie beim Mehrheitswahlrecht. Das Verhältniswahlrecht erleichtert somit die Gründung und Konsolidierung von kleineren Parteien. Es führt früher oder später zu einer Vielfalt (mittlerer und kleinerer) Parteien in den Parlamenten.

Dem Mehr an demokratischer Legitimation steht allerdings die Instabilität und Unübersichtlichkeit der Mehrheitsbildung in den Parlamenten gegenüber. Die Regierungsbildung in Systemen mit Verhältniswahlrecht ist meist kompliziert und nicht selten undurchsichtig, und deshalb für viele Bürger abstoßend und frustrierend. Hinzukommt, dass das deutsche Parteiengesetz die Gründung von kleinen Parteien begünstigt. So setzt die staatliche Finanzierung von Parteien nämlich bereits sehr früh ein, auch wenn Parteien noch einen sehr geringen Zuspruch beim Wähler finden. So können neu gegründete Parteien schon dann einen Staatszuschuss erwarten, wenn sie die sogenannte „Fünfprozenthürde" deutlich verfehlt haben. So wird das Fünfparteiensystem, das sich nach der Wiedervereinigung herausgebildet hat, nicht das letzte Wort sein. Das Potential für neue Parteien ist in Deutschland zweifellos vorhanden. Die beiden Volksparteien verlieren Stimmen nicht nur an Mitkonkurrenten, sondern vor allem auch an ein wachsendes Potential von Nichtwählern. Gegenüber den siebziger Jahren hat die Wahlbeteiligung an Bundestagswahlen um 20 Prozentpunkte abgenommen (Bei der Bundestagswahl 1972 waren es 91,1 Prozent, 2009 70,8 Prozent). Bei Landtagswahlen, vor allem aber bei den Gemeindewahlen, ist die Wahlbeteiligung häufig noch deutlich niedriger als auf Bundesebene. Das trifft vor allem für Ostdeutschland zu. Es fällt auf, dass sich dieses Nichtwählerpotential nicht nur aus an Politik Desinteressierten, sondern vermehrt auch aus politisch Interessierten speist. Offensichtlich finden diese Nichtwähler bei keiner der fünf heute tonangebenden Parteien das passende programmatische und personelle Angebot. Parteienverdrossenheit, Gleichgültigkeit und Wahlmüdigkeit sind also nicht Ausdruck von Desinteresse an der Politik schlechthin. Sie beinhalten vielmehr auch eine versteckte Botschaft. Sie haben Aufforderungscharakter, endlich der Nachfrage nach neuen Antworten ein entsprechendes Angebot auf dem Wählermarkt bereitzustellen und deshalb bleibt Deutschlands Parteienlandschaft in Bewegung.

Fukushima und „The German Angst"

Das Reaktorunglück in Fukushima hat eine Grundbefindlichkeit der Deutschen ins Mark getroffen, wofür sich international der Begriff „The German Angst" [5] eingebürgert hat. Sie ist zwischenzeitlich eine machtvolle Realität, die sich in alle Nischen und Poren der Gesellschaft eingenistet hat und die mit voller Wucht diejenigen trifft und zu zerstören droht, die sich ihr in den Weg stellen. Die Medien haben sich des emotionalen Ungetüms früh und liebevoll angenommen, es genährt und

"SCHICKSALSJAHR" 2011?

aufgepäppelt, bis es ein mächtiges Eigenleben in Wirtschaft, Politik und Gesellschaft entwickelte. Die Berichterstattung deutscher Medien über die Nuklearkatastrophe in Fukushima sucht international Ihresgleichen. Tag für Tag wurde seit dem 11. März, dem Tag des Reaktorunglücks von Fukushima, auch in öffentlich-rechtlichen Fernsehanstalten, das Hochamt der „German Angst" feierlich begangen

Niemand konnte sich dem Sog der tausendfach gesendeten Bilder von den zerstörten Reaktorblöcken entziehen. Die geschickte Montage von Opfern aus den Erdbebengebieten und der Explosion der Reaktorblöcke verfehlte ihre Wirkung nicht. Dagegen gerieten die Zehntausenden von Toten aus dem Erdbebengebiet und der Tsunamiwelle zur Nebensache. Um der „German Angst" auf die Spur zu kommen, wäre ein internationaler Vergleich über die Berichterstattung der Medien über Fukushima höchst aufschlussreich. Es dürfte allerdings wenig wahrscheinlich sein, dass die deutsche Medienwissenschaft sich des Themas annehmen wird.

Die Politik glaubte sich dieser emotionalen Grundbefindlichkeit nicht mehr entziehen zu können. Zum allerersten Mal in der deutschen Nachkriegsgeschichte kapitulierte eine Bundesregierung vor den Schockwellen der „German Angst". Ohne dass sich an der Sicherheitslage deutscher Kernkraftwerke irgendetwas geändert hatte, ohne jede vorherige Prüfung der Anlagen, ohne jede Beratung mit den Betreibern und den politisch Verantwortlichen vor Ort verfügte Merkel de facto per Notverordnung die faktische Stilllegung von acht Kraftwerken.

„Schicksalsjahr" 2011?

Die „Notlage", auf die sie sich berief, war rein virtuell, im besten Fall das Ergebnis eines Erkenntnisgewinns. Der Beschluss für ein Moratorium war weder von objektiven Gegebenheiten an den Kernkraftstandorten noch von einer real existierenden Gefahrenlage gedeckt. Niemand erwartete ein Erdbeben der Stärke 9 wie in Fukushima, niemand erwartete einen Tsunami, auch die Bundeskanzlerin nicht. Niemand den Absturz eines Jumbojets. Es gehe, wie Merkel in ihrer Regierungserklärung vom 9. Juni 2011 ausführte [6], um die Verlässlichkeit von Risikoannahmen und Wahrscheinlichkeitsanalysen. Diese Debatte um die Risiken der Kernkraft wird in Deutschland allerdings schon seit über 30 Jahren geführt. Fukushima habe ihre Haltung zur Kernenergie verändert, meinte sie. Das ist sicherlich ein ebenso ehrenwertes wie bemerkenswertes Eingeständnis, hatte Merkel doch noch vor Monaten, die Verlängerungen der Laufzeiten von Kernkraftwerken mit der Begründung, die deutschen Anlagen seien allesamt sicher, durchgedrückt.[7] Den durchaus berechtigten Verwurf, sie handle unglaubwürdig, überstürzt, geradezu opportunistisch und populistisch, nimmt sie achselzuckend in Kauf.

Die Frage bleibt: Ist der Erkenntnisgewinn einer Regierungschefin tatsächlich Legitimation genug, Hauruck-Entscheidungen dieser Tragweite herbeizuführen, für die es keine nachvollziehbare Begründung gibt, ja die die Stromversorgung in Deutschland ins Chaos zu stürzen drohen? Das Aus für acht Atommeiler kann, so die Befürchtungen der Stromkonzerne und der Netzbetreiber, in Deutschland, wie auch in anderen Teilen Europas, zu Stromausfällen führen. Wie der Umstieg in eine Ener-

„SCHICKSALSJAHR" 2011?

gieversorgung aus allein erneuerbarer Energieproduktion vonstattengehen soll, ist noch völlig offen. Ihre Risiken unbekannt. Niemand kann verlässlich die zu erwartenden Kosten des Umstiegs beziffern. Niemand kann sagen, ob die notwendige Umrüstung und Erweiterung der Stromnetze die Zustimmung der betroffenen Gemeinden oder Bevölkerung gewinnt. Feststehen dürfte dagegen, dass Deutschland die selbst gesteckten Klimaschutzziele verfehlen und mehr Kohlendioxid emittieren wird.

Zudem bleibt die Frage offen, wie viele Unternehmen, etwa in der Grundstoffindustrie, den zu erwartenden Preisanstieg verkraften können. Der Eingriff in die Eigentumsrechte der Stromkonzerne wurde bei Merkels Wende ebenso souverän missachtet wie die Mitwirkungsrechte von Länderregierungen und Parlamenten. In einem bisher kaum vorstellbaren Tempo peitscht die Bundeskanzlerin [8] ihre neue Energiepolitik durch alle Gremien, nicht nur ihrer eigenen Partei und der ihres Koalitionspartners, sondern auch in der Bundesregierung. Ja selbst der Deutsche Bundestag muss sich verkürzten Beratungszeiten beugen, nur damit ein mehrere hundert Seiten starkes Gesetz noch vor der parlamentarischen Sommerpause alle gesetzgeberischen Hürden nehmen kann. Eine seriöse Behandlung des Gesetzestextes in den Arbeitsgruppen und Ausschüssen ist damit ausgeschlossen. Eine in der Sache überzeugte Bundesregierung handelt anders.

Die blockierte Republik

Das Bedürfnis nach Sicherheit ist in Deutschland so ausgeprägt wie in keinem anderen vergleichbaren Land. Nach den beiden nationalen Katastrophen des zurücklegenden Jahrhunderts mag es verständlich sein, dass die Deutschen auf gravierende Veränderung mit einem Übermaß an Ängstlichkeit reagieren. Risikoscheu und ein übersteigertes Sicherheitsbedürfnis passen aber schlecht zusammen mit den Erfordernissen von Wandel und Veränderung. Die Notwendigkeit, sich neuen nationalen wie internationalen Gegebenheiten anzupassen, sie wohlmöglich zu gestalten, wird verdrängt. Chancen von Veränderungen, vor allem von technischen Innovationen, werden kleingeredet, ihre Risiken teilweise bis ins Absurde übertrieben. Die deutsche Politik ist geradezu dafür prädestiniert, Wirklichkeit auszublenden und notwendige Veränderungen zu verschieben. Dabei sind Bekenntnisse, Hoffnungen, Vermutungen, Spekulationen und Ängste an die Stelle von Tatsachen, Sachverhalten, Erfahrungen und rational begründete Einschätzungen gerückt. Eine unvoreingenommene Debatte über notwendige politische Reformen wird immer schwerer. Allein das Wort „politische Reform" löst tiefsitzende Ängste aus und provoziert von vorne herein Gegenreaktionen.

Unsicherheit, Angst, Verzagtheit und Mutlosigkeit verlangen nach einfachen Antworten. Die Menschen erwarten von der Politik – selbst bei schwierigsten Sachverhalten – Gewissheiten, „letzte Wahrheiten", „einfache" und „klare" Antworten, die Politiker bei nüchterner Betrachtung und in verantwortbarer Weise nicht geben können. Nur Ideologen behaupten, dies zu können. Sie geben vor, im Besitz der geforderten Gewissheiten und erwarteten „klaren" Antworten zu sein. Dem Verlangen nach einfachen Antworten geben zwischenzeitlich alle Parteien nach. Politik ist erneut von einem gefährlichen Prozess der Ideologisierung betroffen.

Die Macht der Ideologen

Ideologen sind die großen Vereinfacher sowohl in ihrem Denken wie auch in ihrem Tun. Einerseits werden komplizierte Sachverhalte bis zur Unkenntlichkeit auf Schlagworte reduziert. Meinungen werden zu Tatsachen, subjektive Wertvorstellungen zu allgemeingültigen Gewissheiten, Vermutungen zu Wahrheiten. Andererseits wird das von Ideologen vertretene Anliegen absolut gesetzt und als vorrangig erklärt. Das Weltbild der Ideologen ist binär: schwarz:weiss, entweder:oder, falsch:richtig, reaktionär:fortschrittlich. Für Grautöne und damit auch für Kompromisse ist kein Platz. Der Gegner wird zum Feind, dem alles unterstellt werden kann und darf. Das gefährlich Attraktive an Ideologien ist die Kombination aus Einfachheit und Gewissheit. Die Massen(medien)gesellschaft kommt einem solchen Politikverständnis entgegen, beide scheinen sich sogar zu bedingen. Alte Ideologien wie Marxismus, Feminismus oder Pazifismus kommen zu neuen Ehren und neue Ismen wie Ökologismus und Neoliberalismus haben Konjunktur. Die verschiedenen Ideologien und Ismen sind es, aus denen sich die Dynamik speist, mit der die herkömmliche Parteienlandschaft umgepflügt wird. Von dem überbordenden Sicherheitsbedürfnis, der Risikoaversion, ja der Existenzangst der Deutschen haben besonders die neuetablierten Parteien („Die Grünen" und „Die Linke") profitiert. Beide Parteien sind seit ihrem Bestehen eindimensional ausgerichtet. Sie haben ihren Aufstieg meist nur einem einzigen Thema – Umwelt- und Tierschutz bei den Grünen, Verteidigung der Interessen der „Arbeiterklasse" bei den „Linken" – zu verdanken. Ein-Thema-Parteien neigen ohnehin zum Absolutsetzen der von ihnen vertretenen Belange. Ideologien sind gleichsam der Kitt, der diese Parteien zusammenschweißt. Hinzukommt: Neu etablierte Parteien können eine Politik gleichsam ohne Vorbelastungen aus vergangenen Entscheidungen versprechen. Als kleinere Regierungspartner in Koalitionen oder – vornehmlich – als Parteien in der Opposition brauchen sie weniger als die alten Parteien den Vergleich zwischen dem, was sie vor Wahlen Wählern versprochen haben, und dem, was sie tatsächlich in Regierungsverantwortung haben umsetzen können, befürchten.

Mediendemokratie und Entpolitisierung

Die „einfachen Wahrheiten" der Ideologen und die Existenzbedingungen elektronischer Massenkommunikation [9] ergänzen sich geradezu ideal. Die Übersetzung von Nachrichten, Informationen, Analysen und Meinungen in das gesprochene Wort des Radios und (noch schlimmer) in laufende Bilder des Fernsehens haben zu einer flächendeckenden Verflachung der politischen Auseinandersetzung geführt, ja zu einer demokratiegefährdenden Entpolitisierung beigetragen. Elektronische Massenmedien,

„SCHICKSALSJAHR" 2011?

so könnte man meinen, sind naturgemäß begriffsresistent und somit per se politikfeindlich. Nachrichten kommen kaum über den Informationswert einer Schlagzeile hinaus. Es wundert deshalb auch nicht, dass Deutschlands größte Boulevardzeitung, die „Bild-Zeitung", in den letzten Jahrzehnten zum meinungsbildenden politischen Leitmedium Deutschlands avanciert ist. Boulevardpresse und Fernsehen verhalten sich komplementär und verstärken wechselseitig ihre Wirksamkeit. Wie in der Boulevardpresse stehen auch in den elektronischen Massenmedien Personen im Mittelpunkt des Geschehens. Nachrichten, Informationen, Bewertungen, die nicht über Personen vermittelt, also personalisiert werden können, finden keine oder kaum Beachtung.

Um auflagenfördernde, quotensteigernde Beachtung zu finden sind an Falschmeldungen grenzende Übertreibungen und Zuspitzungen an der Tagesordnung. Die unentwegte, geradezu pausenlose Skandalisierung von Personen, Ereignissen, Entscheidungen, ja ein struktureller „Alarmismus" und eine ständige Übererregung, sind beiden, der Boulevardpresse wie den elektronischen Massenmedien, wesenseigen. Hier treffen sie sich vortrefflich mit dem beschränkt einfachen Weltbild ideologischer Weltverbesserer. Es ist klar: Für rationale Abwägungen, Differenzierungen, angemessene Lösungskonzepte bleibt bei dem „rhetorischen Overkill" kein Raum. Für einen sachlich empirisch begründeten, nüchternen Diskurs und dem daraus abgeleiteten politischen Entscheidungsprozess ist dieser Alarmismus jedoch höchst gefährlich. Elektronische Massenmedien werden mit Recht wegen ihres besonderen Charakters vornehmlich als Unterhaltungsvehikel angesehen. Die Konsumenten erwarten es von dem Medium und die Betreiber und Macher bieten es ihnen. Politik im Fernsehen, mit Einschränkung auch im Radio, ist zunächst und vornehmlich Unterhaltung, Politentertainment, wie es heutzutage beschönigend heißt. Politiker haben sich diesem (Programm)-Schema einzupassen. Sie sind – ob sie es wollen oder nicht – Unterhaltungsdarsteller in Sachen Politik. Das Bild des erfolgreichen Berufspolitikers und das des Unterhaltungskünstlers nähern sich im Zeitalter der Massenmedien immer weiter an. Es entsteht der neue erfolgreiche Typus des „Unterhaltungspolitikers", der das Metier des politischen Machtgewinns und Machterhalts virtuos mit den Erfordernissen des Unterhaltungsmediums Fernsehen zu verbinden versteht.

Beide, Politiker wie Entertainer, haben ihre Rolle zu spielen, wie das Medium es ihnen vorschreibt. Und wehe dem, der seinen Text nicht fernsehgerecht überbringt, bräsig daherkommt, wohlmöglich auch noch nuschelt oder die fällige Pointe vermasselt. Das Aussehen, Auftreten, Darstellungsvermögen, die Rhetorik, Ausstrahlung und Schlagfertigkeit spielen im Medium Fernsehen eine weit größere Rolle als das, was Politiker an politischen Aussagen aufzubieten haben.

Ein neuer Typ Politiker: „Der Staatsschauspieler"

Politiker vor allem aus dem rot-grünen Lager haben in den vergangenen beiden Jahrzehnten hier „Vorbildliches" geleistet. Oskar Lafontaine, der „Medienkanzler" Ger-

„SCHICKSALSJAHR" 2011?

hard Schröder, Wolfgang Clement, Josef („Joschka") Fischer, Jürgen Trittin oder Gregor Gysi heißen die Medienstars, die Standards gesetzt haben. Sie verdanken ihren Aufstieg dem neuen Typus des Politentertainers. Mit Freiherrn Karl Theodor zu Guttenberg konnte endlich auch die CSU einen ähnlich erfolgreichen Politstar etablieren – für die Union wie für den Freiherrn allerdings mit glücklosem Ausgang [10].

Die neuen machtbewussten Politentertainer ordnen sich mit dem, was sie tun und sagen und vor allem wie sie es tun und sagen, perfekt der Logik der Mediendemokratie ein.[11] Heute wetteifern, so der langjährige „Spiegel" Korrespondent Jürgen Leinemann, Politiker und Parteien vor allem in der Kunst, sich selbst und ihre Lebenswelt auf der elektronischen Bühne wirkungsvoll in Szene zu setzen. Vom Politiker werden darstellerische Qualitäten verlangt, die in keinem notwendigen Zusammenhang zu politischen Leistungen stehen, aber über den Erfolg entscheiden, denn als erfolgreich gilt der Politiker mit den darstellerischen Fähigkeiten auch dann, wenn seine politischen Leistungen deutlich dahinter zurückbleiben, so befand eine Expertenkommission in einem Bericht, den sie bereits 1994 für den Bundespräsidenten Richard von Weizäcker verfasst hatte. [12] Im Mittelpunkt steht, so verlangt es das Medium, immer ihre Person, dann erst die Sache. Es sind ihre (einsamen) Entscheidungen, die die Richtung vorgeben. Mitglieder, Funktionäre, selbst das Führungspersonal der Parteien werden souverän übergangen. Macht und Einfluss der Funktionäre nehmen somit weiter ab. Entscheidungen der Führungspersonen werden den Parteimitgliedern in

„SCHICKSALSJAHR" 2011?

Form quasi amtlicher Bekanntmachungen über die Medien verkündet. Eine Meinungs- und Entscheidungsfindung von unten nach oben ist nicht mehr vorgesehen. Innerparteiliche Demokratie wird endgültig zur Illusion. Selbst gewählte Abgeordnete werden marginalisiert [13]. So wurde das größte Reformprojekt in der Kanzlerschaft Gerhard Schröders, die „Hartz-Reformen", von vorneherein als Medienspektakel geplant und mit großem Pomp zelebriert, ohne dass die Parteien, die die Reformen dann im Parlament zu beraten und zu beschließen hatten, überhaupt zuvor gehört wurden, geschweige denn bei deren Ausarbeitung beteiligt waren. Als die SPD Fraktion dann beim näheren Hinsehen die vielen Ungereimtheiten des Konzepts und groben Ungerechtigkeiten für ihre Wählerschaft erkannten, drohte der Kanzler mit Rücktritt.

Die stille Kumpanei

Schon spricht man von der Herrschaft der Medien, die die Macht der Parteien und Parlamente abgelöst hätten. Zwar sind Medienakteure in den elektronischen Medien und der Boulevardpresse mächtig stolz darauf, dass sie es heute seien, die die politische Agenda bestimmen, nicht mehr die Parteien oder die Regierungen. Worüber nicht in den Massenmedien berichtet werde, das habe nicht stattgefunden, meinte einer der einflussreichsten Zampanos des Medienzirkus. Das ist jedoch ein von Selbstüberschätzung und Eitelkeit getriebener Trugschluss. In Wahrheit ist das Regieren im Zeitalter der Massenmedien

"SCHICKSALSJAHR" 2011?

erheblich leichter geworden. Regierungen und Parteien, die es verstehen, dem Medienzirkus das zu geben, was er verlangt – und das ist wahrlich nicht viel -, können, so scheint es, nach Belieben verfahren. Wenn der ebenso freche wie erschreckend entlarvende Satz „Zum Regieren brauche ich nur BILD, BamS und die Glotze", der dem ehemaligen Bundeskanzler Gerhard Schröder zugeschrieben wird, zuträfe, wäre das Regieren heute in der Tat ein Kinderspiel.

Von einer Herrschaft der Medien kann in der Politik keine Rede sein. Was wir in Wahrheit feststellen, ist nicht eine neue Herrschaft der Medien, sondern eine so bislang nicht gekannte, kaum erwähnte „stille Kumpanei" von Führungspersonal aus Regierung und Parteien und den Verantwortlichen aus den Medien, allen voran den elektronischen Massenmedien und der Boulevardpresse. Die Meinungsmacher in den Massenmedien sind Teil der politischen Klasse geworden, sie kontrollieren nicht mehr die Mächtigen, sondern partizipieren an der Macht, sind Teil der Macht.

Die Kumpanei mit der Politik hat für die Akteure in den Medien allerdings ihren Preis. In Polittalks des Fernsehens, von den Medienmachern gerne als „Ersatzparlamente" aufgemotzt, beherrschen ein auf Pointen angelegter, niveauloser Schlagabtausch und das Dominanzgehabe sogenannter medialer „Alphatiere" die Szene. Den beteiligten Politikern jedoch wird kaum eine intellektuelle Leistung abverlangt. Der politische Informationsgehalt der Sendungen ist mager, die Kontroversen zwischen den Beteiligten sind oberflächlich, grob und meistens polemisch. Seichtes Politentertainment eben. Ein handzahmer Partei- und Gesinnungsjournalismus hat sich dagegen breit gemacht. Das ZDF brachte es fertig, eine Sendung über den schmachvollen, längst überfälligen Abgang des neuen Superstars Freiherrn zu Guttenberg ausschließlich mit CSU Parteifreunden zu besetzen. Die Nachrichtenübermittlung, Berichterstattung, Bewertung und Kommentierung der Öffentlichen haben sich längst auf das niedrige Niveau der privaten Konkurrenz eingependelt. Als Skandale aufgemachte, bloße Nichtigkeiten beherrschen über Tage hinweg die Nachrichtensendungen, während über die Abschaffung des vertraglich vereinbarten Euroregimes zugunsten einer europäischen Haftungsgemeinschaft, die aller Voraussicht nach vor allem die deutschen Steuerzahlern noch teuer zu stehen kommen wird, kaum ein Wort verloren wird. So blieb dem Fernsehpublikum der unsägliche über Monate sich hinziehende Schlingerkurs der Bundeskanzlerin weitgehend verborgen. Regieren leicht gemacht!

Politischer Pragmatismus auf dem Rückzug

Mit dem Abstieg der Volksparteien nimmt in Deutschland auch der politische Pragmatismus, der die Nachkriegspolitik so erfolgreich geprägt hatte, ab. Da sie unterschiedliche, auch weltanschauliche Positionen und Interessen ihrer Mitglieder ausgleichen und damit zu gemeinsamen Beschlüssen führen, sind Volksparteien notwendigerweise pragmatisch, von Hause aus unideologisch. Sie sind strukturell auf Ausgleich und Kompromiss angelegt. Mit dem Rückzug des politischen Pragmatismus geht jedoch mehr verloren als nur die Organisationsphilosophie von Volksparteien. Politischer Pragmatismus beschreibt eine geistig moralische Grundhaltung, die der Demokratie angemessen ist. Niemand kann über Vergangenheit, Gegenwart und erst recht nicht über die Zukunft gültige Aussagen machen. „Letzte Wahrheiten" kennt der politische Pragmatismus nicht. Die Zukunft ist prinzipiell offen, nicht voraussehbar, somit auch nicht im Voraus exakt und verlässlich planbar. Gewissheiten sind rein subjektiv – und sicherlich dem einzelnen Menschen unbenommen –, sie sind in der Politik allerdings fehl am Platz.

Der Kompromiss hat deshalb nicht, wie Ideologen unterstellen, etwas Anrüchiges, sondern er ist notwendigerweise das Wesen von Politik überhaupt. Ideologisch fixierte Parteien haben gegenüber pragmatisch orientieren Parteien den Vorteil, für jedermann – auch ohne vertiefte Sachkenntnis – verständlich und plausibel zu sein. Sie verfügen über einen einfachen weltanschaulichen Kompass, der den Mitbewerbern um die politische Macht fehlt. „Grüne" und „Linke" tun sich leichter als andere Parteien, dem Bedürfnis der Menschen nach evidenten Gewissheiten und „klaren Antworten" auf die sie bedrängenden Fragen nachzugeben. Allerdings verlaufen die verschieden Ismen keineswegs nur – oder auch nur hauptsächlich – entlang parteipolitischer Grenzziehungen. Gegenüber den alten, tendenziell totalitären Ideologien wie Marxismus und Feminismus sind die neuen Ismen heute pluralistisch, klassenneutral und geschlechtsunspezifisch, vor allem sind sie parteiungebunden. Ökologisten finden wir in allen Parteien, wenngleich der Ökologismus das Markenzeichen der „Grünen" geblieben ist. Neoliberalistische Konzepte werden nicht nur von bürgerlichen Parteien vertreten, auch von Sozialdemokraten und „Grünen". Der Feminismus ist besonders stark bei der SPD und bei den Grünen, aber auch bei der Linken, und selbst bei CDU/CSU. Pazifistische Strömungen existieren in allen Parteien, marxistische Positionen werden bei SPD und Grünen vertreten, wenngleich der Marxismus nach wie vor das Markenzeichen der „Linken" ist.

Der Niedergang der deutschen Sozialdemokratie

Mit der festen Verankerung der „grünen" Partei im Parteiensystem ist die SPD in der Wählergunst strukturell auf die Zeit vor „Godesberg" [14] zurückgefallen. Seither schien sie bei Wahlen wieder im 30 Prozent Turm festzusitzen. Doch es kam noch schlimmer. War die Schmidt Regierung der Geburtshelfer der „Grünen", so wurde die Schröder Regierung der Geburtshelfer der " Linken". Seither ist die SPD im 20 Prozent Turm und weiß nicht, wie sie wieder aus ihm finden kann.

Die Zäsur 1982

Der Sturz Helmut Schmidts im Herbst 1982 markiert für die deutschen Sozialdemokraten eine Zäsur von historischem Ausmaß. Seither hat sie ihren Charakter als Volkspartei mit und mit verloren. Das Wählerpotenzial, das sie seit dem Godesberger Programm in den sechziger und siebziger Jahren (im „goldenen Jahrzehnt" der deutschen Sozialdemokratie) hinzugewonnen hatte, konnte sie in den achtziger Jahren nicht halten. Frei von der Regierungsverantwortung und geblendet von dem „kometenhaften" Aufstieg der „Grünen" orientierte sich die SPD programmatisch im Handumdrehen um. Sie demontierte innerhalb nur weniger Wochen Ansehen und Autorität des bei breiten Schichten des Volkes (damals wie heute noch) höchst populären Kanzlers Helmut Schmidt [15].

Die SPD verwarf im gleichen atemberaubenden Tempo zentrale Teile der bis dahin auch von ihr (auf Parteitagen wie in der Bundestagsfraktion) getragenen Regierungspolitik. Das galt vor allem für die für Bundeskanzler Schmidt so entscheidenden sicherheitspolitischen Positionierungen seiner Regierung (wie den sogenannten „Doppelbeschluss" der NATO Verbündeten, den Schmidt initiiert und schließlich gegen den anfänglichen Widerstand der USA auch hat durchdrücken können), es galt für die Umwelt- und hier vor allem für die Energiepolitik (d.h. die Anerkennung der Notwendigkeit eines vernünftigen Energiemixes unter Einschluss der Kernenergie). Es war unverkennbar, dass die Partei sich den neuen Bewegungen und der neuen grünen Partei anzupassen versuchte. Sie lebte vom Ideenklau: Ökologismus, Feminismus, Pazifismus und Marxismus waren keine sozialdemokratischen Themen, die in den Jahren zuvor eine politikgestaltende Rolle gespielt hatten. Es waren Nischenthemen für Ideologen und Parteitheoretiker, die rein akademischen Wert besaßen. Ismen aller Art waren in der Partei des „Godesberger Programms" verpönt.[16] Jetzt kamen sie wieder zu Ehren. Die Partei beschäftigte sich immer häufiger mit sogenannten Grundsatzfragen von Staat, Wirtschaft und Gesellschaft.

Die konkreten Sorgen der Menschen blieben dabei mehr als einmal auf der Strecke. Wie bei den „Grünen" auch wurden ständig Grundsatzdebatten geführt. Mit Vorliebe jene, die der unmittelbare Konkurrent um Macht und Wählerstimmen ohnehin schon ausführlich bediente. Tonangebend wurde jener Typ von Politiker, der bei Wahlauseinandersetzungen häufig wenig zustande brachte, der aber das „Herz" der Partei erreichte.

Erhard Eppler [17] war schon von jeher der Prototyp des in Wahlen erfolglosen, dafür aber brillanten sprach- und schreibgewaltigen Parteitheoretikers, der die Parteitagsdelegierten mit seinen Redebeiträgen entzücken konnte. Die Erarbeitung von Grundsatzprogrammen, die in jahrelanger bienenfleißiger Kleinarbeit und endlosen Debatten beraten und schließlich auf Programmparteitagen verabschiedet wurden, wurde zur einer ihrer Lieblingsbeschäftigungen. Kaum beschlossen verschwanden sie wieder aus dem Blickfeld der Mitglieder. Die Öffentlichkeit hatte sich ohnehin nicht für sie interessiert. Für die praktische Politik hatten die grundsätzlichen Debatten und Positionierungen keine Bedeutung.[18] Als Werbung für die Partei waren sie zudem ungeeignet, da ihre Kenntnisnahme in der Regel ein sozial- bzw. volkswirtschaftliches Studium voraussetzte. Ging vom Godesberger Programm ein Ruck durch die Partei aus und signalisierte es den Aufbruch zu neuen Mehrheiten, waren die beiden Grundsatzprogramme, die 1989 bzw. 2007 beschlossen wurden, bloße Selbstbeschäftigungspapiere, die keine Wirkung nach außen zu entfalten vermochten. Von „Ruck und Aufbruch" war nirgendwo etwas zu spüren. Vor allem fehlte ihnen das unverwechselbar sozialdemokratische Profil, das sie nach der Zäsur des Jahres 1982 verloren hatte. Es waren politische Allerweltskataloge, die so oder so ähnlich auch bei Grundsatzprogrammen anderer Parteien, vor allem bei den „Grünen" und der „PDS/Die Linke" zu finden waren. Langfristig gewichtiger war: Die SPD distanzierte sich seit der Zäsur des Jahres 1982 – trotz aller gegenteiliger Bekundungen und Beteuerungen – vom undogmatisch pragmatischen Kurs des „Godesberger Programms". Die SPD der achtziger Jahre entwickelte sich Schritt für Schritt zurück zu einer Weltanschauungspartei. Diesmal jedoch war es nicht nur die Renaissance des Marxismus, die sich ja schon seit den siebziger Jahren in bitteren parteiinternen Schlachten angedeutet hatte, sondern es kamen weitere vor allem außerhalb der Partei reüssierende alte wie neue Ideologien hinzu. Die SPD hat seit dem Machtverlust 1982 ihren so erfolgreichen pragmatisch politischen Kompass der „Godesberger" Zeit verloren.

Galt die SPD bis in die siebziger Jahren hinein als eine Partei, die fortschrittsfreundlich den Chancen neuer Technologien den Vorrang einräumte, war sie nun voller Zweifel gegenüber neuen technologischen Entwicklungen. Das gilt nicht nur gegenüber der Kernenergie. Hatte sie sich Ende der fünfziger Jahren klar in der, von den USA dominierten westlichen Welt verortet, war der Antiame-

„SCHICKSALSJAHR" 2011?

rikanismus jetzt unüberhörbar und wurde für die neuen jungen Führungsfiguren ein Markenzeichen ihrer politischen Identität. War das gleichberechtigte, faire partnerschaftliche Verhältnis der Geschlechter das Leitbild der Partei, wird mit der „feministischen Wende" 1981 der Geschlechterkampf in die SPD getragen. War die Sicherheitspolitik der Partei zuvor von rational nachvollziehbaren Grundprämissen und Grundsätzen geleitet, Helmut Schmidts Eintreten für den NATO-Doppelbeschluss machte das zuletzt deutlich, gab die Parteiführung jetzt dem sich immer weiter ausbreitenden Pazifismus nach. Anstelle von Analysen realer sowjetischer Bedrohungen traten Wunschvorstellungen über die Friedensbereitschaft der sowjetischen Führung.

Die verweigerte Modernisierung

Als nach langen quälenden Jahren der Opposition (von 1982 bis 1998) die SPD 1998 endlich wieder die Regierungsverantwortung im Bund übernehmen konnte, war sie – so seltsam das klingen mag – auf die Regierungsübernahme vor allem programmatisch nicht vorbereitet. [19] Mit ihrer Doppelspitze Lafontaine/Schröder war sie auch personell alles andere als gut aufgestellt. Anders als die britische Labour Party, die sich in ihrer Oppositionszeit sowohl personell als auch programmatisch grundlegend erneuert hatte, konnte bei der SPD davon keine Rede sein. Vor allem bei Themen ihrer Kernkompetenz (Freiheit, Gerechtigkeit, Solidarität, das Verhältnis von Markt und Staat, technologischer Fortschritt und wirtschaftliche Modernisierung) hatte sie kaum neue eigene Konzepte entwickelt. Sie lebte vom Ideenimport anderer Parteien und weitestgehend noch vom Ideenvorrat, den sie Anfang der siebziger Jahre mit ihrem „Orientierungsrahmen" angesammelt hatte[20]. Die neuen Problemlagen am Beginn des neuen Jahrtausends waren von ihr nicht angemessen (parteipolitisch ausgewogene Grundsatzprogramme können dabei nicht weiterhelfen) aufgearbeitet worden, erst recht konnte die SPD, die sich nun anschickte, Regierungsverantwortung zu übernehmen, keine schlüssigen Antworten auf die neuen Herausforderungen geben:

Das Entstehen einer neuen Welt(un)ordnung, der Klimawandel, ebenso die wirtschaftliche Bedrohung durch neue Wettbewerber auf den Weltmärkten, die Überschuldung der öffentlichen Haushalte, die damit gesetzten engen Grenzen der Finanzierung weiterer staatlicher Leistungen, die Beschränktheit nationaler Gestaltungskompetenz, die Überalterung der Bevölkerung, der internationale Terrorismus, ein tiefgreifender Wertewandel, der alle Schichten der Bevölkerung einschloss. Alles dies wurde zwar registriert, aber nicht in einem einigermaßen konsistenten sozialdemokratischen Regierungsprogramm adressiert. Das allerdings erwarteten die „Schröder" - Wähler von einer SPD geführten Bundesregierung – zu Recht.

Die Öffentlichkeit merkte bald, dass die Sozialdemokraten ohne ein tragfähiges eigenes Konzept die Regierungsverantwortung übernommen hatten. Die im Wahlprogramm versprochenen Korrekturen an vorsichtigen Sozialreformen [21], die die Regierung Kohl zuvor auf den

"Schicksalsjahr" 2011?

Weg gebracht hatte, waren schnell abgearbeitet. Mehr an Reformen war jedoch nicht in Sicht. Es machte sich Rat- und Hilflosigkeit breit. War das schon alles, was die Regierung Schröder/Fischer auf den Weg bringen konnte? Die Arbeitsmethode Schröders mit seiner hemdsärmeligen Sprunghaftigkeit verstärkte noch den fatalen Eindruck. Hinzukam, dass der Machtkampf der beiden „Leitwölfe", Lafontaine und Schröder, nach erfolgreicher Wahl mit aller Wucht wieder auflebte. Es kam zum „Show down", Finanzminister Lafontaine ging. Und Lafontaine schmiss nicht nur sein Ministeramt hin, sondern warf den Vorsitz der SPD gleich hinterher. So respektlos hatte noch kein Sozialdemokrat sich seiner Verantwortung entzogen. In diesen Turbulenzen ließ Schröder – für die Öffentlichkeit völlig überraschend, für die Partei geradezu putschartig – ein Konzeptpapier lancieren, das sein Kanzleramtschef Bodo Hombach mit den Mitarbeitern des britischen Premierministers und Labour-Chefs Tony Blair erarbeitet hatte. Am 8. Juni 1999 wurde es in London vorgestellt. Allein das schon war erstaunlich. Für die Labour Party enthielten die Thesen des Blair-Schröder Papiers [22] wenig Neues. Sie waren in der Partei von New Labour weitestgehend Konsens. Es konnte deshalb in London auch kaum Aufmerksamkeit erwarten.

Ganz anders sah es in Deutschland aus, vor allem in Schröders Partei, der SPD. Das Blair-Schröder Papier schlug dort ein wie eine Bombe. Kaum jemand in der SPD hatte zur Kenntnis genommen, was sich in Großbritannien vor dem Regierungswechsel 1997 getan hatte, was „New Labour" eigentlich bedeutete, was ihre handelnden Führungspersonen dachten.[23] Von einer Re-

"SCHICKSALSJAHR" 2011?

formdiskussion, wie sie die Labour Party seit ihrer schweren Niederlage 1982 kontinuierlich geführt hatte, war die SPD weit entfernt. Der neue Parteivorsitzende, Bundeskanzler Schröder, dachte überhaupt nicht daran, seine Genossen auf die neue programmatische Orientierung vorzubereiten. Es gab keine vorbereitenden Konferenzen oder Parteiversammlungen. Mögliche Verbündete in Wissenschaft, Medien, selbst in der eigenen Partei waren von Schröders Coup überrascht. Von einer zuvor geplanten Vermittlungs- und Kommunikationsstrategie für das neue Konzept war weit und breit nichts zu sehen. Das Blair-Schröder-Papier wurde der Partei gleichsam auf den Tisch geknallt. Sie musste selbst sehen, wie sie damit zurechtkam. [24] Die Partei empfand Schröders Versuch einer Neuorientierung schlicht als ein Oktroi, einen Befehl von oben.

Die Traditionalisten auf dem linken Flügel schlugen nach dem Motto: „Wehret den Anfängen" mit allen Mitteln zurück. Statt für das Papier zu kämpfen, zumindest einen parteiinternen Denk- und Diskussionsprozess anzustoßen – immerhin war Schröder nach dem blamablen Abgang von Lafontaine am 12. April 1999 zum Parteivorsitzenden gewählt worden – distanzierte er sich faktisch von seinem eigenen Papier. Das war aber nicht nur ein Autoritätsverlust, es war auch ein schwerer strategischer Fehler, der Schröder schließlich die Kanzlerschaft kostete. Der Fall zeigte die konzeptionelle Führungsschwäche Schröders; er konnte und er wollte schließlich auch nicht seine Partei auf dem Weg mitnehmen, den er als Kanzler für richtig erkannt hatte. Bekanntlich kommt es aber in Politik nicht darauf an, dass man recht hat, sondern das man recht bekommt. Das war jedoch nicht Schröders Sache. Als er im Jahre 2003 die „Agenda-Politik", die sich in weiten Teilen auf New Labour – Ideen stützte, begann, war die Partei nicht bereit, ihm zu folgen.

SPD in der Strategiefalle

Im Umgang mit den neuen Konkurrenten im linken Lager stand die SPD Mitte der achtziger Jahre vor einer klaren strategischen Entscheidungssituation: Sie konnte entweder die „Grünen" als Partner in möglichen zukünftigen Regierungsbündnissen – wie zuverlässig und berechenbar sie auch immer waren - akzeptieren. Dann musste sie allerdings bereit sein, die „grüne Identität" der neuen Partei und ihre programmatische Orientierung zu respektieren, dann musste sie aber gleichzeitig besonders darauf achten, ihre eigne unverwechselbar sozialdemokratische Identität zu bewahren. Oder sie konnte versuchen, mit der weitestmöglichen Übernahme grüner Themen den neuen Mitkonkurrenten überflüssig zu machen. Dann durfte sie aber in keinem Fall die grüne Partei „hoffähig" und „seriös" machen. Erst recht durfte sie keine Regierungsbündnisse mit ihr schließen.

Beide Kursbestimmungen hatten durchaus ihre Risiken, sie waren vermutlich auch kurzfristig nicht erfolgversprechend, man brauchte für beide einen langen Atem. Den jedoch brachte die Partei unter Hans-Jochen Vogel nicht auf. So konnte sich die SPD zu keiner strategischen Kursbestimmung durchringen. Sie entschied sich für das „Durchwursteln", zu einem „kräftigen Sowohl als Auch"

"SCHICKSALSJAHR" 2011?

(Willy Brandt). Sie importierte weiter „grüne" Themen und diskutierte rotgrüne Regierungsbündnisse. Schließlich kam es 1985 in Hessen zum ersten rotgrünen Bündnis. Damit waren die Dämme für weitere rotgrüne Bündnisse gebrochen. Die strategische Unentschiedenheit hatte für die SPD aber verhängnisvolle Folgen: Aus dem bunten unberechenbaren Haufen, der 1983 zum ersten Mal in den Deutschen Bundestag einzog, wurde die Partei „Die Grünen", die sich nach und nach in allen Parlamenten fest verankerte. Zwanzig Jahre später erleben wir wieder haargenau – diesmal am Beispiel der Partei „Die Linke" – die gleiche unscharfe Kursbestimmung – mit ähnlich desaströsen Folgen.

Die SPD blutet aus

Die neuen sozialen Bewegungen und später dann die grüne Partei sammelten all diejenigen auf, denen die etablierten Parteien zu verknöchert, zu wenig innovativ, zu autoritär waren. Die „Grünen" waren dagegen jung, dynamisch, kreativ, manchmal provokant, immer engagiert, geradezu beschwingt, originell. Wegen ihres ungewohnt frischen Profils wurden sie von den Medien mit viel wohlwollender Aufmerksamkeit bedacht. Ihre Parteitage mutierten zu kurzweiligen Happenings, was voll im Trend der elektronischen Medien lag, Informationen über Politik als Unterhaltung aufzubereiten. Das Führungspersonal der „Grünen", sofern in der Frühphase der Partei davon überhaupt gesprochen werden kann, machte einen unverbrauchten, aufgeweckten Eindruck. Es waren keine stromlinienförmigen, zumeist blassen Berufspolitiker, die

„SCHICKSALSJAHR" 2011?

das Bild der anderen Parteien beherrschten. Die SPD der Nach-Schmidt-Ära sah hingegen nicht nur personell verbraucht, sondern auch programmatisch über weite Strecken orientierungslos, ja hilflos aus. Hans Jochen Vogel, gescheiterter Oberbürgermeister in München, seit 1972 Bundesbau- und ab 1974 Justizminister unter Kanzler Helmut Schmidt, zudem lange Zeit der Anführer der Parteirechten, vermittelte als Fraktionsvorsitzender alles andere als den Eindruck einer personellen und inhaltlichen Erneuerung.

Der Mangel an innerparteilicher Demokratie in allen etablierten Parteien wirkte sich zudem fatal aus, besonders für die SPD: Tausende junger politischer Aktivisten, die in den beiden Jahrzehnten zuvor zur SPD geströmt waren, mieden jetzt die Partei. Sie war einfach zu unattraktiv. Seit Mitte der siebziger Jahren gingen der SPD damit mindestens zwei Generationen von politischen Nachwuchstalenten verloren, die – zwischenzeitlich in einem langen Parteileben erfahren und klug geworden – heute noch das personelle Rückgrat der „Grünen" bilden. In der SPD dagegen werden sie bis heute schmerzlich vermisst. So wurde die SPD über mehr als zwei Jahrzehnte von den sogenannten 68er, der Generation der „Jungsozialisten", die Ende der sechziger Jahre das Ruder in der Nachwuchsorganisation übernommen hatten, beherrscht. Zum Nachteil der Partei. Die nachwachsende Parteijugend der achtziger und neunziger Jahre konnte sich gegen Einfluss und Macht der 68er nicht durchsetzten. Sie blieb profillos, langweilig, innengerichtet. Sie verhedderte sich in endlosen Debatten, die schon die 68er erfolglos geführt hatten. Die Mitgliederentwicklung ist ein beredtes Zeugnis für den Aderlass, dem sich die Partei seit dem Ende der achtziger Jahre ausgesetzt sieht. Gegenüber den achtziger Jahren haben mehr als die Hälfte der Mitglieder die SPD verlassen. Heute gibt es in der Partei weniger als eine halbe Million Mitglieder, das sind weniger Mitglieder als 1906! Ein wichtiger Grund für die rasante Abnahme ist auch in der 1988 eingeführten „Frauenquote" zu sehen. Seit Einführung der Frauenquote ist die Zahl der männlichen Mitglieder um fast die Hälfte, die der weiblichen Mitglieder um über ein Drittel zurückgegangen. Dabei war es Absicht der Befürworter der Frauenquote die Attraktivität der SPD gerade für Frauen erhöhen.[25]

Die verkümmerte innerparteiliche Demokratie

Das Problem „innerparteiliche Demokratie" ist so alt, wie es demokratische Parteien gibt. Die Parteiensoziologie hat vor mehr als 100 Jahren die Tendenz demokratischer Parteien beobachtet, die innerparteiliche Demokratie zugunsten oligarchischer Strukturen zu begrenzen. Robert Michels hatte schon 1911 eine Studie über die SPD vorgelegt, mit der er sein „ehernes Gesetz der Oligarchie" belegte. [26]

Parteienforscher, die der SPD nahestanden oder sogar führende Mitglieder der Partei waren, haben diese Tendenz zur Oligarchie in ihrer eigenen Partei immer wieder beklagt. Das Spannungsverhältnis zwischen der politischen Effektivität einer Organisation und ihren inneren Demokratisierung bestehe, wie der renommierte

„SCHICKSALSJAHR" 2011?

Politologe und langjähriges Mitglied im Deutschen Bundestag, der Sozialdemokrat Ulrich Lohmar, schrieb, heute noch genauso wie 1911, als Michels seine Parteiensoziologie veröffentlichte. [27] Vor allem mitgliederstarke Parteien, also die Volksparteien, tun sich mit der Verwirklichung innerparteilicher Demokratie schwer. In der Vergangenheit war das nicht anders als heute. [28] Gleichwohl fällt der Mangel, ja ein Zerfall an innerparteilicher Demokratie heute besonders auf. Und er ist fatal – nicht nur für die Legitimation, ja den Bestand der Parteien, sondern auch für die weitere Entwicklung der Demokratie überhaupt.

In keiner Partei liegen aber der Anspruch, Entscheidungen demokratisch zu legitimieren, und die Wirklichkeit der tatsächlichen Entscheidungsfindung soweit auseinander wie in der SPD. Dabei haben ihre Mitglieder auf die Einhaltung innerparteilicher Demokratie immer großen Wert gelegt. Es wundert deshalb auch nicht, dass in regelmäßigen Abständen, meist nach verlorenen Wahlen, Parteireformen angestoßen werden, die ebenso regelmäßig ins Leere laufen. Der tatsächliche Schritt, mehr innerparteiliche Demokratie zuzulassen, wurde und wird immer wieder vertagt.

Im Ergebnis haben die wenigen Parteireformen die Macht der Parteielite gestärkt und die Partizipationsmöglichkeiten der Parteibasis weiter geschwächt. Gemessen an dem überaus großen Einfluss, den Parteien im unmittelbar politisch-staatlichen wie auch im gesellschaftlichen, wirtschaftlichen und kulturellem Raum ausüben, ist die Zahl der Bürger, die sich in Parteien engagieren sehr gering. Nur gut zwei Prozent der Bürger im wahlfähigen Alter – gut 1,2 Millionen – sind in Deutschland Mitglied einer Partei. Davon ist wiederum nur ein Bruchteil innerparteilich engagiert und aktiv. Im Falle der SPD sind das das ca. 50.000 Aktivisten. Sie stellen die sogenannte Parteibasis dar. Man schätzt den Anteil der Aktivisten auf etwa 10 Prozent der Gesamtmitgliederschaft, 90 Prozent sind – keineswegs nur freiwillig – reine Beitragszahler, also eine „schweigende Mehrheit", die ohne jeden konkreten Einfluss auf die Gestaltung der Politik bleibt. Erst diese „Parteibasis" hat überhaupt – wenn auch nur bescheidene – Mitspracherechte und somit die Möglichkeit, Einfluss auf Programmatik, Sachentscheidungen sowie die Auswahl der Führungspersonen zu nehmen. Die tatsächlich relevanten Entscheidungen in den Parteien übt jedoch eine noch weit geringere Zahl von Berufspolitikern aus, die aus nur wenigen Tausend Funktionären besteht. Die Spitzengremien der Parteien auf kommunaler Ebene, auf Länder- und Bundesebene – werden von ihnen bestückt. Personalentscheidungen werden aus dem Reservoir der vorhandenen Spitzenpolitiker getroffen [29]

Nachwuchs wird sorgfältig auf Anpassungseignung und vor allem Loyalität zur Parteielite ausgewählt. Dafür sorgen informelle Runden, die Personalentscheidungen vorbereiten, Delegierte auf den Parteitagen instruieren und auf Kurs bringen. Es ist meist eine „kleine Sensation", wenn Delegierte abweichend von den Listenempfehlungen, die informelle Kungelrunden zuvor ausgehandelt hatten, entscheiden. Diese informellen Runden bestehen sogar in größeren Landesverbänden aus kaum

„SCHICKSALSJAHR" 2011?

mehr als drei Dutzend Funktionärsvertretern aus verschiedenen Flügeln der Partei. Besonderes Gewicht haben im Falle der SPD die Arbeitsgemeinschaft sozialdemokratischer Frauen, deren Führung eine gutorgansierte und äußerst effizient arbeitende Kadertruppe ist, die Arbeitsgemeinschaft für Arbeitnehmerfragen sowie – wenn auch weit weniger einflussreich als in den Jahrzehnten zuvor – die Arbeitsgemeinschaft der Jungsozialisten. Alle drei Arbeitsgemeinschaften gehören traditionell dem linken Flügel der Partei an. Sie wählen die Delegierten, sie bestimmen die Zusammensetzung der Parteitage und sie haben den entscheidenden Einfluss auf die Kandidatenliste für Mandatsträger. Mit Recht spricht man von „Parteioligarchien", die die politische Agenda des Landes in der Hand haben und bestimmen. Die „Profis" in den Parteien haben deshalb gar kein Interesse daran, Politik den „politischen Amateuren" zu überlassen. Im Gegenteil: Die sogenannte „Parteibasis" schottet die Entscheider in den Parteien ab vor unliebsamen Mitgliedern, die weder über die Zeit noch über das „nötige Sitzfleisch" verfügen, um an der aufwendigen Gremienarbeit teilzunehmen. Die Professionalisierung und die Verkümmerung der innerparteilichen Demokratie gehen deshalb Hand in Hand.

Das politische Geschäft, ist für Führungspersonen der Parteien aber nicht nur Hauptbeschäftigungsfeld, Politik ist für sie auch ein wesentlicher Teil ihrer beruflichen Existenzsicherung. Das wirft jedoch eine ganze Reihe von höchst heiklen Fragen auf, die kaum in der Öffentlichkeit und in Parteien höchst selten und – wenn überhaupt – mit größter Zurückhaltung angesprochen werden. Dabei geht es nicht nur um die „Aufwandentschädigungen" und

„Schicksalsjahr" 2011?

andere Vergünstigungen der Parlamentarier, es geht um den Einfluss, den die Politik zwischenzeitlich auf die Besetzung staatlicher und staatsnaher Institutionen, Verwaltungen, Unternehmen hat. Auch hier kann die Partizipation derjenigen, die dem Führungskreis der Parteien nicht angehören, sehr störend sein. Es gibt – nicht nur in der SPD, sondern in allen Parteien – kaum ein gesteigertes Interesse, die „schweigende Mehrheit der Parteimitglieder" stärker an den Entscheidungen der Parteien zu beteiligen. Dabei ist die Notwendigkeit hierarchisch gegliederter Repräsentation, wie sie in Massenparteien der Vergangenheit eine gewisse Berechtigung hatte, im Zeitalter eines unbegrenzten Zugangs zu Information nicht mehr gegeben. Parteien bräuchten heute keine undurchsichtigen, in eine Vielzahl heterogener Gruppierungen und Interessenklüngel aufgespaltenen Monstergebilde mehr zu sein, die von diversen Oligarchien aus Berufspolitkern manipuliert und geführt werden. Der Verwirklichung einer umfassenden innerparteilichen Demokratisierung steht heute nichts mehr im Wege. Wenn man es denn will. Parteien könnten mit zuvor nicht gekannten Möglichkeiten der direkten, nicht mehr über Massenmedien vermittelten Kommunikation Mitgliedern Entscheidungen über politische Sachverhalte und über ihre Führungspersonen direkt vorlegen.

Während Wirtschaft, Wissenschaft, Verwaltung, soziale Bewegungen, Kunst und Kultur es uns vormachen, welch große Chancen in den neuen Medien für die Verbreitung von Produkten, Informationen, Meinungen und Anliegen aller Art liegen, halten sich die Parteien merklich zurück. Es gibt geradezu eine Scheu der Parteien, die neuen Kommunikationstechnologien mit all ihren Möglichkeiten für die neue Partizipationsbereitschaft der Bürger zu nutzen. So läuft dann das gesteigerte Partizipationsverlangen einer wachsenden Zahl von Bürgern bei den Parteien, vor allem auch in der SPD, in Leere. Trotz des dramatischen Vertrauensverlustes bei Wahlen und einem nicht weniger dramatischen Rückgang ihrer Mitglieder, trotz einer flächendeckenden Protestkultur im Land und dem Entstehen immer neuer Bürgerbewegungen, deren Zielsetzungen sich nicht selten widersprechen oder sogar ausschließen, fühlen sich die Parteiführungen nicht herausgefordert, dem neuen Emanzipationsbegehren der Bürger wirksam in ihren Parteien nachzukommen. Anstatt die Parteien zu öffnen, ihren Mitgliedern echte Mitbestimmungs- und Mitwirkungsmöglichkeiten einzuräumen, alle Sonderechte für einzelne Gruppen („Quotenregelungen") abzuschaffen, kurz mit der Verwirklichung innerparteilicher Demokratie einmal endlich ernst zu machen, ducken sie weg und hoffen, dass sich das Problem mit Zeitablauf von selbst erledigt.

CHANCEN DER DEUTSCHEN
SOZIALDEMOKRATIE – 7 THESEN

D AS politische Gravitationszentrum der Bundesrepublik hat sich nach der Wiedervereinigung 1990 nach links verlagert. SPD, „Grüne" und „Linke" verfügen seither über eine strukturelle Mehrheit im Bund und in vielen ost-, west- und norddeutschen Ländern. In

„Schicksalsjahr" 2011?

der „Bonner Republik" war das anders: Bis 1989 konnten CDU/CSU und FDP auf ein Wählerpotential bauen, das ihnen eine Mehrheit bei Wahlen sichern konnte. Das konservative Lager wird deshalb seine Perspektive für eine Regierungsübernahme immer häufiger mit Hilfe einer der beiden Linksparteien, d.h. der SPD oder den „Grünen" zu sichern versuchen. Nicht nur die Parteienlandschaft steht vor einem Umbruch, auch das Spektrum möglicher Koalitionsbündnisse hat sich erweitert. Bis auf die Partei „Die Linke" sind heute alle Parteien untereinander koalitionsfähig. Vor allem könnte die SPD von einer solchen Konstellation profitieren. Die Frage ist: Wird es bei zukünftigen Koalitionsregierungen – wie in der Vergangenheit – einen dominierenden Partner geben, der wie selbstverständlich das Amt des Regierungschefs und weitere zentrale Ministerien für sich in Anspruch nehmen kann? Auf der Linken zumindest ist diese Frage nicht mehr mit einem schlichten Ja oder Nein zu beantworten. Das zeigen die Wahlen in Ostdeutschland wie jetzt auch die Wahl in Baden-Württemberg.

1. Die Chancen der deutschen Sozialdemokratie, im neuen Parteienspektrum bestehen zu können, stehen nicht so schlecht, wie es von vielen Beobachtern, selbst Teilen der eigenen Mitgliederschaft vermutet wird. Sie wird aber einige „alte Zöpfe" abschneiden müssen, um ihr Potential ausschöpfen zu können. Bislang bleibt sie weit unter ihren Möglichkeiten. Sie muss sich wieder auf die Stärken besinnen, die sie groß gemacht haben: Glaubwürdigkeit, Verlässlichkeit, Berechenbarkeit, Geschlossenheit. Hier wurde den Wählern (auch den Parteimitgliedern) in den letzten beiden Jahrzehnten vieles zugemutet.

„SCHICKSALSJAHR" 2011?

2. Die SPD muss wieder die Partei der praktischen Vernunft werden. Sozialdemokratie steht für den rationalen Diskurs. Sie weiß um die grundsätzliche Beschränktheit und Unvollkommenheit menschlichen Wissens und Voraussehens. Offene, vorurteilslose Kommunikation auf der Basis umfassenden, gesicherten Wissens, Toleranz und Respekt vor der Meinung anderer sind die einzig möglichen Methoden, um zu einem vernünftigen und akzeptablen Ausgleich für alle zu kommen. Der Kompromiss ist nach diesem Politikverständnis das Wesen von Politik überhaupt. Verständnis unterscheidet die SPD vor allem von den beiden Mitbewerbern im linken Lager. Dies ist ein Alleinstellungsmerkmal, das sie hegen und pflegen muss. Und das sie bei sich selbst zu allererst beachten und praktizieren muss. Hier hat die SPD in den letzten drei Jahrzehnten schwer gesündigt.

Eine Re-Ideologisierung, wie die schnell aufeinanderfolgenden Parteiführungen sie seit dem Abgang von Helmut Schmidt mit dem Aufkommen von Ökologismus, Feminismus, Pazifismus, Marxismus zugelassen haben, tut ihr nicht gut. Sie beschädigt damit nicht nur ihre unverwechselbare sozialdemokratische Identität, sondern sie verliert die Unterstützung bei dem Teil der Bevölkerung, der ihr die eindrucksvollen Wahlsiege in den sechziger und siebziger Jahren ermöglicht hatte. Die SPD hat zudem ein übers andere Mal vergessen, dass Parteien keine Seminarveranstaltungen und Selbstfindungsgruppen sind.

3. Die SPD muss Abschied nehmen von der Vorstellung, dass sie als eine linke Volkspartei in einem Fünf-

parteiensystem bestehen kann. So schmerzhaft dies sein wird, sie hat keine Alternative. Ein Zurück zu den Verhältnissen der alten Bundesrepublik wird es – zumindest in absehbarer Zeit – nicht geben. So geht vermutlich in diesen Jahren eine untypische Stabilität der politischen Verhältnisse, wie wir sie aus der „Bonner Republik" kannten, endgültig zu Ende. Die Partei muss sich neu definieren in einem Parteienspektrum, das vermutlich weiterhin in Bewegung bleiben wird. Das ist nicht nur zu bedauern. Es zeigt auch die Lebendigkeit der Demokratie – allen Klagen über Parteien- und Staatsverdrossenheit zum Trotz.

4. Die SPD wird davon ausgehen müssen, dass Regierungsbündnisse in Zukunft nicht mehr nur mit zwei, sondern mit drei Parteien in unterschiedlicher Farbenkombination geschlossen werden. Die „Linke" und die „Grünen" sind nicht nur Mitkonkurrenten im linken Lager, sondern auch „natürliche" Partner bei der Bildung gemeinsamer Regierungen. Der Anspruch der SPD, Volkspartei bleiben zu wollen, enthält unausgesprochen aber auch den Anspruch, die beiden anderen Parteien überflüssig zu machen. Dies behindert aber eine vernünftige Zusammenarbeit der drei Linksparteien. Diese kann nur funktionieren, wenn die Partner bereit sind, grundsätzlich die Existenzberechtigung des jeweils andern anzuerkennen. Die SPD hat zudem den Vorteil, praktisch mit allen demokratischen Parteien Koalitionen eingehen zu können. Das wird ihre Stellung im Parteienspektrum stärken und Machtoptionen erweitern – vorausgesetzt sie stellt sich programmatisch und personell so auf, dass sie diesen Vorteil auch nutzen kann.

5. Programmatisch kann sich die SPD nur profilieren, wenn sie mehr eigene unverwechselbar sozialdemokratische Themen in den Vordergrund rückt. Mit der bloßen Übernahme „grüner" oder „linker" Programmatik hat sie ihr eignes Profil verunklart. Die Wähler wissen nicht mehr, woran sie mit der SPD sind. Sie haben keine Orientierung und wählen im Zweifelsfall eher das Original als die Kopie. Die Partei muss deshalb den ideologischen Ballast, den sie in den letzten Jahrzehnten von außen aufgekehrt hat, wieder abwerfen, so wie sie es Ende der fünfziger Jahre mit dem „Godesberger Programm" getan hat. Die SPD muss sich wieder positionieren als eine Partei links von der Mitte, die sich von praktischer Vernunft und nicht von Ideologien und Ängsten leiten lässt.

6. Die SPD ist die Partei der Gerechtigkeit und der Erneuerung. Beides gehört zusammen. Sie braucht ein Programm, das ein neues Miteinander ins Zentrum stellt: zwischen den Klassen und Schichten, zwischen den Geschlechtern und Generationen, zwischen den ethnischen und weltanschaulich/religiösen Gruppen.

7. Der eklatante Mangel an innerparteilicher Demokratie hat zu ihrem derzeitig desolaten Zustand erheblich beigetragen. Die SPD wirkt für den politisch interessierten Mitbürger, der seine Parteimitgliedschaft nicht als Steigbügelhalter für seine berufliche Karriere betrachtet, gähnend langweilig, geradezu abschreckend. Der Verlust von mehr als der Hälfte ihrer Mitglieder in letzten beiden Jahrzehnten spricht Bände. Die „Mediendemokratie" mit ihrer entpolitisierenden, vornehmlich auf Personen bezogenen Berichterstattung hat die ohnehin bereits

"Schicksalsjahr" 2011?

stark verkümmerte innerparteiliche Demokratie faktisch zum Erliegen gebracht. Ein entscheidender Ansatz für die Erneuerung der SPD wird deshalb eine wirkliche, einschneidende Parteireform sein. Der Grundsatz „Demokratie ist Machtausübung auf Zeit" muss auch für die Partei selbst gelten. Ein Stück weit Entprofessionalisierung ist jetzt geboten, nicht im Sinne des Zurückdrängens einer effizient arbeitenden Parteiorganisation – hier liegt noch vieles im Argen. Gemeint ist die Entprofessionalisierung der politischen Klasse selbst. Der Typ Berufspolitiker, der von seinem Studium an bis zur Erreichung der Altersgrenze sein gesamtes Berufsleben in Parlamenten oder/und in Parteiämtern verbringt, stellt eine Fehlentwicklung bei der Ausübung politischer Mandate und Ämter dar. Das, was Hans Apel einmal „die deformierte Demokratie" genannt hat, geht unter anderem auch auf diesen von allen unabhängigen Beobachtern beklagten politischen Karrierismus, der sich in Partei breitgemacht hat, zurück.

(K)ein Grund zum Feiern?

Zum 150. Mal jährte sich im Jahr 2013 der parteioffizielle Gründungstag der deutschen Sozialdemokratie. Ferdinand Lassalle hatte am 23. Mai 1863 in Leipzig den Allgemeinen Deutschen Arbeiterverein – kurz ADAV – aus der Taufe gehoben. Sechs Jahre später gründeten August Bebel und Wilhelm Liebknecht in Eisenach eine weit radikalere Konkurrenzpartei, die SDAP, die Sozialdemokratische Arbeiterpartei. Beide Parteien vereinigten sich dann 1875 in Gotha zur Sozialistischen Arbeiterpartei Deutschlands (SAP). Nach der Aufhebung des Sozialistengesetzes 1890 gab sich die Partei auf dem „Erfurter Parteitag" 1891 nicht nur ein lupenreines marxistisches Programm, sondern auch einen neuen Namen: die Sozialdemokratische Partei Deutschlands. Der zeitweise heftig geführte innerparteiliche Streit um das rechte Gründungsdatum der SPD: 1863, 1869, 1875 oder 1891 war alles andere als eine belanglose geschichts-

(K)ein Grund zum Feiern?

wissenschaftliche Fingerübung. Dahinter verbarg sich immer auch eine Auseinandersetzung der Parteiflügel um die programmatische Ausrichtung der Partei: für Anhänger der marxistischen Tradition war die Gründung der SAP des Jahres 1875 bzw. die SPD des „Erfurter Programms" von 1891 entscheidendes „Gründungsdatum" der Partei. Für die Pragmatiker in der Partei, die Revisionisten, wie sie genannt wurden, war die Gründung des „Allgemeinen Deutschen Arbeitervereins" durch den Marx-kritischen Ferdinand Lassalle maßgebend. Mit dem zähen Abschied der SPD vom Marxismus wurde auch das Geburtsdatum geklärt: Ferdinand Lassalle hatte gesiegt.

Ein Tag zum Jubeln

Es darf also innerhalb und außerhalb der SPD gejubelt, gedacht, erinnert, gewürdigt – und natürlich auch kritisiert, gemäkelt, belächelt und bespöttelt – werden. Das ist nun mal das Schicksal eines jeden Gedenktages dieser Sorte. 150 Jahre Sozialdemokratische Partei Deutschlands; die älteste demokratische Partei der Bundesrepublik, wie die Genossinnen und Genossen an dem Erinnerungstag gerne zu sagen pflegen, feiert Geburtstag. Passend oder unpassend zum Wahlkampf – die Sozialdemokraten werden sich das Gedenken einiges kosten lassen. Die Reden über die Sternstunden der Parteigeschichte, „die besten Stunden der deutschen Sozialdemokratie" liegen in den Schubladen. Die Parteihistoriker haben fleißig vorgearbeitet. Der Parteivorstand berei-

(K)EIN GRUND ZUM FEIERN?

tet sich auf den Festakt am 23. Mai 2013 vor. Aufsätze, Bücher und Broschüren zum Geburtstag liegen vor oder stehen zur Veröffentlichung bereit. So wie man die Kanzlerin kennt, wird auch sie sich den Termin 23. Mai 2013 nicht entgehen lassen. Vermutlich wird sie sich – zum Leidwesen ihrer eigenen Parteifreunde – als verhinderte, verkappte Sozialdemokratin zu erkennen geben, die Augen fest auf den Wahltermin gerichtet.

STERNSTUNDEN

Zu Recht können die Sozialdemokraten auf ihre Geschichte stolz sein: Was wäre dieses Land ohne Sozialdemokraten! Sie haben den revolutionären Marxismus überwunden und nach langen Kämpfen und Windungen den Glauben an ein sozialistisches Utopia abgelegt, der erst mit der Entsorgung des SED-Staates 1989 endgültig zu den Akten gelegt werden konnte.

Sozialdemokraten haben nach dem Ersten Weltkrieg den Sirenenrufen der Bolschewisten widerstanden und den Deutschen eine Räterepublik nach sowjetischem Muster erspart. Die SPD stand prinzipienfest und zuverlässig im Zentrum des demokratischen Parteienspektrums der Weimarer Republik. Als die Bindungskraft der SPD in der Weltwirtschaftskrise nachließ, war die erste Demokratie nicht mehr zu retten. Sie hat sich als einzige demokratische Partei mutig und unerschrocken der NS-Diktatur widersetzt. Vom „Ermächtigungsgesetz", dem sie als einzige demokratische Partei die Zustimmung ver-

(K)EIN GRUND ZUM FEIERN?

weigerte, angefangen bis zum bitteren Ende im Mai 1945. Nach dem Zweiten Weltkrieg waren es wieder Sozialdemokraten, die den Verlockungen der scheinbar demokratisch geläuterten Kommunisten widerstanden. Und Sozialdemokraten waren es, die mit ihrer Entspannungspolitik die Voraussetzungen für die Aufhebung der Spaltung Deutschlands und Europas schufen.

AM ABGRUND?

Das ist lange her, wird man sagen. Zu Recht. Wo bleibt der Beitrag der Sozialdemokraten heute? Wo sind die originär sozialdemokratischen Antworten (und nicht die Allerweltsantworten, die Politiker aller Parteien so leicht zur Hand haben) auf die wirklich drängenden Fragen der Gegenwart? Wie geht es weiter mit einer Gesellschaft, die immer älter und bunter und unübersichtlicher wird, in der der soziale Zusammenhalt immer brüchiger, die Einkommens- und Vermögensverteilung immer skandalöser wird? Welches Modell von Gesellschaft streben Sozialdemokraten eigentlich an, was haben sie für eigne, unverwechselbare Zukunftsentwürfe.

Hier Antworten parat zu haben war doch immer das Faszinierende und Attraktive der deutschen Sozialdemokratie – eigentlich seit ihrem Bestehen. Nichts davon ist in die Gegenwart gerettet worden. Von welchen bestimmenden Motiven, von welchen Prinzipien lassen sich Sozialdemokraten heute leiten? Vom Prinzip der sozialen Gerechtigkeit wohl nicht, sonst hätten sie dem Kahl-

(K)ein Grund zum Feiern?

schlag der Hartz IV – Reform doch nicht zustimmen können. Vom Prinzip der Gleichberechtigung doch wohl auch, sonst würde in ihren Reihen nicht einem rüden Geschlechterkampf das Wort geredet. Der Befund ist deprimierend: Was die SPD an Antworten zu bieten hat, ist entweder jahrzehntealt oder von anderen Parteien (oder autonomen sozialen Bewegungen) – also von außen – importiert, na sagen wir es klipp und klar, geklaut worden.

Anfang der Siebziger wagte die SPD zum letzten Mal den Versuch, ein Zukunftsmodell einer humanen Gesellschaft als ein originär sozialdemokratisches Projekt zu erarbeiten. Das Ergebnis war der „Orientierungsrahmen", ein Papier, das schnell in Vergessenheit geriet, weil mit der Zerstörung des „Bretton Woods" -Systems und den Folgen der ersten Ölpreiskrise Mitte der siebziger Jahre die Analysen veraltet und die Strategien überholt waren.

Die Sternstunden sozialdemokratischer Politik bleiben heute aus. Programmtisch scheint die Partei ausgebrannt. Eine originär sozialdemokratische Handschrift ist nirgends mehr erkennbar. Weder in der Gesellschafts- noch in der Wirtschaftspolitik, weder in der Außen- oder Sicherheitspolitik. Selbst im Eingemachten der Partei, der Sozialpolitik, bleibt sie merkwürdig blass: Blanke Interessenpolitik im Schlepptau der Gewerkschaften ist alles, zu was sie sich noch aufzuraffen kann. Es scheint, als habe Schröders Agenda – Politik ihr den Mut genommen, tragfähige, natürlich vor allem auch finanzierbare Zukunftskonzepte einer solidarischen Gesellschaft zu entwickeln.

(K)EIN GRUND ZUM FEIERN?

EXODUS

PERSONELL blutet die Partei aus. Zahl und Qualität des Spitzenpersonals kommt an das anderer etablierter Parteien kaum mehr heran. Selbst die „Grünen" verfügen heute über ein ergiebigeres Personalreservoir als die SPD.

Längst überfällige Parteireformen werden ständig vor sich hergeschoben. Trotz gegenteiliger Bekundungen werden die Mitbestimmungs- und Mitwirkungsrechte der Parteimitglieder eingeschränkt und abgebaut. Die 1993 eingeführten Urwahlen und Mitgliederentscheide werden – von wenigen, im Übrigen sehr erfolgreichen Beispielen abgesehen – so gut wie nie angewandt. Die Mitgliederbefragung im Dezember ist ein hoffnungsvolles Zeichen, einen erneuten Anlauf für mehr innerparteiliche Demokratie zu wagen.

Doch ist Skepsis angesagt. Undemokratische Quotenregelungen machen einen demokratischen Auswahlprozess der Parteielite zur Farce. Die Kür Peer Steinbrücks zum Spitzenkandidaten für die Bundestagswahl 2013 ist geradezu ein Musterbeispiel dafür. Der Einfluss Hamburger Meinungsmacher im Schulterschluss mit Ex-Kanzler Helmut Schmidt und das gentlemen's agreement einer selbst ernannten Troika reichen in der SPD zwischenzeitlich vollkommen aus, um eine Kanzlerkandidatur zu begründen. Die Parteigremien dürfen dann noch abnicken, was diese dann auch ohne großes Murren und erkennbaren Widerstand tun.

(K)ein Grund zum Feiern?

Die feministische Wende

Wenn der Kanzlerkandidat, Parteivorsitzende oder die Generalsekretärin der SPD im Willy-Brandt-Haus vor die Presse treten, umgibt sie im Hintergrund ein Meer von Lila, auf dem wie Fettklößchen in einer mageren Suppe das traditionell rote SPD-Logo schwimmt – klein, bescheiden, zierlich. Die Farbe der Frauenbewegung ist die neue Erkennungsfarbe der Partei. Rot war gestern. Lila ist Zukunft. Das ist die Botschaft. Der Farbwechsel ist kein Zufall, sondern durchaus programmatisch gemeint. Wer das aktuelle Regierungsprogramm – eine immerhin 118 Seite umfassende eng geschriebene Broschüre – zur Hand nimmt, wird leicht Nachweise für diesen Befund ausfindig machen.

Von Gerechtigkeit zwischen den Geschlechtern, wie es im Artikel 3 des Grundgesetzes heißt, ist bei der SPD seit der feministischen Wende 1981 schon längst keine Rede mehr. Systematisch und penibel ist der Begriff Gerechtigkeit durch den Begriff der Gleichstellung ersetzt worden. Als wäre das gleichbedeutend. Die semantische Bereinigung von Artikel 3 GG hat einen tieferen Sinn. Wohlweislich spricht der Verfassungsgeber nicht von der Gleichstellung der Geschlechter: „Männer und Frauen sind gleichberechtigt", nicht gleichgestellt.

Mit dem ebenso unverständlich irreführenden wie bunt schillernden Wortungetüm „Gender-Mainstreaming", das zwischenzeitlich eine Weltkarriere gemacht hat, wird die große Windmaschine der Desinformation in Gang ge-

(K)EIN GRUND ZUM FEIERN?

setzt. Der Begriff „Gender-Mainstreaming" unterstellt, dass es hierbei gleichermaßen um die Gleichstellung von Frauen und Männern geht. Doch davon kann in der Praxis gar keine Rede sein.

In Wahrheit ist „Gender-Mainstreaming" das propagandistische Feigenblatt für eine Politik, die Frauen bevorzugt – und nur die – und die Männern benachteiligt – und das nachhaltig. Dass bei einer solchen Politik das Diskriminierungsverbot des Grundgesetzes („Niemand darf wegen seines Geschlechtes ... benachteiligt oder bevorzugt werden.") fortlaufend verletzt wird, bleibt unerwähnt.

VERPASSTE CHANCE

Nach über dreißig Jahren Feminismus in der SPD mit einer exzessiven Frauenförderung und einer bewusst herbeigeführten Benachteiligung des männlichen Geschlechts wäre es eigentlich an der Zeit gewesen, Bilanz zu ziehen. Doch davon ist weit und breit nichts zu erkennen, weder im Grundsatzprogramm der SPD noch im Regierungsprogramm.

Im Gegenteil: „Gender-Mainstreaming" soll nach einer gewonnenen Wahl wieder durchgängiges Leitprinzip im Regierungshandeln sein. Nur eine „gleichgestellte Gesellschaft" sei eine moderne Gesellschaft, heißt es im Regierungsprogramm 2013 -2017. „Wir wollen eine in sich konsistente Gleichstellungspolitik quer über alle Politikfelder". Gleichstellung zwischen den Geschlechtern heißt also die Zauberformel, und sie ist arithmetisch gemeint. Die Partei der Gerechtigkeit ist zur Partei der Gleichstellung geworden.

Gleichstellung à la Carte

Doch selbst das ist nur die halbe Wahrheit. Denn Gleichstellungspolitik gilt nur für Frauen, nicht für Männer. Von einer Gleichstellung von Männern in den Frauendomänen – etwas im Bildungssystem, in der Justiz, in den (vornehmlich öffentlich-rechtlichen) Medien oder dem Gesundheitswesen – ist im Regierungsprogramm der SPD keine Rede. Die für den Bildungserfolg unserer Kinder so entscheidenden ersten zehn Lebensjahre sind fest in der Hand von Frauen.

Es gibt keinerlei Pläne, ob überhaupt und wie dieses Erziehungsmatriarchat aufgeknackt werden soll. Es wird noch nicht einmal darüber gesprochen. Dabei sind die Schäden überall erkennbar. „Niemand darf zurückbleiben", heißt es. Doch kein Wort darüber, dass vor allem die Jungen die großen Bildungsverlierer der Schulpolitik der vergangenen Jahrzehnte sind. Während durch die massive Mädchenförderung auf allen erdenklichen Wegen die Zahl der Mädchen und jungen Frauen an weiterbildenden Schulen ständig zunimmt, bleiben die Jungen und jungen Männer immer mehr zurück. Von Gleichstellung kann schon längst keine Rede mehr sein. Der relative Männeranteil bei Gymnasialabschlüssen – und

(K)ein Grund zum Feiern?

demnächst wohl auch bei den Universitätsabschlüssen – beträgt nur noch 40 Prozent, Tendenz weiter fallend. Nichts steht dazu im Regierungsprogramm und natürlich gibt es auch keine Vorschläge, wie die Lage für die Jugendlichen männlichen Geschlechts verbessert werden kann – ganz im Unterschied zu den siebziger und achtziger Jahre, als eine breite Front auch von sozialdemokratischen Bildungspolitikern sich der Benachteiligung von Mädchen im Bildungssystem annahm. Die Zahl männlicher Jugendliche ohne beruflichen Abschluss nimmt stets weiter zu. Von der Auflösung von Ausbildungsverträgen sind vor allem männliche Jugendliche betroffen und so weiter und so fort. Kein Problem für die Genossen. Heute – so scheint es – ist der Misserfolg der Jungen naturgegeben, der Erfolg weiblich. „Da kann man halt nichts machen."

In der Familienpolitik steht nicht mehr das Kind und sein Wohlergehen im Mittelpunkt, wie es noch vormals in der SPD galt, sondern die Berufstätigkeit und vor allem die beruflichen Aufstiegschancen von Frauen. Kinder sind nicht mehr das Glück ihrer Eltern, sondern: „Das Kind ist die Falle", wie die Edelfeministin Sylvia Bovenschen befand. So sieht denn auch Familienpolitik aus. So verwundert es denn auch nicht, dass das „Betreuungsgeld", von den Genossinnen unfairerweise als Herdprämie lächerlich gemacht, oder die Frage einer gesetzlich vorgeschrieben Frauenquote in Aufsichtsräten der 30 größten deutschen Aktiengesellschaften zu den wichtigsten familienpolitischen Streitthemen der vergangenen Legislaturperiode avancierte. Familienministerin Kristina Schröder sah sich einem hämischen Dauerbeschuss der

(K)ein Grund zum Feiern?

Genossinnen ausgesetzt, nur weil sie eine freiwillige und flexiblere Lösung für vernünftiger hielt. Über Fragen der Gleichstellung von Männern und Frauen in den Sozialversicherungssystemen, etwa in der Rentenversicherung, wird schlicht hinweggegangen. Das Wort Männerförderung ist geradezu verpönt. Die Partei sagt allen Formen frauenverachtendem Verhalten in ihrem Programm den Kampf an. So weit so gut. Allen Formen männerverachtendem Verhalten – und die gibt es in Deutschland ja nicht erst seit gestern – dagegen nicht. Gewalt gegen Frauen soll entschlossen bekämpft werden, die Gewalt gegenüber Männern bleibt unerwähnt. Dabei sind die meisten Opfer von Gewalttaten Männer, nicht Frauen. Sozialdemokratische Gleichstellungspolitik ist eine Gleichstellung à la carte.

„Wechsel für Frauen"

Für Frauen gäbe es am 22. September viele gute Gründe sozialdemokratisch zu wählen, meinte Manuela Schwesig, die stellvertretende Parteivorsitzende. Doch die Gründe scheinen so gut auch wieder nicht zu sein. Keine Partei ist bei Frauen so unbeliebt wie die SPD. Deutschlands Frauenpartei ist die Union. 44 Prozent der Frauen wählten bei der Bundestagswahl CDU und CSU, nur 39 Prozent Männer. Bei der feministisch gewendeten SPD ist es umgekehrt. 25 Prozent der Frauen wählten SPD, aber 27 Prozent der Männer. Dabei hatte das Parteiestablishment alles getan, um die Genossinnen bei der Kandidatenaufstellung zu bevorzugen: nicht nur die Plätze auf den Landeslisten wurden penibel nach dem Reißverschlussprinzip 50:50 aufgeteilt, auch bei den Direktmandaten wurde alles getan, um Frauen in aussichtsreichen Wahlkreisen nach vorne zu schieben. Besonders ernüchternd für die Genossinnen: Gerade einmal 22 Prozent der Frauen in der Altersgruppe der 25- bis 44 Jährigen entschieden sich für die Quotenpartei SPD. Einziger Trost: Nur die über 60 Jährigen Frauen können sich einigermaßen für die SPD erwärmen.

Die neue Weltanschauung

Seit dem kümmerlichen Ende des Sozialismus in Europa ist der Feminismus in allen linken Parteien – nicht nur in den sozialdemokratischen Parteien, sondern auch bei den ehemals kommunistischen Parteien und den „Grünen" – quasi als Ersatzideologie aufgerückt. Dabei berufen sich die Genossinnen auf den Parteipatriarchen August Bebel, der als „erster Feminist in der SPD" hochgelobt wird. Marxismus und Feminismus gingen Hand in Hand, so wird Bebels „Die Frau und der Sozialismus" aus dem Jahre 1879 umgedeutet. „Ein Sozialist ist ein Feminist und wenn er kein Feminist ist, ist er kein Sozialist", hatte Toni Sender, sozialdemokratische Reichstagsabgeordnete in den zwanziger Jahren, heißgeliebtes Idol der AsF heute und Namensträgerin von Preisen, Stiftungen, Schulen usw. befunden. Dieser Satz wird heute so selbstverständlich zitiert, als sei er Kern-

(K)EIN GRUND ZUM FEIERN?

bestand sozialdemokratischer Identität. Wer ihn in Frage stellt, hat nicht mehr viel zu lachen in der SPD.

Marxismus und Sozialismus haben abgedankt. Der sogenannte „demokratische Sozialismus", über den die Genossinnen und Genossen jahrzehntelang immer voller Eifer und Inbrunst gestritten hatten, hat ebenso ausgedient, auch wenn er im Hamburger Grundsatzprogramm von 2007 als geschichtlicher Merkposten noch erwähnt wird. Seit dem Siegeszug des Feminismus ist auch in der SPD der „Klassenkampf" dem „Geschlechterkampf" gewichen. Nicht mehr die Zugehörigkeit zur arbeitenden Klasse, sondern zum weiblichen Geschlecht ist zum Ausgangspunkt politisch strategischer Überlegungen mutiert. „Die Zukunft ist weiblich" wiederholen nunmehr die Genossinnen die Heilserwartungen des Feminismus. Die „Arbeitsgemeinschaft sozialdemokratischer Frauen" (AsF) verkündete auf ihrem Bundeskongress 2008 ebenso schlicht wie kurz und bündig „Jetzt sind wir dran". Frauen vor – wie auch immer, wozu auch immer, wann auch immer, mit allen Mitteln.

„Wer die menschliche Gesellschaft will", so heißt es im Grundsatzprogramm der SPD, „muss die männliche überwinden", heißt es im neuen Grundsatzprogramm der SPD. Ein Lieblingssatz der Genossinnen, den sie seit Jahrzehnten vor sich hertragen. Niemandem in der SPD fällt jedoch auf, dass Formulierungen wie diese fatal an die säkularen Heilsversprechen erinnern, die in der Vergangenheit so viel Unheil angerichtet haben. Aus dem neuen „Grundsatz" lassen sich ja wohl zwei zentrale Fragen ableiten: Haben wir denn bisher nicht in einer mensch-

(K)ein Grund zum Feiern?

lichen Gesellschaft gelebt? Vermutlich nicht. In welcher Gesellschaft haben wir dann gelebt, wäre doch zu fragen. Und waren es die Männer, die sie verhindert haben? So wird es sein. Das ist ja dann wohl auch der Sinn all solcher Formulierungen. Wer diese Fragen stellt, wer den Sinn, ja Hintersinn solcher Formulierung entschlüsseln will, findet die Antwort leicht in den Grundannahmen der feministischen Ideologie: Für den Feminismus sind „Männer und Frauen zwei Nationen auf einem Boden", wie die hard core-Feministin Marie Louise Janssen-Jurreit, einer der intellektuellen Stichwortgeberinnen der AsF, einst in ihrem Klassiker „Sexismus" geschrieben hatte. Dabei werde, so das feministische Wahnbild der Autorin weiter, die weibliche Nation durch die „patriarchalische Weltzivilisation" unterdrückt. Das Hauptmittel der Männerwelt sei die körperliche und seelische Gewalt des allgewärtigen, offenen wie versteckten Geschlechterkrieges, eines „Krieges, den sie, die Männer, die Mächtigeren, alltäglich gegen uns führen", wie eine weitere Kronzeugin der AsF, Alice Schwarzer, in ihrem Bestseller „So fing alles an" 1981 schrieb. Vergewaltigung, so Schwarzer weiter, sei „kein Versehen einzelner, sondern Strategie der gesamten Männergesellschaft", dabei gehe es weniger um Lust als um Macht. „Die Frauenfrage ist, das wird immer deutlicher, soviel mehr als eine Frage des Bewusstseins, sie ist auch und vor allem eine Frage der Macht – das heißt letztlich: eine Frage der – Gewalt."

Wer, Wen, Entweder, Oder, Patriarchat oder Matriarchat? ... auch die feministische Ideologie entgeht nicht diesen ebenso uralten wie fatalen Fallstricken allen eschatologischen Denkens, das – so könnte man meinen –

(K)EIN GRUND ZUM FEIERN?

so gar nicht mehr in die säkulare, tolerante, libertäre, demokratische Kultur Europas passt. Doch stimmt dieser Befund überhaupt? Ist der Kontinent tatsächlich so säkular, tolerant, libertär, demokratisch, wie seine Elite ihn gerne sieht und beschreibt. Die Geschichte Europa in den vergangenen zwei Jahrhunderten lässt eigentlich diesen Optimismus gar nicht zu. Seit dem Siegeszug des Feminismus in den achtziger Jahren haben Sozialdemokraten also ein Problem, das weder aufgearbeitet und geklärt, noch überhaupt zur Kenntnis genommen wird.

In grüner Hegemonie gefangen

Doch es ist nicht allein die Hinwendung zum Feminismus, die der SPD zu schaffen macht. Sie hat das Deutungsmonopol auf der Linken Schritt für Schritt an die „Grünen" verloren. Die Partei hechelt den blendend aufgestellten und gut sortierten Stichwortgebern einer ökologistisch-feministisch-pazifistischen Bewegung innerhalb und außerhalb der Partei „Die Grünen" immer wieder hinterher. Ein eignes Profil gewinnt man so natürlich nicht, die Restbestände des ehemals so erfolgreichen sozialdemokratischen Modells verblassen dagegen weiter.

Dabei ist klar: Programmatisch politisch kann sich die SPD nur profilieren, wenn sie die eigenen, unverwechselbar sozialdemokratischen Themen in den Vordergrund rückt. Mit der bloßen Übernahme „grüner" oder „linker" Programmatik hat sie ihr eignes Profil verunklart. Die

(K)ein Grund zum Feiern?

Wähler wissen nicht mehr, woran sie mit der SPD sind. Sie haben keine Orientierung und wählen im Zweifelsfall eher das Original als die Kopie. Die Partei muss deshalb den ideologischen Ballast, den sie in den letzten Jahrzehnten von außen aufgekehrt hatte, wieder abwerfen, so wie sie es Ende der fünfziger Jahre mit dem „Godesberger Programm" getan hat. Die SPD muss sich wieder positionieren als eine Partei links von der Mitte, die sich von praktischer Vernunft und nicht von Ideologien und Ängsten leiten lässt. Die SPD muss in Deutschland wieder *die* Partei der praktischen Vernunft werden. Die Sozialdemokratie steht für den rationalen Diskurs. Sie weiß um die grundsätzliche Beschränktheit und Unvollkommenheit menschlichen Wissens und Voraussehens. Offene, vorurteilslose Kommunikation auf der Basis umfassenden, gesicherten Wissens, Toleranz und Respekt vor der Meinung anderer sind die einzig möglichen Methoden, um zu einem vernünftigen und akzeptablen Ausgleich für alle zu kommen. Der Kompromiss ist nach diesem Politikverständnis das Wesen von Politik überhaupt.

„Wende oder Ende?"

Die SPD ist stark, wenn sie als Partei der Gerechtigkeit und der Erneuerung antritt. Beides gehört zusammen. Sie braucht ein Programm, das ein neues Miteinander ins Zentrum stellt: zwischen den Klassen und Schichten, zwischen den Geschlechtern und Generationen, zwischen den ethnischen und weltanschauli-

(K)ein Grund zum Feiern?

chen und religiösen Gruppen. Klassenkampf, Geschlechterkampf, der Kampf der Jungen gegen die Alten, der Bewahrer gegen die Fortschrittlichen, der Deutschen gegen die Migranten hilft niemandem. Ein solches Politikverständnis unterscheidet die SPD von den beiden Mitbewerbern im linken Lager. Dies ist ein Alleinstellungsmerkmal, das sie hegen und pflegen muss. Und das sie bei sich selbst zu allererst beachten und praktizieren muss. Hier hat die SPD die letzten zwei Jahrzehnte schwer gesündigt. Eine Re-Ideologisierung, wie die schnell aufeinanderfolgenden Parteiführungen sie seit dem Abgang von Helmut Schmidt mit dem Aufkommen von Ökologismus, Feminismus, Pazifismus, Marxismus zugelassen haben, tut ihr nicht gut. Sie beschädigt damit nicht nur ihre Identität, sondern sie verliert die Unterstützung bei dem Teil der Bevölkerung, der ihr die eindrucksvollen Wahlsiege in den sechziger und siebziger Jahren ermöglicht hatte.

Doch ist eine solche Perspektive heute überhaupt noch realistisch? Muss die Partei sich nicht bescheiden, ihren „natürlichen" Führungsanspruch ablegen, sich vollkommen neu aufstellen? Ja mehr noch: Braucht es eigentlich heute noch eine sozialdemokratische Partei? „Sozialdemokraten" sind sie doch irgendwie alle: Die Postkommunisten, die Mitglieder der „grünen Partei" ohnehin, die Mehrheit der CDU/CSU zwischenzeitlich auch und selbst die FDP-Führung bedient sich ungeniert aus dem sozialdemokratischen Traditionsbestand. Warum also noch eine eigenständige sozialdemokratische Partei? Ihre historische Mission ist doch erfüllt. Hat sich also die SPD überlebt, braucht man sie noch? Das Ende des

(K)ein Grund zum Feiern?

„sozialdemokratischen Zeitalters" ist schon mehr als einmal vorhergesagt worden. Das Bild ist durchwachsen, die Zeichen sind mehrdeutig interpretierbar. Alle sozialdemokratischen Parteien Europas sind heute in der Krise. Daran ändern auch die Wahlsiege nichts, die sozialdemokratische Parteien meist als Protest der Wähler gegen unfähige und hilflose konservative Regierungen erzielen können. Als Regierungsparteien werden sie dann schnell von der Wirklichkeit eingeholt, ihre Wahlprogramme als gut verpackten linken Populismus enttarnt. Die Wahlsiege überdecken somit die Krise, sie lösen sie nicht, sie vertiefen und verschlimmern sie eher. Die Frage, ob die Zeit einer politisch autonomen, eigenständigen Sozialdemokratie in Deutschland oder in Europa ihrem Ende entgegengeht, lässt sich nur schwer beantworten. Die Frage im Jahr des 150sten Gründungstages der SPD zu stellen, ist allerdings so abwegig auch nicht.

Auf Abwegen: Kölner Parteitag 1983

Einleitung

Am 19. November 2013 jährt sich zum dreißigsten Mal der Kölner Parteitag der SPD. Für die meisten ein vergessenes, für Sozialdemokraten ein verdrängtes Datum. Es war der Parteitag, der ganz im Zeichen des NATO-Doppelbeschlusses stand, jenes Beschlusses, der die Partei seit seinem Inkrafttreten im Dezember 1979 zu zerreißen drohte. Es war der Parteitag der Abrechnung mit dem ungeliebten Beschluss und der Tag der Abrechnung mit dem angeblichen „Erfinder" des NATO-Doppelbeschlusses, Bundeskanzler Helmut Schmidt. Es war der Parteitag, auf dem die Partei praktisch geschlossen gegen Schmidts Sicherheitspolitik stimmte. Und nicht nur das, sie stimmte gegen die Politik, die sie Jahre zuvor

Auf Abwegen: Kölner Parteitag 1983

in ihrer großen Mehrheit befürwortet hatte. Das gesamte Führungspersonal der Partei - angefangen mit dem Parteivorsitzenden Willy Brandt und dem Vorsitzenden der Bundestagsfraktion Hans Jochen Vogel – fiel ihrem ehemaligen Bundeskanzler in den Rücken. Schmidt stand praktisch alleine auf dem Parteitag – von einer Handvoll Getreuer abgesehen. Er musste sich zudem vom linken Flügel seiner eigenen Partei gefallen lassen, als „nützlicher Idiot" der „US-amerikanischen Angriffskrieger" niedergemacht zu werden. Ganze 14 Delegierte von 400 hielten am Schluss noch zu ihm. Ein Trauma für die SPD, noch heute.

Über die Bedeutung des „NATO-Doppelbeschlusses" ist unendlich viel geschrieben worden. Hier gibt es nichts Neues hinzuzufügen. Die Ausgangslage ist bekannt, die Motive der handelnden Politiker, der Verlauf der Auseinandersetzungen, die Umsetzung des Beschlusses mit der Stationierung der Pershing II und der Cruise Missiles sowie schließlich der überwältigende Erfolg der Strategie, die dem „Nato-Doppelbeschluß" zugrunde lag: Zum erster Mal hatten sich 1987 die beiden Supermächte auf den vollständigen Abbau einer ganzen Waffengattung, der eurostrategischen nuklearen Mittelstreckenraketen, verständigt, die seit Mitte der siebziger Jahren zu einer gefährlichen militärischen und politischen Destabilisierung Westeuropas beigetragen hatte. Der „NATO-Doppelbeschluss" wird von den meisten Historikern mit Recht als ein Ereignis von welthistorischer Bedeutung eingestuft, ein Ereignis, das den „Kalten Krieg" beendigen half und die tödliche Bedrohung, die die westlichen Demokratien seit dem Zweiten Weltkrieg gelähmt hatte,

Auf Abwegen: Kölner Parteitag 1983

abwendete. Als letztes entscheidendes Kapitel des „Kalten Krieges", an den sich heute ohnehin kaum einer noch erinnern mag, ist der „NATO-Doppelbeschluss" längst in den Geschichtsbüchern abgelegt worden, aus dem Gesichtskreis der öffentlichen Wahrnehmung der Gegenwart weitgehend verschwunden. Nicht auszudenken, was passiert wäre, wenn die SPD im November 1983 noch Regierungspartei gewesen wäre, der Parteitag ein Nein zum Nachrüstungsteil des NATO-Doppelbeschlusses beschlossen und ein sozialdemokratischer Kanzler, wer immer es auch hätte sein mögen, einer Stationierung von Pershing II Raketen auf deutschem Boden seine Zustimmung versagt hätte.

Glücklicherweise ist es dazu nicht gekommen. Der Versuch der SPD, die Bundestagswahl vom 6. März 1983 zum Raketenwahlkampf, zur Entscheidung für oder gegen die Stationierung amerikanischer Mittelstreckenwaffen in Deutschland, umzufunktionieren, ging ziemlich daneben. Kohl gewann haushoch, selbst die FDP kam mit einem blauen Auge davon, die SPD landete bei gut 38 Prozent, das schlechteste Ergebnis seit langem, die „Grünen" sprangen knapp über die Fünfprozenthürde.

Politisch war damit das Feld geklärt. Die Deutschen hatten sich für Kohl und Genscher, für Stabilität und Verlässlichkeit und eben auch für die Nachrüstung und das westliche Bündnis entschieden. Der Deutsche Bundestag – das war am 19. November 1983 jedem Delegierten in Köln klar – würde in den nächsten Tagen, dem Nachrüstungsteil des Doppelbeschlusses mit klarer Mehrheit zustimmen. Der Dislozierung von Pershing II

Auf Abwegen: Kölner Parteitag 1983

und Marschflugkörper in Europa und insbesondere in der Bundesrepublik stand nichts mehr im Wege.

Die Kölner Entscheidung war nicht nur für den weiteren Verlauf der Ereignisse ohne Belang, sie war auch sachlich falsch, wie sich bald herausstellen sollte. Entgegen den Prognosen der sozialdemokratischen Führung setzte der „Kriegstreiber" Reagan, wie er nicht nur in der Friedensbewegung, sondern auch in weiten Teilen der SPD gesehen wurde, seine Bemühungen fort, mit der Sowjetunion zu einem Abkommen über die Begrenzung und Verringerung, ja sogar über die vollständige Abschaffung der eurostrategischen Nuklearwaffen zu kommen. Nach einer nur kurzen Unterbrechung – die Sowjets stoppten nach dem Beginn der Stationierung der Pershing II und der Marschflugkörper die Genfer Abrüstungsverhandlungen – schwenkte die sowjetische Führung ein und kehrte an den Genfer Verhandlungstisch zurück. Vom Ausbruch einer neuen „Eiszeit" zwischen den Blöcken, auch nicht zwischen beiden deutschen Staaten, wie die SPD sie vorausgesehen hatte, konnte keine Rede sein.

Schmidts Analyse der sicherheitspolitischen Lage in der zweiten Hälfte der siebziger Jahre war richtig, der „NATO-Doppelbeschluss" war die angemessene, ja höchst erfolgreiche Antwort auf die sowjetische Überrüstung. Der neuen Bedrohung durch ein Arsenal eurostrategischer Raketen musste eine Antwort des westlichen Bündnisses gegeben werden. Die sowjetischen Generäle durften mit den Hunderten von neuen SS-20 Raketen und Backfire Bombern nicht durchkommen. Wenn die Füh-

Auf Abwegen: Kölner Parteitag 1983

rung in Moskau zu Verhandlungen über den Abbau ihres Überwichts nicht bereit sein sollte, musste der Westen nachrüsten. Es ging um nichts weniger als um die Sicherheit Europas. Die Europäer durften sich von den USA nicht abkoppeln lassen, nunmehr stand ihre politische Handlungsfähigkeit in Frage. Die Europäer fürchteten zu Recht, dass sie sowjetischem Druck wehrloser als zuvor ausgesetzt seien. Schmidt hatte Recht und hat Recht bekommen, wenn auch nicht in der eignen Partei. Die von Schmidt angestrebte „doppelte Null-Lösung" – das war die Abschaffung aller eurostrategischen Mittelstreckenraketen in beiden Teilen Europas – wurde zwischen den USA und der Sowjetunion Ende 1987 vereinbart. Anfang der neunziger Jahre waren alle sowjetischen SS-20 Raketen und alle amerikanischen Pershing II Raketen verschrottet. Die Abschreckungsdoktrin der NATO hatte sich erneut bewährt.

Nicht der „NATO-Doppelbeschluss" war gescheitert, wie die Delegierten des Kölner Parteitages 1983 meinten feststellen zu müssen. Gescheitert war der zugebenermaßen lauwarme Versuch der Parteiführung unter Willy Brandt, in schwerem weltpolitischem Wetter Kurs zu halten, glaubwürdig zu bleiben auch in Auseinandersetzungen, die derart emotional, ja irrational aufgeheizt waren wie die am Beginn der achtziger Jahre, gescheitert war schließlich auch der Versuch, glaubwürdig und berechenbar für Partner im westlichen Bündnis und Gegner auf der sowjetischen Seite zu bleiben.

Kein Wunder, dass diejenigen, die die Kölner Wende mit zu verantworten hatten, zu einem sachlich objekti-

Auf Abwegen: Kölner Parteitag 1983

ven Urteil der Ereignisse nicht in der Lage waren. Noch in der Rückschau – zehn Jahre nach dem Kölner Parteitag – resümierte Willy Brandt in seinen „Erinnerungen" kühl, distanziert, geradezu spöttisch herablassend: „der Streit um die nuklearen Mittelstreckenraketen in Europa" nehme „sich wie eine Groteske aus". Erhard Eppler meinte feststellen zu müssen, er habe „diese ganze Auseinandersetzung nicht nur und auch nicht überwiegend als einen Ost-West-Konflikt erlebt, sondern als einen Konflikt von Helmut Schmidt und Jimmy Carter." Schmidt – so Epplers Botschaft – sei seiner eignen Wichtigtuerei zum Opfer gefallen. So verwundert es ebenso wenig, dass der Kölner Parteitag für die Genossinnen und Genossen ein verdrängtes, ein schmerzliches, peinlich verstörendes Datum geblieben ist. Dabei war die Kölner Entscheidung für die SPD von großer Bedeutung, eine Weichenstellung. Sie verwirtschaftete ihre Glaubwürdigkeit, das wichtigste Kapital, das eine Partei besitzt. Kein Wunder, dass die Menschen ihr nicht mehr vertrauten. Sie verlor in Köln nicht nur ihren Bundeskanzler. Sie verlor auch ihre Orientierung auf einem der wichtigsten Politikfelder im „Kalten Krieg", der Sicherheitspolitik. Sie brach mit dem Konzept der „Sicherheitspartnerschaft" zu neuen Ufern auf, ein Konzept, das gleichermaßen Erstaunen wie Kopfschütteln erzeugte und das die SPD in Europa und in der Welt immer weiter isolierte.

Die SPD erlag zudem höchst schwankenden Stimmungen, die von außen in sie hinein geschwappt waren. Nach Köln verstand sich die Partei als Teil der Friedensbewegung, die sich Ende der siebziger Jahre neu formiert hatte. Wenn sich die Partei von diesem Bekenntnis irgen-

Auf Abwegen: Kölner Parteitag 1983

detwas versprochen hatte, beispielsweise Zulauf an neuen Mitglieder, an „jungen Leuten", wie Brandt so gerne zu sagen pflegte, oder mehr Wählerstimmen, dann wurde sie sehr rasch eines Besseren belehrt. Nicht die SPD profitierte von dem Politikwechsel, den Erhard Eppler und Oskar Lafontaine seit langem betrieben und den Brandt, Bahr und Glotz zunächst verdeckt und dann offen unterstützt hatten, profitieren tat die neue Kraft im politischen Parteienspektrum der Bundesrepublik, die „Grünen". Nicht nur Erhard Eppler und Oskar Lafontaine hatten auf dem Kölner Parteitag triumphiert, sondern auch die Friedensbewegung und ihre neue Partei, die „Grünen". Für viele drängte sich der Eindruck auf: Man brauchte der „alten Tante SPD" nur tüchtig einzuheizen, dann sprang sie schon. 1983 hatte sich aber nicht nur eine neue Partei im Parteiensystem etabliert, sondern es entstand vornehmlich im medial-kulturellem Umfeld der Partei auch jene „grüne Hegemonie", die erst in diesen Tagen zu verblassen beginnt. Der Kölner Parteitag war eine Wendemarke, von der sich die SPD nie mehr so recht hat erholen können.

Die vergessene Welt des „Kalten Krieges"

Die meisten Deutschen werden sich an die heftigen, emotionsgeladenen Auseinandersetzungen um den „NATO-Doppelbeschluss" am Anfang der Achtziger nicht mehr erinnern, gehört er doch einer „längst"

Auf Abwegen: Kölner Parteitag 1983

vergangenen, verdrängten, wenn nicht gar schon einer vergessenen Zeit an, der Zeit des „Kalten Krieges". Persönliche Erinnerungen an Reisebeschränkungen, Grenzschikane, Diskriminierung, Verfolgung und Ausgrenzung Andersdenkender, an „Stacheldraht und Todesschüsse" schwinden allmählich aus dem Bewusstsein der Menschen. An die Schrecken eines „atomaren Holocausts" mag niemand mehr erinnert werden, an die endlose Spirale aus Aufrüstung und Nachrüstung und Aufrüstung auf beiden Seiten des „Eisernen Vorhangs" auch nicht.

Der lange Frieden im „Kalten Krieg"

Der „NATO-Doppelbeschluss" war ein Kind der Zeit, die Zeit des „Kalten Krieges", der die Nachkriegsordnung bis Anfang der neunziger Jahre, als das Sowjetreich implodierte, mehr als alles andere dominiert hatte. Konfrontation und Wettbewerb zwischen den beiden Supermächten auf allen möglichen Gebieten – politisch, militärisch, ökonomisch, kulturell – beherrschte die Weltpolitik.

Doch nirgendwo sonst war der Gegensatz zwischen den Supermächten so dominant wie in Europa. Militärbündnisse auf beiden Seiten garantierten Sicherheit und stellten gleichzeitig Bedrohungen für die jeweils andere Seite dar. Mit dem Abwurf zweier Atombomben in Japan trat die Menschheit in eine völlig neue Phase ihrer Geschichte ein. Die Zerstörung der gesamten menschlichen Zivilisation wurde zu einer realen Gefahr.

AUF ABWEGEN: KÖLNER PARTEITAG 1983

Die Strategie der „massiven Vergeltung"

Gegenüber den NATO-Staaten hatte die Sowjetunion auf dem europäischen Kontinent eine deutliche Überlegenheit an konventionellen Streitkräften. Die USA kompensierten diese Überlegenheit mit einer Strategie „massiver Vergeltung", das hieß mit dem Einsatz ihrer Atomwaffen, falls die Sowjetunion zu einem konventionellen, nichtnuklearen Schlag gegen Westeuropa ausholen sollte. Die Androhung eines nuklearen Infernos blieb jedoch nur solange glaubwürdig, als die sowjetische Seite den USA nicht selbst mit einem vernichtenden Atomschlag drohen konnte. Ende der vierziger Jahre zündeten die Sowjets ihre erste eigne Atomwaffe. Sie waren bald auch in der Lage, die tödliche atomare Last überallhin auf der Welt, auch in die USA, zu tragen. Damit hatte die bis dahin geltende Strategie der massiven nuklearen Vergeltung ausgedient.

Das neue Denken

Ende der fünfziger Jahre hatten die politischen Führungen der USA wie der UdSSR erkannt, dass eine militärische Option, den Wettkampf der Systeme zu gewinnen, nicht mehr bestand. Beide Seiten erkannten, dass ein Atomkrieg das Ende aller menschlichen Zivilisation auf dem Planeten bedeutete. Es war notwendig, ein Mindestmaß an Verständigung, auch an vertraglicher Übereinkunft, zu vereinbaren, um einem nuklearen Inferno zu entgehen.

Auf Abwegen: Kölner Parteitag 1983

Es sollte allerdings noch drei Jahrzehnte dauern, bis den Erkenntnissen, von denen sich alle Administrationen auf beiden Seiten des „Eisernen Vorhangs" seit Anfang den sechziger Jahren leiten ließen, Taten folgten, die geeignet waren, einen Schlussstrich unter den „Rüstungswahnsinn" zu ziehen. Eine der ersten Statistiken, so erinnerte sich Ronald Reagan, die „ich als Präsident zu sehen bekam, gehörte zu den ernüchternsten und erschreckendsten, die mir je bekannt wurden. „Das Pentagon hatte berechnet, dass einem Atomkrieg mit der Sowjetunion mindestens 150 Millionen Amerikaner zum Opfer fallen würden – und zwar selbst dann, wenn wir den Krieg „gewännen"." Auch wenn ein Atomkrieg nicht automatisch zu einer Ausrottung der Menschheit führen sollte, so Reagan weiter, würde er doch zum Ende unserer Zivilisation führen. „Eine atomwaffenfreie Welt wurde zu meinem Traum." Diese späteren Ausführungen Reagans stehen jedoch in eklatantem Kontrast zu den alle Welt irritierenden kraftmeierischen Sprüchen, die der Präsident und vor allem sein Verteidigungsminister Caspar Weinberger am Beginn seiner Amtszeit von sich gaben.

Ähnlich wie in Reagans Rückblick berichtete Michail Gorbatschow in seinen „Erinnerungen" über den Schock, den ihm seine Militärs versetzten. Auch er wurde nach seiner Wahl zum Generalsekretär der KPdSU von den sowjetischen Militärs in alle „Details" eines atomaren Schlagabtauschs eingeweiht. Die Lagebeurteilung war nahezu identisch. Beide Reagan und Gorbatschow waren sich deshalb einig: Niemand kann einen Atomkrieg gewinnen. Niemand darf ihn führen, wir müssen alles tun, um ihn zu verhindern. Es waren Michail Gorbatschow und Ronald Reagan, die seit Mitte der achtziger Jahren Abrüstungsabkommen zwischen beiden Supermächten vereinbarten, die die Gefahren eines „atomaren Holocaust" tatsächlich bannten. Bis dahin hatten beide Seiten einen weiten Weg zu gehen, viele Verhandlungsstationen zu bewältigen, Krisen und Rückschritte zu bestehen, Zwischenschritte zu vereinbaren, um Fortschritte schließlich möglich zu machen.

Der Harmel-Bericht

Spätestens seit der Kuba-Krise, als ein Atomkrieg zwischen beiden Supermächten nur mit knapper Not hatte verhindert werden können, war es beiden Seiten klar, dass ein neues sicherheitspolitisches Denken, eine neue Strategie, notwendig geworden war. Auf westlicher Seite fand dieses neue Denken im sogenannten „Harmel-Bericht" aus dem Jahre 1967 seinen prominentesten Niederschlag. Er wurde die neue Grundlage der Sicherheitspolitik des westlichen Bündnisses, die bis zum Ende des „Kalten Krieges" Bestand hatte. Auch die deutschen Sozialdemokraten unterstützen die neue Sicherheitsphilosophie des Bündnisses.

Willy Brandt hatte als Außenminister in der „Großen Koalition" bei der Formulierung des Harmel-Berichts mitgewirkt. Nach dem Scheitern der „nuklearen Vergeltungsstrategie" sollte das NATO-Bündnis auf einer „doppelten Philosophie" – Abschreckung, Aufrechterhaltung des militärischen Gleichgewichtes sowie glaubwürdige Verteidigungsfähigkeit auf der einen Seite – Entspannung,

Auf Abwegen: Kölner Parteitag 1983

Kooperation, Vertrauensbildung und Verständigung, einschließlich vertraglicher Vereinbarungen, auf der anderen Seite – beruhen. Militärische Sicherheit und Entspannung stellten keinen Widerspruch dar, sondern bildeten eine gegenseitige Ergänzung. Die kollektive Verteidigungsfähigkeit des Bündnisses bildete die notwendige Voraussetzung für eine wirksame, auf größere Entspannung zwischen den antagonistischen Systemen gerichtete Politik. Der NATO-Doppelbeschluss aus dem Jahre 1979 basierte, wie Helmut Schmidt seiner Partei immer wieder erklärte, genau auf dieser „doppelten Philosophie", den beiden Pfeilern des Bündnisses. Wird ein Pfeiler, etwa die Verteidigungsfähigkeit, zulasten des anderen, dem Ausgleich mit dem Osten, geschwächt, gerät die gesamte „Architektur" der Ost-West-Beziehungen in eine Schieflage. Genau das war am Beginn der achtziger Jahre der Fall.

Ein ausreichendes militärisches Potential auf Grundlage, wie es hieß, gemeinsamer Verantwortung und gefestigter Solidarität bereitzustellen, blieb eine zentrale Aufgabe aller Bündnispartner. Ziel war es, die andere Seite von militärischen Aggressionen und politischen Pressionen abzuschrecken und zugleich das Territorium der NATO-Mitgliedstaaten gemeinsam zu verteidigen, falls es doch zu einer Aggression kommt. Soviel militärisches Potential – konventionell wie nuklear – vorzuhalten, um glaubwürdig einen möglichen Gegner abzuschrecken, war der eine Pfeiler der „doppelten Sicherheitsphilosophie" der NATO.

AUF ABWEGEN: KÖLNER PARTEITAG 1983

Sicherheit und Zusammenarbeit in Europa

Der zweite Pfeiler zielte darauf, dauerhafte, gutnachbarliche, friedliche und Beziehungen zur zweiten Supermacht, der Sowjetunion und ihren Verbündeten, herbeizuführen. Denn schließlich war eine Verständigung im Interesse gemeinsamer Sicherheit nur denkbar, wenn beide Seiten von den „Realitäten" ausgingen, die nach dem Zweiten Weltkrieg geschaffen worden waren. Brandts Ostpolitik seit 1969 beseitigte die bis dahin unüberwindbar erscheinenden Hürden, die einer Entspannung zwischen den Blöcken im Wege standen.

Auf der „Konferenz über Sicherheit und Zusammenarbeit in Europa" (KSZE) in Helsinki akzeptiert die internationale Gemeinschaft die nach dem Zweiten Krieg entstandene, von der sowjetischen Führung erzwungene europäische Nachkriegsordnung – wenn auch nicht in einem völkerrechtlichen Vertrag – als eine hinzunehmende „Tatsache".

Die Regierungschefs der unterzeichnenden Staaten, darunter für Deutschland, Kanzler Helmut Schmidt, und für die DDR, der Staatsratsvorsitzende Erich Honecker, verpflichteten sich, die Souveränität der Staaten und ihre territoriale Integrität anzuerkennen, auf die Androhung und Anwendung von Gewalt zu verzichten, die Unverletzlichkeit der Nachkriegsgrenzen in Europa zu wahren, Streitfälle friedlich zu regeln und sich nicht in innere Angelegenheiten anderer Staaten einzumischen.

Damit hatte die Sowjetführung ihr Ziel schließlich erreicht, ihr Imperium nicht nur faktisch durch die Androhung militärischer Gewalt, sondern auch rechtlich durch die internationale Staatengemeinschaft, abzusichern. Die DDR als Signatarstaat der KSZE-Schlussakte wurde als souveräner Staat in die internationale Gemeinschaft aufgenommen.

Der berühmte Korb 3 der KSZE-Schlussakte

Die Signatarstaaten verpflichteten sich jedoch auch – unter anderem in dem berühmten Korb 3 der Schlussakte – die Menschenrechte und Grundfreiheiten, wie die Gedanken-, Gewissens-, Religionsfreiheit und Überzeugungsfreiheit, zu achten, zudem menschliche Kontakte über die Blockgrenzen hinaus zu erleichtern und den Austausch von Informationen möglich zu machen. Die Gleichberechtigung zwischen den Staaten und das Selbstbestimmungsrecht der Völker wurden ausdrücklich anerkannt. Schließlich wurde in Helsinki eine engere Zusammenarbeit im Bereich von Wirtschaft, Wissenschaft, Technik, Umwelt sowie der europäischen Sicherheit vereinbart.

Für die Bundesregierung war wichtig, dass in Helsinki mit der Anerkennung des Selbststimmungsrechts der Völker der Weg zu einer friedlichen Wiedervereinigung der beiden Teilstaaten nicht verbaut worden war, wenngleich ihr wie allen anderen Regierungschefs klar war, dass die „deutsche Frage" nicht auf der Tagesordnung der Geschichte stand. Für die nächsten Jahrzehnte schien die Existenz zweier deutscher Staaten festgeschrieben. Es ging also um ein „geregeltes Nebeneinander" zwischen

Auf Abwegen: Kölner Parteitag 1983

der Bundesrepublik und der DDR, bei dem Verträge und Abmachungen im beiderseitigen Interesse abgeschlossen werden konnten.

Die KSZE Schlussakte hatte die Systemauseinandersetzung zwischen Ost und West auf ein neues Spielfeld gehoben, sie war in Helsinki nicht beendet worden. Die sowjetische Führung hatte ein wichtiges Ziel ihrer Westpolitik erreicht, nämlich die Anerkennung ihres Machtbereichs bis an die Elbe durch die westlichen Demokratien. Was die humanitären Erleichterungen, was die Anerkennung der Menschenrechte, die Garantie der persönlichen Freiheitsrechte, was gar das Selbstbestimmungsrecht der Völker anging, blieb abzuwarten, zu welchen konkreten Schritten die Ostblockstaaten tatsächlich bereit waren. Die Skeptiker auf westlicher Seite sollten recht behalten, als sie warnten, dass bei all den vereinbarten Grundsatzentscheidungen im humanitären Bereich viel „heiße Luft" in Helsinki produziert worden sei, die kommunistischen Regime gar nicht in der Lage wären, Vereinbarungen dieser Art einzuhalten. Doch es sollte noch schlimmer kommen.

Nur so viel Rüstung wie nötig

Ganz im Geiste der Entspannungspolitik traten die westlichen Regierungen dafür ein, das für die Verteidigung und Abschreckung notwendig erscheinende militärische Potential auf einem möglichst niedrigen Niveau zu belassen. Ein Rüstungswettlauf mit dem Ostblock – wie in den fünfziger Jahren – sollte vermieden werden. Zu diesem Zweck wurden Verhandlungen mit der Sowjetunion aufgenommen. Seit 1969 verhandelten die beiden Supermächte über die Begrenzung ihrer strategischen nuklearen Waffensysteme, zunächst im Rahmen der „Strategic Arms Limitation Talks I" (SALT I). Diese Verhandlungen wurden am 26. Mai 1972 bei einem Besuch Richard Nixons in Moskau erfolgreich abgeschlossen.

Der SALT I – Vertrag sah ein auf 5 Jahre befristetes Abkommen über die Begrenzung nuklearer Offensivwaffen vor und ein unbegrenztes Abkommen über die Begrenzung von Abwehrsystemen gegen ballistische Flugkörper (der sogenannte „Anti-Balistic-Missile" -Vertrag – ABM). Im November des gleichen Jahres setzten beide Seiten ihre Verhandlungen (im Rahmen von SALT II) über die Begrenzung ihrer strategischen Nuklearwaffen fort. Nach Abschluss eines Zwischenabkommen, das 1974 zwischen US-Präsident Gerald Ford und Generalsekretär Leonid Breschnew in Wladiwostok abgeschlossen worden war, stand ein umfassender Vertrag über die Begrenzung strategischer Waffensysteme 1979 kurz vor dem Abschluss. Am 18. Juni 1979 wurde der SALT II Vertrag dann zwischen US-Präsident Jimmy Carter und Generalsekretär Leonid Breschnew unterzeichnet. Der Vertrag sah zwischen den Vertragsparteien eine Parität ihres strategischen nuklearen Vernichtungspotentials vor.

Entspannungspolitik im schweren Fahrwasser

In der zweiten Hälfte der siebziger Jahre geriet die Entspannungspolitik in ein schweres Fahrwasser. Das kam

Auf Abwegen: Kölner Parteitag 1983

nicht überraschend, sondern war eher zu erwarten. Nach der Unterzeichnung der Schlussakte von Helsinki zeigte sich schnell, das die Warschauer Pakt-Staaten wenig Interesse an der Umsetzung der vereinbarten Menschen- und Freiheitsrechte für ihre Bürger hatte. Auch das mit der Anerkennung der Nachkriegsgrenzen und der staatlichen Souveränität der DDR erhoffte gut nachbarliche Miteinander zwischen den beiden deutschen Staaten kam nach Helsinki nicht mehr so recht vom Fleck. Während die Bundesregierung auf eine „neue vertiefte Phase der Entspannungspolitik" hoffte, setzte die DDR-Führung mit deutlicher Unterstützung der Sowjetunion auf Abgrenzung.

Die DDR Führung war weit davon entfernt, das Ziel der Bundesregierung auch nur ernst zu nehmen, geschweige denn zu akzeptieren, „auf einen Zustand des Friedens in Europa hinzuarbeiten, in dem das deutsche Volk in freier Selbstbestimmung seine Einheit wiedererlangt." Das Volk der DDR habe, so höhnte Erich Honecker 1978 im „Neuen Deutschland", dem Leitorgan der DDR-Führung, „in freier Selbstbestimmung der Herrschaft des Monopolkapitals adieu gesagt, und keine Sprücheklopfer vom Rhein kann je an dieser Tatsache etwas ändern." Doch es waren nicht nur die enttäuschten Hoffnungen auf eine neue vertiefte Phase der Entspannung, die für Ernüchterung sorgten. Die Sowjetführung hatte – eine Lücke im KSZE-Vertrag nutzend – in der zweiten Hälfte der siebziger ein Aufrüstungsprogramm ihres eurostrategischen Raketenpotenzials in Gang gesetzt, das französische, britische und deutsche Sicherheitsexperten gleichermaßen beunruhigte.

AUF ABWEGEN: KÖLNER PARTEITAG 1983

Europas neue Bedrohung

Der „militärisch-industrielle Komplex" der Sowjetunion hatte an der politischen Führung vorbei, wie der spätere sowjetische Generalsekretär Michail Gorbatschow enthüllen sollte, ein gigantisches Aufrüstungsprogramm gestartet, dem die westliche Allianz zunächst nichts entgegen zu setzen hatte. Vor allem war mit der Entwicklung und späteren Stationierung eines völlig neuen Typs von Mittelstreckenraketen eine bedrohliche Lage für die Westeuropäer entstanden. 1976 – nur ein Jahr nach Helsinki – hatten die Sowjets begonnen, ihre älteren auf Westeuropa gerichteten SS-4 und SS-5 Raketen gegen modernere, sogenannte SS-20 Raketen, auszutauschen. Diese waren im Unterschied zu den SS-4 und SS-5 Raketen auf mobilen Abschussrampen montiert, für den Gegner also schwer auszumachen; sie konnten nachgeladen werden, so dass eine abgefeuerte Rakete sich schnell ersetzen ließ.

Die SS-20 besaß nicht nur eine größere Reichweite (bis zu 5000 km), sondern verfügte auch über eine höhere Zielgenauigkeit als die älteren SS-4 und SS-5 Raketen. Sie waren jeweils mit drei Gefechtsköpfen bestückt, die sowohl Ziele überall in Westeuropa erreichen konnten, als auch Länder im Nahen Osten und in Ostasien bedrohten. Helmut Schmidt nannte sie eine „eurostrategische Nötigungswaffe". Die Sowjets behaupteten blauäugig, ja wider besseres Wissen, bei den neuen SS-20 Raketen handle es um den bloßen Ersatz ihrer veralteten SS-4 und SS-5 Raketen. Eine neue Bedrohungslage sei dadurch nicht

Auf Abwegen: Kölner Parteitag 1983

entstanden. Die Friedensbewegung im Westen glaubte ihnen. Doch das war alles andere als wahr.

In den Augen westeuropäischer Sicherheitsexperten stellten die SS-20 Raketen zusammen mit dem Backfire-Bomber eine Bedrohung „völlig neuer Dimension" dar. Dieser Typ „eurostrategischer Waffe", also einer Waffe, die Europa nuklear zerstören konnte, hatte es bislang nicht gegeben auf keiner der beiden Seiten. Bundeskanzler Schmidt bestand deshalb von Anfang an darauf, die neuen sowjetischen Waffensysteme als strategische Waffen zu kennzeichnen und sie in die Abrüstungsverhandlungen über die strategische Waffensysteme, also in die SALT II Verhandlungen, einzubeziehen.

Die „Abschreckungslücke"

Trotz Entspannungspolitik, trotz der KSZE-Schlussakte von Helsinki, trotz der Bereitschaft der USA, den Sowjets eine Parität bei den strategischen Waffensysteme, also den Interkontinentalraketen, zuzugestehen schien sich der Kreml eine neue militärische Option, die vorher so nicht bestanden hatte, öffnen zu wollen, die Option eines entwaffnenden nuklearen Erstschlages, der ausschließlich auf das Territorium der westeuropäischen NATO-Verbündeten zielte. Die USA waren von den SS-20 Raketen nicht bedroht.

Regierungen westeuropäischer NATO-Staaten fürchteten in der zweiten Hälfte der siebziger Jahre, dass bei einer weiteren, forcierten Stationierung von SS-20 Systemen die Sowjetführung in die Lage versetzt werden

Auf Abwegen: Kölner Parteitag 1983

könnte, einen Keil zwischen die westeuropäischen NATO-Staaten und die USA zu treiben. Falls Westeuropa durch die neuen eurostrategischen Waffen der Sowjets schnell hätte ausgeschaltet werden können, so die Befürchtung, wäre nicht zu erwarten, dass die USA ihre strategischen Waffen, beispielsweise ihre Interkontinentalraketen, zum Einsatz bringen würde, da ein „Zweitschlag" der USA sinnlos geworden sei: Westeuropa sei ja bereits zerstört, die sowjetischen Mittelstreckenraketen hätten aber die USA selbst nicht erreichen können. Um die eigene Haut zu retten, hätte sich vermutlich jede US-Regierung mit der geschaffenen Lage abgefunden. Für die Europäer war jetzt Handeln angesagt. Die NATO musste auf die neue Bedrohung reagierten, schließlich waren Befürchtungen nicht nur real, sie waren ja auch gut begründet, auch wenn die USA zunächst zögerten, den Europäern zuzustimmen.

Konflikte mit Freunden

Dass dieses durch realistische Einschätzungen gestützte Misstrauen der Europäer bei der US-Regierung und vor allem in der amerikanischen Öffentlichkeit nicht gut ankam, war vorauszusehen, Konflikte innerhalb des Bündnisses wahrscheinlich. Europa sei, so die Carter Regierung, durch die strategischen Nuklearwaffen der USA hinreichend geschützt. Im Übrigen sei Europa durch die sowjetischen Interkontinentalraketen auch vor der Stationierung der SS-20 Raketen bedroht gewesen.

AUF ABWEGEN: KÖLNER PARTEITAG 1983

Doch das war nur die halbe Wahrheit. Die andere Hälfte der Wahrheit war, dass die SS-20 Waffen mit ihrer Reichweite von bis zu 5000 km die Zerstörung Westeuropas androhen konnte, ohne das die USA in ihrer Existenz gefährdet war. Sicherheit unterschiedlicher Qualität konnte es aber im Bündnis nicht geben. Mit der Führbarkeit eines Atomkrieges, der allein auf Westeuropa beschränkt werden konnte, waren die Westeuropäer politischer Erpressung seitens der sowjetischen Führung ausgesetzt. Der Zusammenhalt des westlichen Bündnisses stand zur Disposition.

Bundeskanzler Helmut Schmidt, der britische Premierminister James Callaghan und der französische Präsident Valerie Giscard d'Estaing drängten deshalb die Carter-Regierung, die neuen eurostrategischen Waffen der Sowjets in die bereits laufenden Verhandlungen, die „Strategic Arms Limitation Talks" (SALT II), einzubeziehen. Doch die Carter-Administration war der Auffassung, dass zum Arsenal strategischer Waffen ausschließlich Systeme mit interkontinentaler Reichweite gehörten.

Mittelstreckenwaffen – wie immer sie auch bestückt seien – würden jedenfalls nicht dazu gehören. Die Carter-Regierung befürchtete darüber hinaus, dass die Einbeziehung der neuen sowjetischen Waffen die ohnehin zähen amerikanisch-sowjetischen SALT II – Verhandlungen weiter belasten würden. Hinzu kamen – überflüssigerweise – persönliche Animositäten zwischen Jimmy Carter und dessen Sicherheitsberater Zbigniew Brzezinski und Helmut Schmidt, welche die Gespräche auf westlicher Seite zusätzlich belasteten.

AUF ABWEGEN: KÖLNER PARTEITAG 1983

Schmidt in der Offensive

Helmut Schmidt, der die Sowjetführung bereits frühzeitig vor den Gefahren einer weiteren Stationierung der SS-20 Raketen gewarnt hatte, ging am 28. Oktober 1977 an die Öffentlichkeit. Er informierte in einem Vortrag vor dem „International Institute for Strategic Studies" in London die Öffentlichkeit nicht nur über die Konsequenzen einer weiteren Stationierung von SS-20-Raketen, er machte außerdem die Differenzen im westlichen Bündnis, zwischen der Carter-Regierung und den drei wichtigsten Regierungen Westeuropas, öffentlich. Carter musste im Interesse der Bündnissolidarität reagieren. Wenn auch Carters Sicherheitsberater, Zbigniew Brzezinski, Schmidt als Wichtigtuer verachtete, der sich in Dinge einmischte, die ihn nichts angingen – eine Einschätzung, die nicht wenige auch in der SPD teilten – konnte der Präsident ein weiteres Auseinanderdriften im Bündnis nicht zulassen.

Carter erkannte nun im Gipfeltreffen der „Vier Großen" (Carter, Giscard d'Estaing, Callaghan und Schmidt) auf der karibischen Insel Guadeloupe im Januar 1979 den „Handlungsbedarf" an, war aber immer noch nicht bereit, die Frage der Begrenzung der sowjetischen SS-20 und der Backfire-Bomben im Rahmen der noch laufenden SALT II Verhandlungen zu lösen. Diese standen kurz vor dem Abschluss.

Am 18. Juni 1979 wurde das SALT II Abkommen zwischen Präsident Carter und Generalsekretär Breschnew unterzeichnet, eine Ratifizierung durch den amerikanischen Senat stand noch aus. Wegen nachfolgender Er-

AUF ABWEGEN: KÖLNER PARTEITAG 1983

eignisse – vor allem wegen der sowjetischen Invasion in Afghanistan und der Verhängung des Kriegsrechts in Polen – lehnte der Senat eine Unterzeichnung ab. Die Verhandlungen wurden dann in neuem Gewande als START (Strategic Arms Reduction Treaty) Verhandlungen ab 1982 fortgeführt und 1991 abgeschlossen.

Der NATO-Doppelbeschluss

Zum ersten Mal reagierte das westliche Bündnis auf die neue sowjetische Bedrohung nicht mit einem reinen Nachrüstungsbeschluss, sondern mit einer Doppelstrategie: Die NATO-Staaten boten der Sowjetunion Verhandlungen mit dem Ziel an, die Stationierung von strategischen Mittelstreckenwaffen in Europa zu begrenzen, wenn nicht gänzlich zu vermeiden (die sogenannte „Doppelte Null-Lösung").

In einem Zeitraum von vier Jahren sollte herausgefunden werden, ob dieses Ziel erreichbar war. Scheiterten die Verhandlungen waren die NATO-Staaten allerdings fest entschlossen, ihrerseits strategische Mittelstreckenwaffen, die die Sowjetunion in gleicherweise bedrohten, wie die sowjetischen SS-20-Raketen Westeuropa bedrohten, auf dem Gebiet ihrer Mitgliedstaaten zu dislozieren.

Am 12. Dezember 1979 beschlossen deshalb die Aussen- und Verteidigungsminister der NATO-Mitgliedsstaaten (ohne Frankreich) auch bereits die Stationierung von Mittelstreckenraketen des Typs Pershing II und Marschflugkörper des Typs BMG-109 Tomahawk. Die Option, einen weiteren ruinösen Rüstungswettlauf zu vermeiden,

129

Auf Abwegen: Kölner Parteitag 1983

lag jetzt in der Hand der sowjetischen Führung. Sie konnte ihrerseits abrüsten oder sie musste damit rechnen, dass amerikanische Mittelstreckenraketen in Westeuropa stationieren würden.

In jedem Fall musste der sowjetischen Führung klargemacht werden, dass die Allianz bereit war, der neuen sowjetischen Herausforderung angemessen zu begegnen. Eine Abkopplung Europas von den USA durfte – wie Schmidt immer gefordert hatte – nicht zugelassen werden. Die „Abschreckungslücke", die mit der Stationierung sowjetischer Mittelstreckenraketen vom Typ SS-20 entstanden war, sollte in jedem Fall geschlossen werden. – so oder so. Das war die unmissverständliche Botschaft, die vom NATO-Doppelbeschluss ausging.

Es ging also darum, wie es bei der NATO hieß, die Glaubwürdigkeit der Streitkräfte -„Triade" wiederherzustellen, also die Verknüpfung der konventionellen Streitkräfte in Europa, hier vor allem auch die der NATO unterstellten Einheiten der Bundeswehr, über die nichtstrategischen Nuklearstreitkräfte mit der strategischen Abschreckung der NATO – das waren die unterseebootgestützten Raketensysteme der USA und Großbritanniens, die strategische Bomberflotte der USA und vor allem die Interkontinentalraketen der USA. Frankreich und Großbritannien besaßen jeweils eine eigene nukleare Abschreckungsmacht, die der NATO nicht unterstand, insofern auch nicht Gegenstand von Verhandlungen sein konnte.

Für die angeschlagene deutsche Bundesregierung gab es allerdings ein Problem. Eine mögliche Dislozierung der

Auf Abwegen: Kölner Parteitag 1983

neuen amerikanischen Waffensysteme – 108 landgestützte Pershing II und 464 landgestützte Marschflugkörper (Cruise Missile) jeweils mit einem Gefechtskopf – konnte, wenn die Abschreckung glaubwürdig sein wollte, sinnvollerweise nur auf dem Territorium der Bundesrepublik erfolgen. Eine Unterseeboot-gestützte Dislozierung, wie Schmidt sie gefordert hatte, lehnten die USA ab. Schmidt lehnte seinerseits eine Stationierung allein in Deutschland – mehr aus innenpolitischen, eigentlich innerparteilichen Gründen heraus – jedoch ab, so dass es zu einer Stationierung in Großbritannien, Italien, Belgien und den Niederlanden kommen sollte. Die überwiegende Zahl der neuen Waffen musste und wurde seit Ende 1983 dann allerdings in der Bundesrepublik disloziert.

Groteske Fehlspekulation

Doch die Sowjetführung dachte gar nicht daran, ihren Vorsprung, den sie mit der Stationierung ihrer SS-20-Raketen und Backfire-Bomber seit Mitte der siebziger Jahre erzielt hatte, aufzugeben. Sie spekulierte darauf, dass der öffentliche Druck auf die Regierungen in den NATO-Staaten, vor allem in der Bundesrepublik und in den Niederlanden, die für eine Stationierung der amerikanischen Mittelstreckenwaffen vorgesehen war, so groß werden würde, dass eine Nachrüstung am Widerstand der Bevölkerung scheitern würde.

Das war nicht nur eine groteske Fehlspekulation, wie sich bald zeigen würde, sondern auch eine völlige Verkennung der innenpolitischen Verhältnisse vor allem in

Auf Abwegen: Kölner Parteitag 1983

der Bundesrepublik. Nach dem Helmut Kohl am 6. März 1983 die vorgezogene Bundestagswahl haushoch gewonnen hatte, wurde – entsprechend des NATO-Doppelbeschlusses – die Nachrüstung in den dafür vorgesehenen NATO-Staaten ohne größeren Aufhebens umgesetzt, die Pershing II-Raketen in Deutschland wie geplant disloziert.

Auf neuem Niveau

Die westeuropäischen Mitgliedsstaaten der NATO bewegten sich mit der Nachrüstung amerikanischer eurostrategischer Mittelstreckenraketen zum ersten Mal in der Nachkriegsgeschichte mit den Sowjets auf gleicher Augenhöhe. Geführt von der Führungsmacht USA konnten sie jetzt mit einem Arsenal an eurostrategischen Waffen aufwarten, das die wichtigsten militärischen, politischen und wirtschaftlichen Entscheidungszentren der UdSSR bedrohen und in kürzester Frist vernichten konnte. Westeuropa spielte in der Weltpolitik von da an in einer anderen Klasse.

Mit der Stationierung der 102 Pershing II Raketen kam vor allem der Bundesrepublik eine neue, wichtigere Rolle im Bündnis zu. Den Deutschen wurde auf ihrem eigenen Territorium nicht mehr nur passiv das Schicksal eines möglichen Schlachtfeldes in einer nuklearen Auseinandersetzung zwischen den Großmächten zugewiesen, wie es seit dem Zweiten Weltkrieg der Fall gewesen war.

Die neuen amerikanischen Waffen in der Bundesrepublik stellten für die Sowjetunion eine strategische

Auf Abwegen: Kölner Parteitag 1983

Bedrohung dar, die es bisher so nicht gegeben hatte. Die deutsche Friedensbewegung zog daraus den falschen Schluss, dass die Sicherheit der Bundesrepublik mit der Stationierung nicht mehr gewährleistet sei. Deutschland drohe „ein atomarer Holocaust" unvorstellbarer Dimension. Die sowjetische Propaganda tat im Übrigen alles, um diese Schlussfolgerung zu unterstreichen. Das Gegenteil war jedoch der Fall. Die neuen amerikanischen Mittelstreckenwaffen erhöhten die Sicherheit der Deutschen. Ein Angriff der Sowjets war jetzt noch unwahrscheinlicher. Das Erpressungspotential, das die SS-20 Raketen erzeugt hatten, nahm dadurch deutlich ab. Die sowjetische Führung musste schließlich einsehen, dass sie sich auf ein „unverzeihliches Abenteuer", wie Michail Gorbatschow es später nannte, eingelassen hatte.

Unbehagen, Entsetzen

Auch wenn die Bundesregierung keinen Zugang zu diesem Arsenal amerikanischer Mittelstreckenwaffen hatte, allein die Tatsache, dass die 102 Pershing II Raketen allesamt in der Bundesrepublik disloziert waren, verursachte hierzulande Unbehagen bis Entsetzen. Der Schmidt-Regierung gelang es nicht mehr, ihre Sicherheitspolitik plausibel zu erklären. Ein rationaler Diskurs war in weiten Teilen der Öffentlichkeit nicht mehr möglich. Die Uneinigkeit in seiner eigenen Partei tat ein Übriges.

Es zeigte sich bald, dass der „Erfinder„des NATO-Doppelbeschluss in seiner eigenen Partei nur noch wenig Unterstützung fand. Die „Mehrheiten auf den Parteitagen", die Schmidt 1979 in Berlin und 1982 in München für seine Politik mehr erzwungen als errungen hatte, erwiesen sich als Pyrrhussiege. Schmidts Sturz war abzusehen. Er war nicht – wie Schmidt später immer behauptete – an der FDP gescheitert, sondern an seiner eigenen Partei.

Kohl steht

Kohl stand dagegen zu Schmidts Sicherheitspolitik und vor allem zum NATO-Doppelbeschluss. Von Anfang an. In seiner ersten Regierungserklärung nach Schmidts Sturz machte Kohl am 13. Oktober 1982 klar, dass die neue schwarz-gelbe Regierung „uneingeschränkt zum Doppelbeschluss der NATO (stehe), zu jenem Beschluss, der Verhandlungen über die Reduzierung und Begrenzung sowjetischer und amerikanischer nuklearer Mittelstreckensysteme bietet. Sie wird die Beschlüsse erfüllen und nach innen vertreten: den Verhandlungsteil und – wenn notwendig – auch den Nachrüstungsteil. Nur wenn die Sowjetunion weiß, dass sie mit der Stationierung amerikanischer Systeme ab Ende 1983 in Europa fest rechnen muss, kann mit ihrer Bereitschaft gerechnet werden, zu guten Verhandlungsergebnissen beizutragen."

Kohl führte Schmidts Politik fort und konnte dann auch 1987 den Erfolg dieser Politik einfahren. Der NATO-Doppelbeschluss hatte sich als der größte Abrüstungserfolg der Nachkriegszeit erwiesen.

AUF ABWEGEN: KÖLNER PARTEITAG 1983

Meilenstein: Reykjavik, 6. Oktober 1986

Mit der Amtsübernahme Michail Gorbatschows kam eine völlig neue Dynamik in den Abrüstungsverhandlungen zwischen den beiden Supermächten in Gang. Die Führer der beiden Lager, Gorbatschow und Reagan, waren bereit, das gesamte nukleare Bedrohungspotential beider Länder zur Disposition zu stellen. Sie besprachen bei ihrem Treffen in Reykjavik am 6. Oktober 1986 Maßnahmen zur Verringerung des gesamten nuklearen Waffenpotentials, angefangen von der Halbierung der strategischen Kernwaffen innerhalb weniger Jahre bis hin zum vollständigen Abbau aller Nuklearraketen kurzer bis mittlerer Reichweite innerhalb von fünf Jahren. Reagan hatte wenige Tage vor dem Treffen von Reykjavik in einer Rede vor der Vollversammlung der Vereinten Nationen am 22. September eine wichtige Vorleistung der USA angekündigt: Sollte es zu einer radikalen Verringerung strategischer Offensivwaffen kommen, wären die USA bereit, mit der UdSSR ein Abkommen über Forschung, Entwicklung, Erprobung und Stationierung auf dem Gebiet der Strategischen Verteidigung zu unterzeichnen. Würde sich eine Seite dennoch dafür entscheiden, ein solches System zu stationieren, so wäre sie verpflichtet, einen Plan für die gemeinsame Nutzung der Vorteile einer strategischen Verteidigung und für die Abschaffung offensiver Raketen anzubieten.

Das Reykjaviker Treffen vom 6. Oktober 1986 war ein historischer Meilenstein in den Beziehungen zwischen den beiden Supermächten. Noch nie hatten sich die beiden führenden Staatsmänner so grundsätzlich und so umfassend über die beiderseitige nukleare Bedrohung ausgetauscht und Ideen entwickelt, wie dieses Waffenpotential entschärft werden könnte.

In Reykjavik wurden die Tore für eine bis dahin nicht für möglich gehaltene Abrüstung sämtlicher Waffensysteme weit geöffnet. Das Gipfeltreffen von Reykjavik hatte zwar noch keinen Durchbruch zu konkreten Vertragsverhandlungen gebracht. Gorbatschow beharrte noch darauf, dass die USA auf SDI verzichten müssten, bevor er einer doppelten Null-Lösung zustimmen konnte. Ende Februar 1987 gab dann die Sowjetregierung bekannt, dass sie auf das Junktim verzichten werde. Der Weg zur doppelten Null-Lösung war frei.

Schmidts Triumph

Am 8. Dezember 1987 unterzeichneten dann der amerikanische Präsident, Ronald Reagan, und der sowjetische Generalsekretär der KPdSU, Michail Gorbatschow, den Vertrag über die weltweite Abschaffung ihrer nuklearen Mittelstreckenraketen, den sogenannten INF-Vertrag (den Vertrag über die Abschaffung der „Intermediate-Range Nuclear Forces"). Dies war das erste Abkommen zwischen den beiden Supermächten, das eine ganze Kategorie von Raketen mit einer Reichweite zwischen 500 und 5000 km abschaffen sollte.

Ferner wurde vereinbart, dass nach Ratifizierung des INF-Vertrags innerhalb eines Jahres alle nuklearen Raketen mit einer Reichweite von bis 500 Km zu beseitigen waren. Desweiteren sollten innerhalb von drei Jahre al-

AUF ABWEGEN: KÖLNER PARTEITAG 1983

le nuklearen Mittelstreckenraketen größerer Reichweite, d.h. über 5000 km verschrottet werden. Die USA und die UdSSR vereinbarten im INF-Vertrag zudem strenge Verifizierungsbestimmungen, die es beiden Seiten erlaubten, den Abbau sowie die Verschrottung der Systeme vor Ort, praktisch zu jedem gewünschten Zeitpunkt, zu überprüfen. Der INF-Vertrag kam zustande, weil mit Michail Gorbatschow ein Staatsmann an die Spitze des Sowjetimperiums gelangte, der die ruinöse Überrüstung seines Landes beenden wollte und einen echten Ausgleich mit den USA suchte. Er kam auch zustande, weil nach dem überwältigenden Wahlsieg Ronald Reagans im November 1984 der wiedergewählte Präsident, nicht nur seine irritierende Rhetorik gegenüber der Sowjetunion mäßigte, sondern früher als viele andere - erinnert sei an Kohl törichter Goebbels-Vergleich – die Chance für eine wirklichen Neuanfang im Verhältnis zur UdSSR erkannte.

Der INF-Vertrag war aber auch die glänzende Bestätigung der NATO-Strategie, wie sie im NATO-Doppelbeschluss vom 12. Dezember 1979 zum Ausdruck gekommen war. Der NATO-Doppelbeschluss war darauf ausgerichtet, das Ungleichgewicht der Nuklearstreitkräfte der zwei Supermächte, das durch die sowjetische Modernisierung ihre Mittelstreckenraketen seit Mitte der siebziger Jahre entstanden war, zu beheben. Und das gelang, weil das westliche Bündnis geschlossen und solidarisch an seinen Beschlüssen festgehalten hatte. Was man von der SPD nicht sagen konnte.

Auf Abwegen: Kölner Parteitag 1983

Nicht auszumalen

Nicht auszumalen, wenn die SPD Ende 1983 noch Regierungspartei gewesen wäre. Die Geschichte hätte einen ganz anderen Verlauf genommen. Ohne die Zustimmung der Bundesregierung wären die neuen amerikanischen Mittelstreckenraketen in Europa nicht stationiert worden. Ob das westliche Bündnis bei einem Nein der Bundesrepublik überlebt hätte, ist mit Recht bezweifelt worden. Ein neuer, fataler Sonderweg Deutschlands zeichnete sich Anfang der achtziger Jahre ab. Im November 1983 lebten die Deutschen aber in einer anderen Welt...

Nicht bestanden

Die Sozialdemokraten hatten dagegen die „Prüfung", die die sowjetische Führung dem westlichen Bündnis seit Mitte der siebziger Jahre auferlegt hatte, nicht bestanden. Die neue Bedrohung, die durch die Produktion und Stationierung der SS-20-Raketen und der Backfire Bomber für Europa entstanden war, stritten viele Sozialdemokraten schlicht ab. Eine neue Bedrohungslage sei nicht entstanden. Das klassische Argument, das die Friedensbewegung ständig vorgetragen hatte und das auch in der deutschen Öffentlichkeit höchst populär war, verfing auch bei den Genossinnen und Genossen: Das Potential an Atomwaffen auf beiden Seiten sei so groß, dass es ausreichen würde, den Globus gleich mehrfach zu zerstören.

Auf Abwegen: Kölner Parteitag 1983

Eine weitere Aufrüstung, auch wenn sie zur Aufrechterhaltung des militärischen Gleichgewichts notwendig wäre, sei deshalb sinnlos und daher vorneherein abzulehnen. Wäre dieses Argument tatsächlich richtig gewesen, dann hätten die Supermächte Mitte der fünfziger Jahre alle ihre weiteren Rüstungsanstrengungen aufgeben können. Denn das Optimum an Sicherheit war erreicht, mehr war nicht drin.

Aber warum taten sie es nicht? Warum verjubelten die Supermächte Milliardenbeiträge ihrer Bürger in militärisches Material und hielten für ihre Bedienung Millionen von Soldaten vor, wenn sie gar keinen Zugewinn an Sicherheit hatten. Es sei denn, man unterstellte den Supermächten, dass sie einen Atomkrieg zu führen bereit waren. Das war jedoch eine haltlose Spekulation. Von den Tatsachen war sie zumindest nicht gedeckt, wie die Geschichte nach dem zweiten Weltkrieg gezeigt hatte.

Besonders die neue, aufstrebende Führungsgeneration in der SPD, Brandts „Enkel", wie sie sich nennen ließen, reanimierten am Beginn der achtziger Jahre eine längst totgeglaubte „Ohne mich" – und teilweise auch „Lieber rot als tot" -Mentalität, wie sie in den fünfziger Jahren, gerade auch in der SPD, weit verbreitet gewesen war. Das für viele schwer verständliche, aber nicht weniger notwendige Paradox der sicherheitspolitischen Philosophie im Atomzeitalter, nämlich ein Gleichgewicht des atomaren Schreckens aufrechtzuerhalten, war in der „Friedensbewegung" der achtziger Jahre und in ihrem Schlepptau in der neu entstehenden Partei „Die Grünen" und eben auch bei immer größeren Teilen der SPD nicht mehr vermittelbar.

Die Aufrechterhaltung des atomaren Gleichgewichts hieß dann eben auch einen möglichen Angriff des Gegners mit allen notwendigen Mitteln abzuwehren und ihm selbst einen für ihn nicht kalkulierbaren Schaden anzudrohen. Das Wichtigste dabei war, dass die Abschreckung unbedingt glaubwürdig erschien, und das hieß, sie so realistisch wie möglich zu planen und vorzubereiten. Nur mit einer glaubwürdigen Abschreckung konnte ein Krieg zwischen den Supermächten erfolgreich verhindert werden. Dazu diente auch der NATO-Doppelbeschluss, was aber von der größeren Regierungspartei der sozialliberalen in Zweifel gezogen – und das von Anfang an.

Brandts Doppelbödigkeit

Die SPD stand in ihrer Mehrheit – trotz ihrer Parteitagsbeschlüsse 1979 und 1982 – dem NATO-Doppelbeschluss skeptisch, wenn nicht ablehnend gegenüber. Selbst Willy Brandt – wie viele andere Vorderleute der Partei – bekannte später, dass er schon immer Zweifel gehabt hätte, ob der NATO-Doppelbeschluss Sinn mache. Er, Brandt, sei Helmut Schmidt nur aus Loyalität gefolgt. Das hatte Brandt allerdings nicht daran gehindert, Schmidt in dem Glauben zu lassen, den NATO-Doppelbeschluss aus Überzeugung mit zu tragen. 1983, so schrieb Schmidt, „stand seine (Brandts) öffentliche Kritik an meiner Sicherheitspolitik in einem erstaunlichen Kontrast zu seiner bisherigen positiven Haltung." Und weiter erinnert

AUF ABWEGEN: KÖLNER PARTEITAG 1983

er sich: „Brandt hatte ...1981 sehr sorgfältig an einer Bundestagsentschließung mitgearbeitet und zum Beispiel selbst die Formulierung vorgeschlagen: Der Bundestag „begrüßt die Entschlossenheit, beide Elemente des NATO-Doppelbeschlusses vom Dezember 1979 durchzuführen und ihnen gleiches Gewicht zu geben...". Er habe mit Willy Brandt über seinen späten Frontwechsel nicht mehr gesprochen, vielmehr habe er sich „alsbald aus allen Ämtern in meiner Partei zurückgezogen."

Schmidt hielt sich von Brandt hintergangen, zu Recht. Es ist zu vermuten, dass Schmidt die Finger vom Doppelbeschluss gelassen hätte, hätte er von Brandts Ablehnung gewusst. Es wäre ihm klar geworden, dass mit einer regierungsmüden, der Friedensbewegung zuneigenden SPD ein solcher Beschluss nicht mehr durchsetzbar war. Schmidt wäre zurückgetreten oder – was wahrscheinlicher ist – er hätte klein bei gegeben. So konnte Schmidt davon ausgehen, dass der Parteivorsitzende ihm auch diesmal den Rücken frei machen würde.

Der Parteivorsitzende hatte jedoch nicht nur Zweifel an der Wirksamkeit des NATO-Doppelbeschlusses, sondern er bekämpfte ihn auch, wenn auch verdeckt, ohne offenes Visier, für den Bundeskanzler nicht erkennbar. Der kometenhafte Aufstieg des saarländischen Oberbürgermeisters zu Schmitds Hauptkontrahenten wäre ohne wohlwollendes Zutun des Parteivorsitzenden nicht möglich gewesen. Er gab ihm „Gesicht", er bereitete ihm die Plattformen, um öffentlich wahrgenommen zu werden. Brandt war es, der die schützende Hand über die „Dissidenten" hielt, diejenigen, die bereit waren, in das

AUF ABWEGEN: KÖLNER PARTEITAG 1983

Lager der „Friedensbewegung" zu wechseln, also zu denjenigen, welche Schmidt als „nützlichen Idioten" der amerikanischen Kriegstreiber ansahen.

So war die Zustimmung der SPD zum NATO-Doppelbeschluss auf dem Berliner Parteitag 1979 und dem Münchener Parteitag 1982 halbherzig und irreführend, ja auch ein Stück unredlich. Die Genossinnen und Genossen nahmen nur den Verhandlungsteil ernst, den Teil über die Nachrüstung lehnten sie eigentlich ab. Der war aber in Brüssel am 12. Dezember 1979 aber auch fest vereinbart und beschlossen worden. Schmidt schätzte die Stimmung in der Partei falsch ein. Er meinte mit dem Zugeständnis, vor einer Stationierung amerikanischer Raketen in Deutschland erneut ein Votum der Partei einzuholen, der Minderheit der Gegner den Wind aus den Segeln nehmen zu können. Das Gegenteil war der Fall.

„Berliner Vorbehalt"

Die Entscheidung, ob es zu einer Stationierung von amerikanischen Mittelstreckenwaffen in Europa kommen sollte, hatte sich die SPD auf ihrem Berliner Parteitag 1979 ausdrücklich vorbehalten. Dieser Vorbehalt war jedoch ohne jede Bedeutung. Die Bundesregierung hatte 1979 einer Stationierung der 102 Pershing II Raketen und den 96 Marschflugkörper auf dem Territorium der Bundesrepublik rechtlich verbindlich zugestimmt.

Der Deutsche Bundestag folgte der Regierung. Eine erneute Befassung war damit ausgeschlossen. Die Parteilinke hatte Schmidt diese Konzession abgerungen. Für

AUF ABWEGEN: KÖLNER PARTEITAG 1983

den Fall, dass die Verhandlungen ergebnislos blieben, dürfe es, wie es in der Berliner Beschlussfassung dann hieß, keinen Automatismus für die Stationierung geben. Genau diesen Automatismus hatte aber das westliche Bündnis beschlossen. Und das aus gutem Grund: Nur so war der sowjetischen Führung klarzumachen, dass sie mit ernsthaften Konsequenzen zu rechnen hatte, wenn sie bei den Verhandlungen nicht beizudrehen bereit war. Für jeden war klar, dass die grundsätzliche Skepsis der Partei zum Nachrüstungsteil des NATO-Doppelbeschlusses die Wirksamkeit des ersten Teils, des Verhandlungsteils, von voneherein beschränken würde.

Warum sollte die sowjetische Führung eigentlich ernsthaft über den Abbau des SS-20 Potentials verhandeln, wenn eine Nachrüstung beim wichtigsten europäischen Mitglied des westlichen Bündnisses, der Bundesrepublik Deutschland, als überflüssig angesehen wurde. Relevant war der Vorbehalt ohnehin nur so lange, wie die SPD auch an der Regierung beteiligt war. Sie konnte auf Parteitagen beschließen, was sie wollte (das ist ja jeder Partei unbenommen), als Beschluss einer Oppositionspartei war die Ablehnung der Stationierung jedoch ein rein lokales Ereignis, für den weiteren Gang der Dinge irrelevant.

Als Regierungspartei kam eine Ablehnung der Nachrüstung allerdings faktisch dem Sturz des sozialdemokratischen Bundeskanzlers gleich. Schmidt hätte vertragsbrüchig werden müssen. Seine persönliche Glaubwürdigkeit stand zur Disposition, die Berechenbarkeit und Zuverlässigkeit seiner Politik auch. Es war klar, dass Helmut Schmidt dazu nicht bereit war. So war denn auch diese

AUF ABWEGEN: KÖLNER PARTEITAG 1983

verdeckte Rücktrittsforderung die eigentliche Botschaft des Berliner Parteitages an Schmidt und seine Regierung.

Einfallstor

Hinzukam: Die SPD setzte sich mit dem „Berliner Vorbehalt" einem wahren Feuerwerk an Drohungen, Pressionen und Verdächtigungen aus. Er war nichts anderes als die Einladung an alle Gegner des NATO-Doppelbeschlusses sowohl innerhalb wie auch außerhalb der Partei gegen Schmidt mobil zu machen, was wohl auch beabsichtigt war. Von dieser Möglichkeit wurde dann auch ausgiebigst Gebrauch gemacht, nicht nur in Deutschland, sondern auch von denjenigen, die mit ihrer Überrüstung die Reaktion der NATO zuallererst verursacht hatten. Möglicherweise, so erinnert sich Michail Gorbatschow, „glaubte die politische (sowjetische) Führung, wenn wir unsere Raketen stationierten, würden die Friedenskämpfer im Westen Gegenmaßnahmen schon verhindern. Wenn dem so war, dann waren das reichlich naive Gedankengänge."

Schmidt unter Dauerfeuer

Die Parteilinke und vor allem die Friedensbewegung hatten nun ihr Thema gefunden, um die ungeliebte Regierung unter Dauerbeschuss zu nehmen. Immer mehr vornehmlich linke Landesverbände und Bezirke wie Hessen Süd, Schleswig-Holstein, Bayern oder Baden-Württemberg, verabschiedeten sich nun vom NATO-Doppelbeschluss. Für sie war er ein sicherheitspolitischer Irrweg.

AUF ABWEGEN: KÖLNER PARTEITAG 1983

Einflussreiche Arbeitsgemeinschaften wie die der Jungsozialisten und die Arbeitsgemeinschaft sozialdemokratischer Frauen (AsF) schlossen sich offen den Aufrufen der Friedensbewegung an. Auf ihrer Bundeskonferenz am 15. – 17. Juni 1981 forderten die Parteifrauen, der NATO-Doppelbeschluss solle „schnellstens rückgängig gemacht werden". Ihr Vorstand schloss sich dem „Bielefelder Appell" gegen den Doppelbeschluss an, der von Sozialdemokraten initiierten weitgehend inhaltsgleichen Variante zu dem von der DKP initiierten „Krefelder Appell".

Das Präsidiumsmitglied Erhard Eppler und der neue shooting star der Partei, Oskar Lafontaine, und weitere prominente Sozialdemokraten solidarisierten sich öffentlich mit der Friedensbewegung, sie beteiligten sich und sprachen auf „Friedensdemonstrationen" mit Hunderttausenden von Teilnehmern wie am 10. Oktober 1981 und die am 10. Juni 1982 im Bonner Hofgarten. Brandt bezeichnet die Teilnahme als eine „Privatangelegenheit", in die er sich nicht einzumischen beabsichtige. Dem ausdrücklichen Wunsch des Bundeskanzlers, die Teilnahme von Führungspersonen der Partei zu verbieten, lehnte Brandt ab. Schließlich fand Brandt in der Existenz der Friedensbewegung „einen wichtigen Pluspunkt für den inneren Frieden in unserem Lande". Seine eigene Teilnahme an der Demonstration der Friedensbewegung am 10. Juni 1982 markierte die endgültige Wende, zudem das Ende der Kanzlerschaft Helmut Schmidts.

Die SPD hatte aufgehört, die Richtung vorzugeben, sie war getrieben von denjenigen, die eine grundlegend andere Politik und eine andere Regierung wollten. Eine Diskussion über den Zusammenhalt der Partei in der Frage der anstehenden Nachrüstung war sinnvoll nicht mehr zu führen. Alles lief auf einen innerparteilichen show down hinaus, der dann auf dem Kölner Parteitag seinen Abschluss fand. So war es dann auch nur konsequent, dass die Partei auf dem Kölner Parteitag 1983 eine Stationierung von amerikanischen Mittelstreckenraketen, als sie dann Ende 1983 anstand, ablehnte. Die Mehrheit der Partei war zu neuen Ufern aufgebrochen. Die NATO-Strategie schien ihr überholt, der Harmel-Bericht mit seiner doppelten sicherheitspolitischen Philosophie Abschreckung und Entspannung nicht mehr zeitgemäß. Für die SPD schien nur noch der zweite Aspekt relevant, die Entspannung zwischen den Blöcken, Gespräche über Rüstungskontrolle und wenn nötig auch einseitige Abrüstung. Die Konturen einer sicherheitspolitischen Konzeption wurden deutlich, die in den nachfolgenden Jahren zur Leitschnur der Partei wurde: das im Anschluss an Egon Bahr bezeichnete Konzept einer „Sicherheitspartnerschaft" zwischen Ost und West.

Getrübte Erinnerung

Niemand von denjenigen, die Schmidts Sicherheitspolitik Anfang der achtziger Jahre so vehement, nicht selten ehrverletzend bekämpft hatten, fand die Größe, den wichtigsten Abrüstungserfolg im „Kalten Krieg", der im wesentlichen Schmidts Erfolg war, zu würdigen. Selbst die Parteispitze fand kaum anerkennende Worte.

Auf Abwegen: Kölner Parteitag 1983

Noch in der Rückschau – zehn Jahre nach dem Kölner Parteitag – resümierte Willy Brandt in seinen „Erinnerungen" kühl, distanziert, spöttisch herablassend: „der Streit um die nuklearen Mittelstreckenraketen in Europa" nehme „sich wie eine Groteske aus". Brandt stimmte dem Sicherheitsberater von US-Präsident Carter, Zbigniew Brzeziński, zu, der gemeint hatte, Schmidt befasse sich mit Angelegenheiten, die den Regierungschef eines nicht-nuklear Landes nichts angingen.

„Ich hegte", so Brandt, „große Bedenken, daß in unserer Zeit ein deutscher Regierungschef zu hoch greife, wenn er sich in einer strategischen Ost-West Frage die Führung zutraute", was Schmidt – aus guten Gründen – gar nicht beabsichtigt hatte. Helmut Schmidt stand schließlich mit seiner Analyse nicht allein. Brandts Einlassung bedeutete nach so langer Zeit eine weitere schallende Ohrfeige für den ehemaligen Bundeskanzler. Die Gräben blieben tief bis zu Brandts Tod, in der Sache letztlich unversöhnlich. Geradezu abstrus äußerte sich Erhard Eppler zwanzig Jahre nach Köln: Er habe „diese ganze Auseinandersetzung nicht nur und auch nicht überwiegend als einen Ost-West-Konflikt erlebt, sondern als einen Konflikt von Helmut Schmidt und Jimmy Carter. „Schmidt – so Epplers Botschaft – sei seiner eignen Wichtigtuerei zum Opfer gefallen. Deshalb habe er, Eppler, die Notwendigkeit des NATO-Doppelbeschlusses nicht eingesehen. Es sei doch so gewesen, dass der Westen damals viel stärker gewesen sei und „dass er das (den Doppelbeschluss) also eigentlich nicht nötig hat." Egon Bahr und Peter Glotz, Brandts engste Mitarbeiter und beide Bundesgeschäftsführer der Partei am Beginn

147

Auf Abwegen: Kölner Parteitag 1983

der achtziger Jahre, formulierten ähnlich wie Brandt und Eppler, wenn auch verschlüsselter, milder, zurückhaltender, „diplomatischer".

Dabei überraschen Brandts, Epplers, Glotzens und Bahrs späte Bewertungen. Denn Anfang der achtziger Jahre hörten sich ihre Einlassungen noch ganz anders an. Besonders Erhard Eppler, der „Vordenker der Partei", hatte sich auf zahllosen Parteiveranstaltungen, in einschlägigen Büchern und Artikeln, besonders auch bei seinen Auftritten auf den großen Demonstrationen der Friedensbewegung mit geradezu alttestamentarischem Eifer gegen Schmidts Sicherheitspolitik ausgesprochen, stand doch, wie er ganz im Einklang mit der Friedensbewegung behauptete, bei einer Nachrüstung amerikanischer Mittelstreckenraketen nicht weniger als das Überleben der Menschheit auf dem Spiel.

„Kein Tropfen Hoffnung"

Es gelte, so hatte Erhard Eppler den Zehntausenden der großen Bonner „Friedensdemo" vom 10. Oktober 1981 zugerufen, die „Kette der Vor- und Nachrüstung aufzubrechen, der uns alle in Richtung Abgrund zerrt." Eppler schlug in seinen Reden und Texten eine Tonlage an, die von einem politischen Spitzenmann bisher nicht erwartet werden konnte. Die Strategie der USA unter ihrem neuen Präsidenten Ronald Reagan könne, so Eppler in seinem Bestseller „Die tödliche Utopie der Sicherheit", „nur da enden – und dies ist das Ende einer Kette in sich zwingender Logik -, wo wir alle, nicht nur die USA,

AUF ABWEGEN: KÖLNER PARTEITAG 1983

durch die Gefährdungen dieses Lebens nicht mehr verwundbar sind: im Tode." Aus Reagans Strategie sei, so prophezeite er düster, „kein Tropfen Hoffnung mehr herauszuwringen."

Eppler warf den USA vor, einer todbringenden Utopie nachzujagen. Deren Bestreben, für ihre Bevölkerung ein Höchstmaß an Sicherheit zu erzielen, sei eine „schäbige Utopie". Diese sei „die Folge technokratischer Blickverengung, die, wie alle Verengungen, mit Angst zu tun" habe. Sie sei das Ergebnis eines kaum vorstellbaren Verlustes an Wirklichkeit, eines Leugnens menschlicher und geschichtlicher Realität. „Sie ist ein sicherer Weg zum Tode und dabei noch nicht einmal heroischer, sondern durchaus spießbürgerlicher." Auf eine solche Formulierung muss man auch erst einmal kommen!

Die ängstlichen Spießbürger vom Pontomac, die blind und realitätsfern die Welt in den sicheren Tod führten – das war keine Analyse realer Gefahren mehr, das war die Beschwörung der Apokalypse, des „atomaren Holocausts", den abzuwenden jetzt die deutsche Friedensbewegung aufgerufen war. Eppler traf mit seiner einfachen archaisch anmutenden Sprache, die keinerlei Zwischentöne zuließ, den Nerv der Zeit. Sie war typisch für das irrationale, überspannte Empfinden, das Hunderttausende von „Friedensbewegten" auf die Straßen trieb. Aus dem Munde und der Feder eines deutschen Spitzenpolitikers wurden hier Töne angeschlagen, die nicht nur Menschen in den USA befremdeten. Es war nur schwer vorstellbar, wie mit einer solchen Einschätzung das beklagte Übel abgewendet werden konnte. Konkrete Politik mit den real existierenden Mächten und deren Führungseliten ließ sich damit jedenfalls nicht umsetzen.

Auf wen konnte Eppler dann zählen? Abhilfe versprach sich Eppler von dem neu entstehenden Bündnis gesellschaftlicher Kräfte, die sich gegen den Rüstungswahnsinn stellten. Von den Experten in Politik, Militär, Wissenschaft und Wirtschaft sei kein Beitrag zur Lösung der drängenden Existenzfragen der Menschheit zu erwarten. Es wäre ja das erste Mal in der Geschichte, wenn Generäle und Militärtechnokraten sich damit abfänden, Waffen aufzuhäufen, mit denen man keinen Krieg führen kann. Generäle seien nicht zuständig für den Holocaust, sondern für den Krieg. Und den, so unterstellte er indirekt, würden sie schließlich auch führen wollen. Damit schieden die Experten als Gesprächspartner von vorneherein aus. Nicht besser erging es den Politikern, die sich auf den Sachverstand der Militärs verließen. Auch sie waren als Gesprächspartner ungeeignet. Nur: das neue Bündnis gesellschaftlicher Kräfte, das sich in der Friedensbewegung versammelte, war so diffus und so heterogen zusammengesetzt, dass es als politische Kraft handlungsunfähig war. Der „Vordenker" der SPD führte die Partei ins Abseits, in die Politikunfähigkeit.

Sozialdemokratisches Tohuwabohu

In politische Prosa übersetzt und auf den Kern politischer Forderungen reduziert lauteten Epplers Einlassungen: Es gibt keine Notwendigkeit auf die sowjetische Aufrüstung mit SS-20 Raketen zu reagieren; der Wes-

Auf Abwegen: Kölner Parteitag 1983

ten solle sie hinnehmen, im Übrigen sei er dem Osten in der atomaren Rüstung auch ohne neue Mittelstreckenwaffen mehr als gewachsen, Letzteres ein populäres Argument, das viele in der Partei überzeugte. Genau das war auch die Auffassung der sowjetischen Führung, die mit der Stationierung der SS-20-Rakten und der Backfire Bomber die Krise zwischen den beiden Lagern ausgelöst hatte.

Das westliche Bündnis hatte dagegen mit dem NATO-Doppelbeschluss reagiert, der exakt auf der Linie der doppelten sicherheitspolitischen Philosophie des Bündnisses, Aufrechterhaltung einer glaubwürdige Verteidigungsfähigkeit und Dialog und Entspannung, beruhte. Epplers Einlassungen waren dagegen eine klare Absage an die Sicherheitspolitik der NATO, nicht nur eine Absage an den NATO-Doppelbeschluss. Von der Abschreckungsdoktrin der NATO hielt Eppler ohnehin nichts. Die sicherheitspolitische Grundorientierung der SPD, die seit Ende der fünfziger Jahre gegolten hatte, war für ihn obsolet geworden. Die Mitgliedschaft Deutschlands in der NATO war deshalb nur noch eine Frage der Zeit. Andere – wie Oskar Lafontaine – forderten schon den Austritt Deutschlands aus dem westlichen Bündnis. Damit hatte ein Mitglied des Parteipräsidiums, des engsten Führungskreises der SPD, die Seiten gewechselt. Und Brandt ließ ihn gewähren. Nur auf welcher Seite er jetzt stand, war nicht genau auszumachen. Zur Friedenbewegung zählte er sich schon. Zu seiner Partei, solange sie Helmut Schmidt folgte, sicherlich nicht.

Auf Abwegen: Kölner Parteitag 1983

Doppelter Bluff

Die Auseinandersetzungen um den NATO-Doppelbeschluss luden beide Supermächte geradezu zu einer Charade ein, in der einer staunenden Öffentlichkeit immer neue Rätsel aufgegeben wurden. Sowohl die sowjetische Führung wie auch der showbiz erfahrene Ronald Reagan brachten es Anfang der achtziger Jahre zu einer erstaunlichen Perfektion. Die Sowjets taten so, als ob sie ernsthaft verhandeln wollten, was sie gar nicht beabsichtigen. Und die US-Regierung tat so, also ob sie völlig neue Waffensysteme in petto hätten, die sie jederzeit auch in Stellung bringen könnten. Auch das war nicht der Fall. Die bei einem Scheitern der Verhandlungen zur Stationierung vorgesehenen Pershing II Raketen mussten zu allererst einmal produziert werden und stand frühestens Ende 1983 bereit. Auch das in der Friedensbewegung so in Verruf geratene SDI-Projekt, die „Strategic Defense Initiative", war bis dato nur eine vage Idee, ihre Umsetzung stand auf dem Papier. SDI war denn auch eher den Science Fiction Abteilungen Hollywoods entlehnt als dem Pentagon. So blufften beide Seiten unentwegt mit Zahlen, Planspielen, Szenarien, verwirrenden, in die Irre führenden Verhandlungsangeboten, notfalls auch mit Drohungen und apokalyptischen Prognosen.

Ein weites Spielfeld tat sich hier auf, auf dem jeder mitspielen, mitreden konnte. Die hohe Zeit der „Seher", der „Wissenden", der unfehlbaren „Eiferer". Auffällig war jedoch, dass die Friedensbewegung bei der Charade, die die Supermächte aufführten, einer Seite so ziemlich alles glaubte, der anderen Seite jedoch abgrundtief misstrau-

AUF ABWEGEN: KÖLNER PARTEITAG 1983

te, noch erstaunlicher war, dass die Seite, der sie vertraute, die Sowjetunion war, und dass die Seite, der sie misstraute, die USA waren.

Hauptfeind USA

Die deutsche Friedenbewegung unterstellte den USA, sie bereiteten sich auf einen Atomkrieg gegen die Sowjetunion vor, bei dem Millionen von Todesopfer billigend in Kauf genommen würden. Der neuen US-Regierung unter Ronald Reagan wurde buchstäblich alles zugetraut. Auf dem Kölner Parteitag wurde von einzelnen Delegierten jetzt hemmungslos gegen die USA hergezogen. Pershing II und Cruise Missiles seien „Angriffswaffen einer neuen Qualität", wie der hessische Delegierte, Prof. Dr. Klaus Fritzsche, seit 1975 Professor für Politikwissenschaften an der Universität Gießen und ein prominenter Vertreter des linken Flügels der Partei, meinte. Die führenden Kreise der USA strebten „die Fähigkeit zum Erstschlag an. Sie planen offensive Atomkriegsstrategien...." In diesem Kalkül würden die Westeuropäer, obwohl sie Verbündete seien, zu Schachfiguren, die man im höheren Interesse der eigenen Kalkulation opfern könne. Dies bedeute, dass „das Risiko der Vernichtung Europas entweder planvoll in diesem Ansatz eingegangen ist oder jedenfalls billigend in Kauf genommen wird." Das sei auch der „Grund dafür, daß die Stationierung (amerikanischer Mittelstreckenraketen) gegen allen Widerstand, auch der Mehrheit der Bevölkerung, durchgesetzt werden soll". Eine kühne Behauptung, hatte doch Helmut Kohl die Bundestagswahl ein halbes Jahr zuvor – nicht zuletzt auch wegen seines

AUF ABWEGEN: KÖLNER PARTEITAG 1983

unmissverständlichen Festhaltens am NATO-Doppelbeschluss – klar für sich entschieden.

„Angst vor Freunden"

Die im November 1980 neu ins Amt gewählte Regierung unter Ronald Reagan hatte allerdings die ohnehin rational kaum noch zu bewältigende Diskussion in Deutschland mit einer martialischen und teilweise unverantwortlichen Rhetorik vor allem ihres Verteidigungsministers Caspar Weinberger und einer Reihe seiner Berater noch zusätzlich angeheizt. Reagan selbst sprach von der Sowjetunion als dem „Reich des Bösen", das es niederzukämpfen gelte. Von Entspannung war wenig, viel dagegen von zusätzlichen Rüstungsanstrengungen der USA die Rede. Anderseits hatte Reagan von Anfang seiner Regierungszeit an, den Sowjets Verhandlungen über die Begrenzung, die Verringerung, ja selbst die Abschaffung von Nuklearwaffensystemen angeboten.

Diese Angebote Reagans wurden jedoch weder in Moskau, noch von der Friedensbewegung in Deutschland ernst genommen und als pure Propaganda abgetan. Ein Fehler, wie sich herausstellen sollte. Bekannt, berüchtigt und vielfach zitiert wurde der Artikel der beiden Pentagonberater Colin S. Gray und Keith Payne mit dem Unheil verkündigenden Titel „Victory is possible". Darin wurde ein atomarer Überraschungsangriff der USA als eine „Option" beschrieben, die das Ziel habe, die politisch-militärischen Führungskräfte der Sowjetunion auszuschalten. Die Friedensbewegung nahm solche Plan-

AUF ABWEGEN: KÖLNER PARTEITAG 1983

spiele für bare Münze und übersah geflissentlich alles, was sonst noch die Reagan Regierung von sich gab und welche konkreten Initiativen sie ergriff, um die widerborstigen sowjetischen Generäle von der Ernsthaftigkeit ihrer Abrüstungspolitik zu überzeugen.

Die USA wurden nicht nur in der Friedensbewegung, sondern zunehmend auch in der SPD als die treibende Kraft angesehen, die alles daran setzte, einen Atomkrieg für die USA „gewinnbar" zu machen. So setzte sich auch in der SPD allmählich die Auffassung durch, der NATO-Doppelbeschluss sei in Wahrheit ein Aufrüstungsbeschluss. Von einer sowjetischen Vorrüstung, immerhin waren Anfang der achtziger Jahre bereits 250 SS-20-Raketen mit 750 Gefechtsköpfen in Osteuropa disloziert worden, war jetzt keine Rede mehr. Nicht die vorrüstende Sowjetunion, sondern die um die Wiederherstellung des Gleichgewichts bemühten NATO-Staaten seien das Problem.

„Von Anfang an falsch"

Auf dem Kölner Parteitag wurde dann ein Antrag der Parteilinken zur Abstimmung gestellt, in dem der Parteitag aufgefordert wurde, festzustellen, dass der NATO-Doppelbeschluss von Anfang an falsch und seine Gefährlichkeit erkennbar gewesen sei. Es habe „niemals eine Legitimation für ihn ... gegeben". Die Machtinteressen der USA und die militärstrategischen Optionen derjenigen Kräfte, die auf Rüstungsexpansion und schließlich auf einen gewinnbaren Atomkrieg hinaus wollen, seien so

Auf Abwegen: Kölner Parteitag 1983

stark, „daß sie die endliche Durchführung der Nachrüstung zumindest sehr wahrscheinlich machen." Von diesem Konfrontationskurs der USA müsse Westeuropa sich aber in seinem eigenen Interesse abkoppeln.

Pulverdampf von Weimar

Die Kohl-Regierung betreibe eine Politik der „Willfährigkeit und des Souveränitätsverzichts", sie spiele sogar eine „aktive Rolle in der Eskalationsstrategie der USA, ja sie fordere diese zu noch mehr Härte heraus. „Es sei unverkennbar", so der Delegierte Professor Klaus Fritzsche, „dass sie (die Kohl-Regierung) damit gegen unsere Lebensinteressen und gegen den Verfassungsauftrag der Bundesregierung handle, zum Wohle des deutschen Volkes zu arbeiten und Schaden von ihm zu wenden." Wie andere in der Partei zuvor spielte Fritzsche hier auf Artikel 20 Abs. 4 Grundgesetz an, nach dem allen Deutschen das Recht auf Widerstand eingeräumt wird, wenn andere Abhilfe nicht möglich ist. Von Generalstreik war in der öffentlichen Debatte hier und da schon die Rede. Der Pulverdampf von Weimar ging durch die Kölner Messehallen... Der Parteitag folgte jedoch dem Antrag der Parteilinken, den NATO-Doppelbeschluss von Anfang an als falsch und gefährlich einzustufen, nicht, seine Annahme hätte die große Mehrheit der Parteiführung, den Parteivorsitzenden Willy Brandt selbst und insbesondere auch den neuen Fraktionsvorsitzenden Hans-Jochen Vogel, beschädigt, die ja jahrelang den NATO-Doppelbeschluss gut geheißen und Schmidt unterstützt hatten.

Auf Abwegen: Kölner Parteitag 1983

Die neue Beschlusslage

Soweit und so eindeutig wie die Parteilinke wollte die Mehrheit der Partei in dem vom Parteivorstand vorgeschlagenen Leitantrag mit dem Titel „Frieden und Sicherheit" nicht gehen. Der Text ist für Außenstehende nur schwer zu entziffern, er bedarf schon sorgfältiger Exegese, um den wahren Sinn zu erkennen. Und selbst dann noch bleiben Ungereimtheiten und Widersprüche, Unklarheiten. Schmidts „persönlicher Einsatz" beim Zustandekommen des „NATO-Doppelbeschlusses" und der „Genfer Abrüstungsverhandlungen" wird in dem Leitantrag ausdrücklich gewürdigt. Die Beschlüsse von Berlin 1979, München 1982 und Dortmund 1983, in denen die Partei Schmidt noch gefolgt war, wurden bekräftigt. Der Kölner Leitantrag stände, so hieß es, „in der Kontinuität der vorausgegangenen Parteitage". Doch das stimmte nur insofern, als die Partei sich vorbehalten hatte, über die Stationierung im Lichte der Verhandlungsergebnisse zu entscheiden. Sachlich, in Wortlaut und Geiste des „NATO-Doppelbeschlusses", stimmte das nicht.

Der entscheidende Satz des Leitantrags „Die SPD lehnt die Stationierung von neuen amerikanischen Mittelstreckenraketen auf dem Boden der Bundesrepublik ab" war sachlich unbegründet. Der Nato Beschluss von 1979 sah die Stationierung der eurostrategischen Mittelstreckenraketen Pershing II und Cruise Missile vor, sollte es bis Ende des Jahres 1983 nicht gelingen, die sowjetische Führung zum Einlenken d. h. zum substantiellen Abbau ihrer atomaren Überrüstung in Europa, zu bewegen.

Auf Abwegen: Kölner Parteitag 1983

Genau das war aber bis Ende 1983 nicht gelungen. Die sowjetische Führung dachte gar nicht daran, ihren Rüstungsvorsprung auf dem Verhandlungsweg aufzugeben. So war absehbar, dass der erste Teil, der Verhandlungsteil, des Doppelbeschlusses am sowjetischen Widerstand scheitern würde. Ernstzunehmende Verhandlungen kamen überhaupt erst Mitte 1982 in Gang. Der inoffizielle Kompromiss, den die beiden Unterhändler Paul Nitze auf amerikanischer und Julij Kwizinski auf sowjetischer Seite auf dem berühmten „Waldspaziergang" im Juni 1982 erzielt hatten, wurde von den Führungen beider Seiten abgelehnt.

Zu neuen Ufern

Wenn man Geist und Wortlaut des NATO-Doppelbeschlusses weiter ernst nehmen wollte, stand die Dislozierung der Pershing II in Deutschland Ende des Jahres 1983 auf der Tagesordnung. Doch genau das wollte die SPD im November 1983 nicht mehr. Für sie war der NATO-Doppelbeschluss gescheitert, weil es auf dem Verhandlungswege nicht gelungen war, die Sowjets zu einem Abbau ihrer SS-20-Raketen und Backfire Bomber zu bewegen. Das war eine falsche, weil einseitige Neuinterpretation des NATO-Beschlusses. Glaubwürdige Verteidigung, unter Umständen auch eine Nachrüstung und damit die Herstellung des militärischen Gleichgewichts waren offensichtlich für viele in der Partei nicht mehr ausschlaggebend. „In den nächsten Jahren", so hatte der Kölner Delegierte Konrad Gilges auf dem Kölner Parteitag gesagt, „geht es darum zu überlegen, ob es eine alter-

AUF ABWEGEN: KÖLNER PARTEITAG 1983

native Strategie gibt, zu dem, was heute NATO-Strategie ist. Der Harmel-Bericht – Helmut Schmidt hat das noch einmal gesagt – enthält zwei Aspekte: einmal den Aspekt der Verteidigung und der Aufrüstung sowie andererseits den Aspekt des Dialogs und der Rüstungskontrolle. Wir müssen runter von dem ersten Aspekt, von dem Aspekt der Aufrüstung. Für uns kann bei der Entwicklung neuer Strategien nur der Aspekt des Dialogs und der Rüstungskontrolle in Frage kommen."

Hier wurden vollkommen neue Töne angestimmt, die in der Partei immer populärer wurden und die sicherheitspolitische Konzeption der SPD von Grund auf erneuern würde. Schmidt hielt in Köln dagegen fest: „Ich halte in klarer Erkenntnis von Versäumnissen beider Großmächte am Doppelbeschluss vom Dezember 1979 auch heute fest, nicht weil ich dessen angeblicher Erfinder oder Vater wäre, nicht nur weil ich selbst auf die unlösbare Verbindung der beiden Elemente hingewirkt habe, sondern weil ich darin unverändert ein wirkungsvolles Instrument zur Herstellung des Gleichgewichts durch Begrenzung und zum schrittweisen Abbau von eurostrategischen Nuklearwaffen sehe." Schließlich beschwor er die Delegierten: „Ich fand am 1. Oktober vorigen Jahres große Zustimmung, als ich im Bundestag mein letztes Wort von Amts wegen sagte: „Jedermann darf und jedermann muß mit unserer Stetigkeit rechnen." Ich habe meine Meinung nicht geändert." Die übergroße Mehrheit der Parteitagsdelegierten hatte allerdings ihre Meinung verändert.

AUF ABWEGEN: KÖLNER PARTEITAG 1983

Das Kölner Tribunal

So rechneten die Sozialdemokraten in einem mehrstündigen Tribunal mit dem „NATO-Doppelbeschluss" ab, den Bundeskanzler Helmut Schmidt maßgeblich herbeigeführt hatte und den er auch Ende 1983 immer noch für richtig hielt. Helmut Schmidt stand mit wenigen Getreuen allein auf weiter Flur. Ganze 14 von knapp 400 Delegierten hielten ihm die Treue, darunter Hans Apel, Finanz- und Verteidigungsminister, Hans-Jürgen Wischnewski, Staatsminister im Bundeskanzleramt und im Außenministerium, Generalsekretär und Schatzmeister der Partei, Annemarie Renger, Bundestags-Vize-Präsidentin, Bundesbauminister Dieter Haack, der Parlamentarische Staatssekretär im Bundesverteidigungsministerium Willfried Penner, Parlamentarischer Staatssekretär im Bundesjustizministerium Hans de With oder der Parlamentarische Staatssekretär im Bundesforschungsministerium Erwin Stahl. In der SPD-Bundestagsfraktion fand Schmidt mehr Unterstützung, aber ihr neuer Chef, Hans-Jochen Vogel, sah sich nach dem Parteitag außerstande, das Rad noch einmal zu wenden, wenn er es überhaupt noch angestrebt hatte. So boxte er denn auch ein Nein der Fraktion zur Stationierung durch. Zwei Tage nach Köln verabschiedete der Deutsche Bundestag mit großer Mehrheit einen Antrag, der die anstehende Stationierung der 102 Pershing II Raketen und die 96 Marschflugkörper in der Bundesrepublik begrüßte. Kohl dankte ausdrücklich seinem Vorgänger, Helmut Schmidt, für dessen Standhaftigkeit. Die SPD und die „Grünen" stimmten dagegen.

AUF ABWEGEN: KÖLNER PARTEITAG 1983

Ende einer Dienstfahrt

Jeder der anwesenden Delegierten in Köln wusste, natürlich auch der Parteivorsitzende, die Mitglieder des Parteipräsidiums und des Parteivorstands, dass sie mit ihrer Entscheidung gegen den „NATO-Doppelbeschlusses" auch eine personalpolitische Entscheidung treffen würden. Schmidt hatte deutlich gemacht, dass ein Nein der Partei zu seiner Sicherheitspolitik auch ein Nein zu seiner Person beinhaltete. Niemandem in Köln war dies verborgen geblieben. Dennoch schickten weit über 95 Prozent der anwesenden Delegierten den erfolgreichsten und populärsten sozialdemokratischen Bundeskanzler der Nachkriegszeit in die Wüste, eine Entscheidung, die nicht nur außenstehende Beobachter verblüffte, sondern auch für die Mitglieder der SPD nur schwer nachzuvollziehen war. Immerhin hatte die gesamte Parteiführung kurz nach Kohls Machtübernahme am 1. Oktober 1982 vergeblich versucht, Schmidt als Kandidaten zur Bundestagswahl am 6. März 1983 zu gewinnen. Ein durchsichtiges und auch unredliches Manöver, wie der Kölner Parteitag unter Beweis stellte. Zudem kein Beitrag zu der in den vergangenen Jahren so arg gebeutelten Glaubwürdigkeit der Partei und ihrer Führung.

Solidarisch und altersmilde

Schmidt hatte nach seinem Abgang aus der aktiven Politik alles getan, um die Verbindung zur seiner SPD nicht abreißen zu lassen. Er blieb Mitglied der Partei, mischte sich in die inneren Angelegenheiten der Partei nicht mehr ein. Er gab Rat, wenn er gefragt wurde. Das war in den ersten Jahren nach dem Kölner Parteitag eher selten der Fall.

Schmidt hat zwischenzeitlich Frieden mit seiner Partei geschlossen, auch mit seinen Gegnern, auch denjenigen, die - wie Willy Brandt – ihn bitter enttäuscht hatten. Solange er im Amt war, hatte Schmidt es seiner Partei nie leicht gemacht. Er machte Politik der Sache wegen, die er für richtig fand, für das Wohl des Landes, dem er diente, für die Sicherheit seiner Bürger. Parteien, auch seine eigene Partei, hatten sich diesem Verständnis von Politik unterzuordnen. Dieser Haltung verdankt Schmidt das besondere, ja einzigartige Ansehen, dass er national wie international genießt. Schmidt ist eine Institution – heute noch. Selbst mit über neunzig Jahren und mehr als dreißig Jahren nach seinem Ausscheiden aus der Politik gilt Schmidt als politisch moralische Autorität, auf die Menschen hören und vertrauen.

Kopflos in die neue Zeit

Spätestens nach dem Kölner Parteitag 1983 verstand sich die SPD – jetzt ganz offiziell – als Teil der neuen deutschen Friedensbewegung, so wie es Erhard Eppler und Oskar Lafontaine, die treibenden Kräfte gegen Schmidts Politik, seit Jahren propagiert hatten. Das war im Übrigen eine Bewertung, der sich der Parteivorsitzende Willy Brandt und zuletzt auch der neu ins Amt gewählte Fraktionsvorsitzende Hans-Jochen Vogel anschlossen.

Auf Abwegen: Kölner Parteitag 1983

Die Parteiführung fragte sich allerdings nicht, welchen Eindruck es auf die „jungen Leute" machte, wenn die SPD sich so spät, so zögerlich, so halbherzig mit so vielen „Wenns und Abers" der „Bewegung" anschloss. Sie hätte sich auch fragen können, welchen Sinn es eigentlich machte, sich in die Phalanx der „Friedensbewegten" zu einem Zeitpunkt einzureihen, an dem die Partei – weil ohne Macht und wenig Einfluss – schon „weg vom Fenster", uninteressant geworden war.

Die Partei lief zudem einer Bewegung hinterher, von der abzusehen war, dass sie ihren Zenit überschritten hatte und bereits mächtig in Auflösung begriffen war. Eppler und Lafontaine sahen dagegen in der deutschen Politik schon eine neue starke Achse von Arbeiterbewegung und Friedensbewegung entstehen und die SPD mittendrin als Transmissionsriemen. Alles Träume, Phantastereien, wie sich bald nach dem Beginn der Stationierung der Pershing II Ende 1983 herausstellte. Die Friedensbewegung verlor schnell an Schwungkraft, „Massen" konnte sie nicht mehr mobilisieren. Die „Kader" der Friedensbewegung, unter ihnen ein buntes Sammelsurium an Überzeugungstätern mit unterschiedlichsten Überzeugungen und Ideologien, zerfielen, ihre Protagonisten kehrten zu den alten Glaubenskämpfen zurück. Die SPD hätte es eigentlich wissen müssen: Aus einer spontan entstandenen Massenbewegung, wie es die Friedensbewegung Ende der siebziger Jahren war, mit ihrer heterogen, losen Organisationsstruktur entsteht keine zuverlässige politische Kraft, von der erhofften Unterstützung, die sich am Wahltag in Stimmen und Mandaten auszahlt, ganz zu schweigen.

Auf Abwegen: Kölner Parteitag 1983

Die neue Kraft

Der Kölner Parteitag sollte für die SPD langfristige Folgen haben, an denen sie heute noch knabbert. Am 6. März 1983 zog eine „neue Kraft" in den Deutschen Bundestag ein, die ohne die Jahre währende emotionsgeladene Auseinandersetzung um den NATO-Doppelbeschluss vermutlich eine Sekte geblieben wäre. Die Beschlüsse des Kölner Parteitages machten im Nachhinein das „grüne Anliegen" respektabel und seriös – hatte die „neue Kraft" nicht auch in Köln Recht bekommen? Die „alte Tante SPD" wurden von den jungen Hüpfern in die richtigen Bahnen gelenkt, so schien es vielen Beobachtern seither. Mit der Übernahme immer mehr „grüner" Themen verloren die Sozialdemokraten Zug um Zug ihre eigene Identität.

Bewegung und Bewegte

Im Rückblick hat der „Kampf der Friedensbewegung" gegen den NATO-Doppelbeschluss etwas anrührend Naives, Provinzielles, ja Hinterwäldlerisches an sich. Er war eine deutsche Besonderheit. Nirgendwo sonst in Europa wurde derart emotional, angstversessen und zugleich so radikal, so „grundsätzlich" diskutiert wie in der Bundesrepublik. Für viele war die Bergpredigt – zur Freude der vielen Pfarrer – zum Handlungsleitfaden deutscher Sicherheitspolitik am Beginn der achtziger Jahre geworden. Es gab nur ein Dafür und Dagegen, ein Für oder Gegen den NATO-Doppelbeschluss. Das lag nicht nur daran, dass vornehmlich Deutschland als Stationierungsland

Auf Abwegen: Kölner Parteitag 1983

der neuen amerikanischen atomaren Mittelstreckenraketen auserkoren war.

Es schien so, als ob sich eine Generation junger Deutscher jetzt erst richtig bewusst geworden war, dass es ihr Land, das besiegte, besetzte, mit eingeschränkter Souveränität ausgestattete Deutschland war, das im Machtpoker der beiden Supermächte als Schlachtfeld eines atomaren Schlagabtauschs vorgesehen war. Doch Deutschland war dies schon längst vor dem NATO-Doppelbeschluss gewesen und war es auch noch danach – bis zum Ende des Kalten Krieges 1991. Nur für viele Junge war dieses Bewusstwerden Anfang der achtziger Jahre ein Schock, der Angst und Hilflosigkeit hinterließ. Beides schlechte Ratgeber in einer Zeit höchster Anspannung, als die sowjetische Führung ein wachsendes Arsenal eurostrategischer Nuklearwaffen stationierte, das Westeuropa hätte vollständig zerstören können; es war die Zeit, als die Sowjetunion weltweit ihre Machtbasis zu erweitern und ihren Einfluss – in Asien, Afrika, in der arabischen Welt, in Lateinamerika – durchzusetzen suchte, als sie Afghanistan militärisch besetzte und in Polen zu intervenieren drohte.

Die Entspannungspolitik, das Kern- und Glanzstück sozialliberaler Außenpolitik, lag in Scherben, als die Auseinandersetzung um den NATO-Doppelbeschluss ihren Höhepunkt erreichte. Die Angst und Hilflosigkeit der Jungen wurde durch die Orientierungslosigkeit der größeren Regierungspartei, der SPD, noch verstärkt. Statt Kurshalten und Führung in turbulenten Zeiten war Anpassung an hochgepeitschte Emotionen angesagt, statt Un-

AUF ABWEGEN: KÖLNER PARTEITAG 1983

terstützung für ihren in Bedrängnis geratenen Kanzler Abseilen und wachsende Distanz. Während Bundeskanzler Helmut Schmidt versuchte, Entspannungspolitik und die Politik glaubwürdiger Abschreckung, beides Fundament erfolgreicher Friedenssicherung in Europa, zu retten, driftete seine eigene Partei immer weiter ab. Sie verstand sich als Teil der Friedensbewegung, die die Politik des sozialdemokratischen Kanzlers rundheraus ablehnte. Damit stand jedoch das Fundament des westlichen Bündnisses in Frage. Und nicht nur das. Die Regierungsfähigkeit der SPD war nicht mehr länger gewährleistet. Die sich abzeichnende neue Mehrheit in der Partei ging dieses Risiko auch bewusst ein. Die Kanzlerschaft Schmidts hatte sie schon abgehakt. Eine neue Politik war im Entstehen, die die Grundprinzipien der bisherigen Sicherheitspolitik verwarf, ein Austritt Deutschlands aus der NATO wurde von den Chefplanern der neuen Mehrheit avisiert und war aus ihrer Sicht nur konsequent.

KÖLN UND DIE FOLGEN

Das Jahr 1983 wurde für die SPD das Jahr der Ernüchterung. Am 6. März ging die Bundestagswahl verloren. Die Hoffnung, mit einem „Raketenwahlkampf" die Mehrheit der Wählerinnen und Wähler auf ihre Seite zu ziehen, wurde bitter enttäuscht. Kohl und Genscher siegten trotz ihres klaren Bekenntnisses zum NATO-Doppelbeschluss mit deutlichem Vorsprung. Der Nachrüstung stand jetzt nichts mehr im Wege. Eine

AUF ABWEGEN: KÖLNER PARTEITAG 1983

neue „linke" Partei zog in den Deutschen Bundestag ein, die mit ihren unorthodox frechen Aktionen schnell zum Liebling der linken Meinungsmacher wurde. Der Kölner Parteitag hatte schon längst nicht mehr die Aufmerksamkeit erregt, wie die Bundesparteitage zuvor. Das kam nicht überraschend. Die Beschlüsse, die in Köln gefasst wurden, waren vorsehbar und für den weiteren Verlauf der bundesdeutschen Politik ohne Belang.

Ende 1983 begann in Deutschland die Stationierung der 102 Pershing II Raketen. Der Kampf gegen die US-Raketen war verloren. Die Friedensbewegung, die während der letzten Jahre von Schmidts Regierungszeit Hunderttausende auf die Straßen gebracht hatte, zerfiel rasch. Von dem neuen gesellschaftlichen Bündnis, in das die SPD sich schließlich meinte einordnen zu müssen, blieb nicht viel übrig. Die „Helden" der Bewegung, die die Schlagzeilen über Jahre beherrscht hatten, verschwanden von den Bildschirmen. Der Sturz der Partei war tief und unvermeidlich. Die Stimmung Ende des Jahres düster, deprimierend. Die Regierungsmacht war weg, die politische Deutungshoheit verschob sich zu den „Grünen", die öffentlichen Debatten gingen an der SPD immer häufiger vorbei, der nach wie vor populärste Sozialdemokrat, auf den die SPD meinte verzichten zu können, zog sich ins Privatleben zurück. Man hätte also annehmen können, dass es hohe Zeit und genügend Anlässe gab, selbstkritisch auf die vergangenen Jahre zurückzuschauen.

AUF ABWEGEN: KÖLNER PARTEITAG 1983

Von Selbstkritik keine Spur

Doch von selbstkritischer Reflexion war die SPD weit entfernt. Im Gegenteil: Sie fühlte sich nach wie vor auf dem richtigen Weg, dem Weg, den sie mit der Aufkündigung des NATO-Doppelbeschlusses beschritten hatte. Dabei war der Versuch, die Bundestagswahl vom 6. März 1983 zum Plebiszit gegen die Nachrüstung umzufunktionieren, rundherum gescheitert. Trotzdem sprach die Parteiführung davon, dass die Kohl-Regierung in der Nachrüstungsfrage keine Mehrheit „im Volk" habe – ein bedenkliches Zeichen von Realitätsverlust. Die Unterscheidung von „politischer Mehrheit", die die unterlegene SPD (wie auch die „Grünen") nach wie vor für sich reklamierte, und „numerischer Mehrheit", wie sie sich im Wahlergebnis vom 6. März ausgedrückt hatte, war für die demokratische Kultur im Lande höchst problematisch, für eine Partei vom Schlage der SPD geradezu peinlich. Hier deutete sich ein neues Politikverständnis an, das in den nachfolgenden Jahren stilbildend werden sollte. Die Macht im Staat schien nicht mehr allein vom Volke auszugehen, wie es sich in freien Wahlen ausgedrückt, sondern von Meinungsumfragen, Meinungsmachern in den Medien, Stimmungen, die zuvor von allerlei Experten, Kennern, Gurus erzeugt worden waren. Es sollte nicht das einzige bedenkliche Zeichen bleiben.

„Mehrheit diesseits der Union"

Mit dem Einzug der „Grünen" in die Parlamente ergaben sich für die Parteiführung neue Optionen, ein Weg

Auf Abwegen: Kölner Parteitag 1983

zu einer neuen Mehrheit „diesseits der Union", wie Willy Brandt die Öffnung zu den „Grünen" umschrieb. Anders als heute war das Anfang der achtziger Jahre jedoch eine gefährliche Option für eine Partei, die bislang fest auf dem Boden der Industriegesellschaft stand, die das NATO Bündnis mehrheitlich nicht in Frage gestellt und die einen Energiemix unter Einschluss der Atomenergie befürwortet hatte.

Die „Grünen" waren eine black box-Partei. Niemand konnte wissen, auf was er sich einlassen würde, wenn er sich auf sie einließ. Verlässlichkeit, Berechenbarkeit, Glaubwürdigkeit konnte von den „Grünen" nicht erwartet werden. Es war ein bunter Haufen, der jetzt in den Parlamenten Platz nahm, in dem Anarchisten, Kommunisten, frustrierte Sozialdemokraten, enttäuschte Gewerkschafter, Libertäre wie die berüchtigten „Stadtindianer", allerlei Sektierer, aber auch ehemalige Rechtsradikale, ja selbst Ex-Nazis ein neues Zuhause fanden. Nur wenige Themen schweißten die Partei zusammen: raus aus der NATO, raus aus der Atomenergie, raus aus der Industriegesellschaft, die, wie man meinte, die „natürlichen Grundlagen des Menschen" ruinierte, wie es das seinerzeit grassierende „Waldsterben" eindrucksvoll zu unterstreichen schien. So sehr sie sich als politische Organisation plural, tolerant und chaotisch gab, sie verstand sich schließlich als Antiparteien-Partei, zeigte die grüne Partei in Sachfragen einen bis dahin unbekannten kompromisslosen Rigorismus, der auch fanatische Züge annehmen konnte. Sorgfältiges Abwägen, Lösungen auf dem Kompromisswege zu finden, war nicht ihre Sache. Manch einem der Genossen wurde bei Brandts Annäherungspolitik an die „Grünen" angst und bange. Doch ihre Zahl sollte bald abnehmen.

Brandts Enkelei

Die „Schmidt-Leute" wurden nach Schmidts Sturz im Oktober 1982 entweder sofort entsorgt – sie verloren ihre Wahlkreise oder erhielten keine aussichtsreichen Listenplätze bei der Bundestagswahl mehr – oder sie wurden nach einer Anstandsfrist abserviert. Brandt hatte personalpolitisch vorgesorgt. Schon während des innerparteilichen Machtkampfs hatte er eindeutig Partei ergriffen. Es waren die jungen, aufstrebenden Nachwuchskräfte – Oskar Lafontaine, Gerhard Schröder, Björn Engholm, Heidemarie Wieczorek-Zeul oder Rudolf Scharping -, die sich in der kritischen Auseinandersetzung mit Schmidts Politik besonders hervorgetan hatten, die er hofierte und ihnen „Gesicht gab". Seinem „Lieblingsenkel" Oskar Lafontaine war Brandt ganz besonders zugetan. Dem saarländischen Kommunalpolitiker gelang unter Brandts Protektion der Durchstieg zum „Weltpolitiker", der wie kein zweiter die Zukunft der SPD zu repräsentieren schien. Mit Brandts „Enkel" – Diskussion wurde eine ganze Führungsreserve der SPD, die für eine Fortsetzung einer pragmatischen Politik im Sinne Helmut Schmidt hätte bereitstehen können, vorzeitig weggeräumt. Sie hatte zudem den unwiderstehlichen Charme, dass „Großvater" Brandt in der Partei für Jahre unangefochten blieb und die Fäden fest in der Hand behielt. Nicht nur programmatisch, sondern auch personell brachte der Kölner Parteitag eine Verschiebung der politischen Koordinaten.

Auf Abwegen: Kölner Parteitag 1983

Aus der linken Minderheit der siebziger wurde die neue Mehrheit der achtziger Jahre, die seither den Takt schlägt. Die Parteirechte, die Schmidt bis zum bitteren Ende seiner Regierungszeit die Treue gehalten hatte, war nur noch ein Schatten vergangener Tage.

Fehleinschätzungen

Die Partei lag mit ihren Prognosen, die der Kölner Beschlussfassung zu Grunde lagen, falsch. Nach dem Beginn der Stationierung der Pershing II und der Marschflugkörper in Europa sortierte sich die sowjetische Führung erstaunlich schnell neu. Der Abbruch der Genfer Abrüstungsverhandlungen blieb eine kurze Episode. Entgegen den Erwartungen der SPD wurden Verhandlungen zwischen den Supermächten bald wieder aufgenommen. Von einer neuen Eiszeit in den Beziehungen von Ost und West konnte keine Rede sein.

Der NATO-Doppelbeschluss war somit alles andere als gescheitert, wie die Wortführer einer Ablehnung in Köln behauptet hatten. Beide Teile hatten nach wie vor ihre Gültigkeit. Die sowjetische Führung streckte nach wenigen Wochen des Schweigens und Neuorientierens ihre Fühler wieder in Richtung USA aus. Sie bilanzierte kühl, dass sie den „Raketenpoker" verloren hatte, weil das westliche Bündnis an seinen Beschlüssen festgehalten hatte und jetzt amerikanische Mittelstreckenraketen in Deutschland, Großbritannien, Italien, Belgien und den Niederlanden dislozierte. Das „unverzeihliche Abenteuer, begangen unter dem Druck des militärisch-industriellen

Auf Abwegen: Kölner Parteitag 1983

Komplexes", wie sich Gorbatschow später erinnern sollte, war gescheitert. Die Hoffnung auf die „Friedenskämpfer im Westen", die die Nachrüstung der NATO schon verhindern würden, entsprang „reichlich naiven Gedankengängen", wie Gorbatschow im nach hinein urteilte. Verhandlungen wurden wiederaufgenommen zunächst über vertrauensbildende Maßnahmen zwischen den beiden Blöcken, dann auch über die Begrenzung strategischer Interkontinentalwaffen, konventioneller Rüstungen, einschließlich der eurostrategischen Mittelstreckenwaffen.

Auch die von den Sozialdemokraten befürchtete „Eiszeit" zwischen den beiden deutschen Staaten, die nach dem Urteil der SPD mit dem Stationierungsbeginn von Pershing II und Marschflugkörper einsetzen würde, fiel aus. Auch Ostberlin ging bald wieder zur Tagesordnung über, so als hätte es die starken Sprüche Honeckers gegen die Kriegstreiber diesseits und jenseits des Atlantiks nie gegeben. Was kümmerte ihn das dumme Geschwätz von gestern. Nur die SPD hatte es für bare Münze genommen. Auch die schwarz-gelbe Bundesregierung tat alles, um der DDR-Führung einen Gesichtsverlust zu ersparen. Kohl hielt die Einladung an Erich Honecker, die sein Vorgänger ausgesprochen hatte, aufrecht und Honecker willigte ein. Ostberlin bat zudem die Kohl-Regierung – vermittelt durch Franz-Josef Strauß, den „berühmtesten Antikommunisten" Deutschlands – um eine Bürgschaft für einen Milliardenkredit, der die DDR vor dem Staatsbankrott retten sollte. Kohl kam der Bitte nach. Von Eiszeit zwischen den beiden deutschen Staaten also weit und breit keine Spur. Die SPD machte gute Miene und redete sich ein, sie würde aufgrund ihrer „exzellenten" Kontak-

Auf Abwegen: Kölner Parteitag 1983

te nach Moskau und nach Ostberlin der Regierung den richtigen Weg weisen können.

Die neue sicherheitspolitische Konzeption

Auf dem Kölner Parteitag wurden die Konturen einer neuen Sicherheitspolitik erkennbar, die die Partei bis Ende der achtziger Jahre leiten sollte. Sie nannte sie im Anschluss an Egon Bahr „Sicherheitspartnerschaft", die ihr Pendant in der „Verantwortungsgemeinschaft" der beiden deutschen Staaten finden sollte. Merkwürdigerweise übersah die Partei, dass die andere Seite, die SED, mit der sie diese „Verantwortungsgemeinschaft" verabreden wollte, gar kein echter Verhandlungspartner war und sein konnte. Was konnten denn beide Seiten „gemeinsam verantworten", wenn der eigentliche, der alles entscheidende Partner in Moskau saß und am Verhandlungstisch gar nicht Platz nahm.

Was konnte denn die SPD „gemeinsam verantworten", die in Bonn die harten Bänke der Opposition drückte. Tat sich die ehemalige Regierungspartei, die offensichtlich an ihrem eigenen Bedeutungsverlust litt, nur wichtig? Überschätzte sie sich nicht mit ihrer „Nebenaußenpolitik" und bestand nicht die Gefahr, dass sie sich unseriös machte? Und konnte die SED mit den „Vereinbarungen", die sie mit der SPD schloss, mehr als nur einen Propagandacoup landen, der im besten Fall die Kohl-Regierung ein wenig unter den öffentlichen Druck der ohnehin regierungsunfreundlichen Presse setzen konnte? Und der war nicht groß.

Auf Abwegen: Kölner Parteitag 1983

Über „Sicherheitspartnerschaft" hatten Sozialdemokraten auch schon vor dem Kölner Parteitag gesprochen. Alle Vereinbarungen, die die beiden Supermächte über die Begrenzung oder die Verringerung militärischer Systeme schlossen, waren im Grunde Ausdruck einer solchen Partnerschaft. Mit den Beschlüssen des Kölner Parteitags wurde dem Begriff „Sicherheitspartnerschaft" aber eine neue Bedeutung beigelegt.

Die Ablehnung des NATO-Doppelbeschlusses wurde ja auch als eine Absage an die „doppelte Sicherheitsphilosophie" des Bündnisses – die Verschränkung von Abschreckung und Entspannung – verstanden. Der Entspannung wurde in der SPD jetzt eine klare Priorität eingeräumt. Der Verteidigung, der Aufrechterhaltung des militärischen Gleichgewichts, notfalls auch der Modernisierung des militärischen Potentials kam eine nachrangige, untergeordnete Rolle zu. Die Partei hatte auf dem Kölner Parteitag ja klar gemacht, dass sie vornehmlich in Abrüstungsverhandlungen mit der sowjetischen Seite die Grundlage ihrer neuen Sicherheitspolitik sah.

Es sei schließlich genug aufgerüstet worden. Ein mehr an Rüstung bringe keine zusätzliche Sicherheit. Sicherheit könne es nur gemeinsam geben. Einseitige Abrüstungsschritte wurden deshalb auch nicht ausgeschlossen. Es kam nicht überraschend, dass die sowjetische Führung auf die sozialdemokratischen Gesprächsangebote achselzuckend hinweg ging. Die deutschen Genossen in Ostberlin sollten sich kümmern. Das musste reichen.

Es lag auf der Hand, dass die neue Konzeption die westlichen Verbündeten irritieren musste. Die SPD iso-

Auf Abwegen: Kölner Parteitag 1983

lierte sich national wie international immer weiter. Schlimmer war: Ein neuer deutscher „Sonderweg" deutete sich an, den alle Bundesregierungen zuvor stets vermieden, gescheut, ja verurteilt hatten.

Auch wenn es von der Partei- und Fraktionsspitze wortreich geleugnet wurde, die SPD war unter ihrem neuen tonangebenden Führungspersonal auf einem Weg unterwegs, der gleichen Abstand („Äquidistanz") zwischen den beiden Supermächten zu halten versuchte, ein Weg zwischen den Blöcken. Die Ältereren, die Erfahrenen, die Experten in der Partei warnten vor diesem Weg ins Abseits, den die SPD im Anschluss an den Kölner Parteitag eingeschlagen hatte.

Im Abseits

Viele Funktionäre sahen zwischenzeitlich in den USA, vor allem seit dem Regierungswechsel zu Ronald Reagan im November 1980, den eigentlichen Störenfried in der Weltpolitik. Nicht wenige, selbst in den höheren Etagen der Partei, unterstellten der Reagan-Regierung, dass sie einen Atomkrieg zu riskieren bereit war. Deshalb war es nur konsequent, das von den USA geführte und dominierte NATO-Bündnis zu verlassen.

Es war offensichtlich: Die neuen führenden Köpfe der Partei, die den Bruch mit der bisherigen Sicherheitspolitik der Partei herbeigeführt hatten, sahen die Zukunft der Bundesrepublik außerhalb des NATO-Bündnisses. Seit Köln bewegte sich die SPD aus dem NATO-Bündnis heraus, versuchte einen eigenen Weg zum Frie-

Auf Abwegen: Kölner Parteitag 1983

den zu gehen zusammen mit denjenigen, die diesen Weg auch zu gehen bereit waren, im Westen wie im Osten. Angesichts der realen Lage ein traumwandlerisches Unterfangen.

Die Zahl derjenigen, die dabei der SPD zu folgen bereit war, hielt sich dann doch in sehr engen Grenzen, nicht nur in der Bundesrepublik: die zuvor so mächtig und einflussreich erscheinende Friedensbewegung war nur noch ein Schatten ihrer selbst. Auch bei den europäischen Nachbarn, selbst bei den sozialdemokratischen Parteien Europas fand die SPD kein oder doch nur ein bescheidenes Verständnis. Die französischen Sozialisten waren entsetzt, die Labour Partei blieb skeptisch, die schwedische Arbeiterpartei machte ihr Mut.

„Weltmacht SPD"

Die „Sicherheitspartnerschaft", die die SPD mit den kommunistischen Parteien des Warschauer Paktes einzugehen versuchte, verstörte die Partner im Westen. Eine demokratische Partei, die ohne Mandat, ohne Macht und ohne wirklichen Einfluss ausgestattet mit kommunistischen Staatsparteien Verhandlungen führte, stand im Verdacht, den Boden unter den Füßen zu verlieren. Die SPD gab sich einer beklemmenden Selbsttäuschung hin. Die Seriosität ihrer Politik stand in Frage. Aber auch für die „Partner" im Osten blieb der politische Gewinn, den sie aus den Verhandlungen mit der SPD schlagen konnten, doch sehr bescheiden. Am 14. März 1984 setzten der Vorsitzende der SPD-Bundestagsfraktion, Hans-Jochen

Auf Abwegen: Kölner Parteitag 1983

Vogel, und der SED-Chef und Staatsratsvorsitzende der DDR, Erich Honecker, eine gemeinsame Arbeitsgruppe von Experten beider Parteien ein, die die Schaffung einer chemiewaffenfreien Zone in Europa vorbereiten sollte.

Im Juni 1985 unterzeichneten dann beide Seiten ein entsprechendes „Rahmenabkommen". Drei Monate später, im September 1985, verständigten sich Honecker und der SPD-Parteivorsitzende, Willy Brandt, auf Verhandlungen über einen atomwaffenfreien Korridor in Europa. Im Juni 1986 wurden dann entsprechende Grundsätze von beiden Seiten vereinbart. Die Führung der SED ließ sich erstaunlicherweise auf diese Posse sozialdemokratischer Selbsttäuschung und Selbstüberschätzung ein. Der Versuch als Oppositionspartei Sicherheitspolitik mit der „anderen Seite" an der gewählten Regierung vorbeizumachen, zeigte, wie weit sich die SPD verrannt hatte. Die Verhandlungen mit Ostberlin beruhten auf nicht mehr als reinem Wunschdenken, die Abkommen, die mit der SED zustande gebracht wurden, waren bedeutungslos.

An der Realität vorbei

Dabei tat sich just in diesem Zeitraum in Sachen Abrüstung Erstaunliches. Im Januar 1984 begann in Stockholm die „Konferenz über Sicherheits- und vertrauensbildende Maßnahmen und Abrüstung in Europa", die im September 1986 mit einem Schlussdokument abgeschlossen wurde, das zum ersten Mal detaillierte Vorgaben über Inspektionsbesuche der Signatarstaaten enthielt. Damit war ein Stolperstein auf dem mühsamen

AUF ABWEGEN: KÖLNER PARTEITAG 1983

* Weg zu wirksamen Verifizierungsmaßnahmen beseitigt worden. Im April 1984 – einen Monat, nachdem SED und SPD eine Arbeitsgruppe vereinbarten hatten, welche die Schaffung einer chemiewaffenfreien Zone in Europa vorbereiten sollte – unterbreitete die Reagan-Regierung einen detaillierten Konventionsentwurf für ein umfassendes, weltweites und verifizierbares Verbot, das sich auf die Entwicklung, Produktion, Lagerung, Weitergabe und Anwendung chemischer Waffen erstreckte. Im Juni 1984 signalisierte die sowjetische Führung ihr Interesse an neuen Abrüstungsverhandlungen. Außenminister Gromyko ließ auf der 39. Sitzung der Vollversammlung der Vereinten Nationen im Herbst desselben Jahres erkennen, dass sein Land zu „ernsthaften Verhandlungen" mit den USA über die Verringerung und Abschaffung aller Kernwaffen bereit sei. Auch die Verhandlungen über beiderseitige und ausgewogene Truppenverminderungen in Mitteleuropa wurden im März des Jahres 1984 fortgesetzt.

Die Befürchtung, das wegen der Stationierung amerikanischer Mittelstreckenwaffen, eine neue Eiszeit zwischen den Supermächten einsetzen würde, wie die Gegner des NATO Doppelbeschlusses unentwegt behauptet hatten, war unbegründet. Im Gegenteil: Jetzt als der Westen mit der Nachrüstung begann, war die Sowjetunion zu ernsten Gesprächen bereit. Der NATO-Doppelbeschluss, den die SPD als gescheitert ansah, erwies sich als die erfolgreichste Abrüstungsinitiative der Nachkriegsgeschichte: Wie Schmidt schon 1977 richtig vorausgesehen hatte, zwang die Logik des NATO-Doppelbeschlusses die sowjetische Führung, auf ein Übergewicht bei den eurostrategischen Mittelstreckenwaffen zu verzichten. Die Abschreckungsdoktrin des westlichen Bündnisses hatte sich, wie in den Jahrzehnten zuvor, erneut bewährt.

Der Mantel des Vergessens

Die Ereignisse des Jahres 1989 legten den Mantel des Vergessens und Schweigens über das, was in Köln und danach verhandelt und entschieden worden war. Der „Kalte Krieg" fand ein schnelles Ende, das Sowjetreich verschwand von der Bildfläche, die „Sicherheitspartnerschaft" löste sich in Wohlgefallen auf. Die SPD war mit ihrer unklaren „Ja, aber – Politik" im Vereinigungsprozess an den Rand des Geschehens geraten und hatte dementsprechend andere Sorgen. Sie war – das zeigte die Nominierung des Spitzenkandidaten für die Bundestagswahl am 2. Dezember 1990 – nicht mehr auf der Höhe der Zeit. Sie plumpste auf 33,5 Prozent, das schlechteste Ergebnis seit den fünfziger Jahren.

Was blieb

Solange Helmut Schmidt im Amt war, war die Partei mit großer, die Bundestagsfraktion gar mit überwältigender Mehrheit dem sicherheitspolitischen Kurs des Kanzlers gefolgt – trotz des enormen Drucks, den die Partei von allen Seiten ausgesetzt war. Nach seinem Sturz am 1. Oktober 1982 seilte sich die Partei von Schmidt ab. Jetzt bekannten sich immer mehr auch

Auf Abwegen: Kölner Parteitag 1983

führender Genossen zur Friedensbewegung, die Schmidt jahrelang als einen Militaristen und Erfüllungsgehilfen kriegslüsterner US-Regierungen denunziert hatte.

Besonders undurchsichtig war während der innerparteilichen Konflikte die Haltung des Parteivorsitzenden. Bis zum Ende von Schmidts Kanzlerschaft stand er dem Bundeskanzler zur Seite und unterstützte öffentlich den NATO-Doppelbeschluss, hatte aber gleichzeitig – wie er später bekannte – von Anfang erhebliche Bedenken dagegen und förderte diejenigen in der Partei, die gegen Schmidt anrannten. Es war diese offensichtliche Doppelbödigkeit Willy Brandts, die Schmidt besonders schmerzte. Und nicht nur ihn. Den letzten Rest an Glaubwürdigkeit verlor die Partei dann, als sie für die Bundestagswahl am 6. März 1983 Helmut Schmidt als Gegenkandidaten zu Helmut Kohl ins Rennen schicken wollte, eben denselben Helmut Schmidt, der nie geleugnet hatte, dass er nicht bereit war, vom NATO-Doppelbeschluss abzurücken und den die Partei dann wenige Monate später in die Wüste schickte.

Nach Köln war die Glaubwürdigkeit, die die SPD in langen Jahren der Opponierens und des Regierens errungen hatte, dahin. Das Vertrauen der Menschen in die Zuverlässigkeit und Berechenbarkeit der Partei war zerstört. Tugenden, auf die Schmidt bei seiner Politik immer größten Wert gelegt hatte. Tugenden, mit denen auch ein KZ geführt werden könne, höhnte Lafontaine. Die Menschen sahen das anders. Es brannte sich im kollektiven Bewusstsein der Deutschen der Eindruck fest, dass der Partei nicht mehr getraut werden kann, dass

Auf Abwegen: Kölner Parteitag 1983

Sagen und Handeln auseinandergehen, dass Versprochenes nicht gehalten und völlig Neues, Unbekanntes unangekündigt umgesetzt wird.

Die Partei lieferte seither immer wieder Beispiele, die das eingebrannte Misstrauen der Menschen bestätigen sollten. Deshalb hat die SPD auch dreißig Jahre nach Köln ein Problem, das ihr zu schaffen macht: In Köln verwirtschaftete die SPD das wichtigste Kapital, das eine Partei besitzt, das sie pflegen und hegen muss wie ihren Augapfel, und das ist ihre Glaubwürdigkeit, ihre Zuverlässigkeit, ihre Berechenbarkeit. Daraus entsteht das Vertrauen ihrer Anhänger und Wähler, ohne die keine Partei überleben kann. Beides zu erringen, kostet unheimlich viel Kraft und Zeit, beides zu verlieren, geht im Handumdrehen.

Zeitenwende oder Wendezeiten

NICHTS GELERNT

WENN Hunderttausende Menschen, wie Anfang der achtziger Jahre, gegen die Politik der eigenen Regierung demonstrierten, musste das die Parteiführung alarmieren. Wenn dann noch eine neue Partei, getragen von den neuen Bewegungen, sich anschickte, die Parlamente zu entern, dann hatte sie damit auch ein ganz konkretes Problem.

Wie geht man mit der neuen Partei um? Standhalten, am eigenen Kurs festhalten, der Regierung den Rücken stärken oder sich anpassen und nachtraben? Die Parteiführung hätte die Antwort eigentlich wissen müssen. Demonstrationen mit Hunderttausenden in den Jahren 1981 und 1983 erinnerten in vielerlei Hinsicht an das Jahr 1968, als Zehntausende gegen die „Notstandsgesetze" demonstrierten. Die demokratische Grundordnung der Bundesrepublik, so redeten sich die studentischen Wortführer heiß, stände in Frage, wenn die „Notstandsgesetze" verabschiedet würden. Nicht nur Studenten, auch Intellektuelle, Schriftsteller, Journalisten, die es eigentlich hätten besser wissen müssen, sprachen von den „Notstandsgesetzen" als dem „neuen Ermächtigungsgesetz"– eine durch nichts begründete Unterstellung, und eingebildete Furcht, wie sich bald herausstellte.

Nach der Verabschiedung der „Notstandsgesetze" am 30. Mai 1968 sprach kein Mensch mehr über sie, sie wurden nie angewendet, von einer Bedrohung für die Demokratie konnte keine Rede sein, sie wurden schlicht vergessen – bis heute. Die Erinnerung an die Bonner Großdemonstration vom 11. Mai 1968 wurde gleichwohl Legende, zum Gründungsmythos der sogenannten „Achtundsechziger", auf die sich die „Grünen" so gerne – fälschlicherweise – berufen.

Damals widerstand die SPD-Führung trotz erheblicher innerparteilicher Auseinandersetzungen den Sirenenrufen der Anti-Notstandsgesetz-Bewegung. Die von dem marxistisch orientierten Ökonomieprofessor Werner Hofmann ins Leben gerufene Partei „Aktion Demokratischer Fortschritt" verschwand trotz eines Achtungserfolgs bei der Bundestagswahl 1969 schnell wieder in der Versenkung. Zu dieser Klarheit und Standhaftigkeit konnte sich die SPD Anfang der achtziger Jahre nicht mehr durchringen. Sie trug damit selbst zu den Turbulenzen bei, in deren Folge sie ihre Regierungsfähigkeit verlor.

ZEITENWENDE ODER WENDEZEITEN

„TÜCHTIG DURCHGESCHÜTTELT"

DER Beginn der Achtziger habe die Partei „tüchtig durchgeschüttelt". Ein moderner Kurs sei für die Partei nötig geworden. Neue gesellschaftliche Ströme – die Öko-Bewegung, die Friedensbewegung, die Frauenbewegung, und nicht mehr nur die gewerkschaftlichen Ströme – hätten in der Partei Fuß gefasst. „Die damals jungen Leute wollten eine andere Politik und haben sie in der Partei mehr oder weniger durchgesetzt", meinte Anke Fuchs geradezu betulich. So oder so ähnlich sieht es die Mehrheit der Partei heute. Es sei halt eine Zeitenwende gewesen, die alten Gewissheiten hätten nicht mehr gestimmt. Die Partei musste sich ändern. Helmut Schmidt habe das nicht eingesehen, Brandt schon, deshalb sei er – wie Hans-Jochen Vogel – Oskar Lafontaine und Erhard Eppler gefolgt. Diese Beschreibung trifft jedoch nicht den Kern. Für eine Diagnose, die an die Wurzel gehen will, ist sie zu oberflächlich.

ALLERLEI IRREFÜHRUNGEN

WAR die SPD des Godesberger Programms eine Partei der „gewerkschaftlichen Ströme", wie Anke Fuchs meinte? War sie nicht vielmehr eine Partei, die sich aus dem gewerkschaftlich bestimmten „Arbeitermilieu" gelöst und sich zur Mitte hin geöffnet hatte, zu den liberalen bürgerlichen Schichten, zur anderen

Seite, den Unternehmern, vor allem zu den Mittelständlern, eine Partei zudem, die Kontakt zu den Intellektuellen und Künstlern im Lande suchte und fand, und die Brücken baute zu Wissenschaftlern, im Übrigen nicht nur zu Sozial- und Rechtswissenschaftlern, sondern auch zu Naturwissenschaftlern, zur wissenschaftlich-technischen Intelligenz. Der vorgeblich „moderne Kurs der Partei, der nötig gewesen" sei, war in Wahrheit eine erneute Verengung, eine programmatische Verengung, eine personalpolitische Verengung und schließlich eine Begrenzung der machtpolitischen Optionen. Die Partei sah schließlich nur noch in einer rot-grünen Koalition die einzige Option für einen Regierungswechsel. Dass konnte nicht gutgehen.

Hatte die SPD es wirklich nötig, sich der Friedensbewegung anzuschließen? Musste sie wirklich erst durch die Friedensbewegung wieder auf Kurs gebracht werden? War die SPD vor Lafontaine und Eppler etwa keine Partei des Friedens? War Schmidt tatsächlich der „nützliche Idiot" des „Kriegstreibers" Reagan, wie die Friedensbewegung ihn verhöhnte? War die SPD in ihrer langen Geschichte nicht immer schon eine Partei der Friedensbewegung? Wer konnte das ernsthaft bezweifeln. Darum ging es bei den Auseinandersetzungen Anfang der achtziger Jahre auch gar nicht. Es ging darum, dass die Politik, die während der gesamten Periode des Kalten Krieges einen heißen Krieg zwischen den hochgerüsteten Supermächten verhindert hatte, von der neuen Friedensbewegung fundamental in Frage gestellt wurde. Die SPD hatte diese Politik seit Ende fünfziger Jahre unterstützt und mitgetragen und kehrte sich mit Lafontaine und Eppler von ihr ab. Darum ging es.

Zeitenwende oder Wendezeiten

War die SPD eine frauenfeindliche Macho-Partei, wie die Feministinnen um Alice Schwarzer 1980 behauptet hatten? Entsprach das dem Selbstverständnis der Partei? War die SPD während ihrer langen Geschichte nicht immer auch eine Partei der Gleichberechtigung und der Frauenbewegung? Hatte sie 1919 nicht das Frauenwahlrecht durchgesetzt? War es nicht die sozialliberale Koalition, die in den siebziger Jahren den § 218 reformiert, das verstaubte Ehe- und Familienrecht modernisiert oder die elterliche Sorge neugeregelt hatte? Brauchte die Partei Nachhilfe von außerhalb? Von Feministinnen vom Schlage einer Alice Schwarzer oder Marielouise Janssen-Jurreit? Anfang der achtziger Jahre zog nicht „die Frauenbewegung", sondern der Feminismus in die Partei ein: Die Solidarität zwischen den Geschlechtern hatte ausgedient; Geschlechterkampf statt Klassenkampf war jetzt angesagt. War das der „moderne Kurs, der nötig war"?

Und schließlich: War die Politik für eine saubere Umwelt nicht schon Jahrzehnte vor der „Öko-Bewegung" und vor den „Grünen" ein Anliegen der SPD? Willy Brandt hatte damit den Wahlkampf 1961 bestritten. Sogar über die Risiken von Atomkraftwerken wurde vor der Öko-Bewegung in der Partei – wenn auch nur vereinzelt – gestritten. Sicher, angesichts der tiefen Wirtschaftskrise in den siebziger Jahren mit den beiden Ölpreisexplosionen wurden Umweltthemen an den Rand gedrängt. Richtig ist auch, dass Schmidt auf den Ausbau der Kernenergie drängte, um die Abhängigkeit von Energieimporten zu verringern. Brauchte die SPD aber beim Thema Umweltschutz wirklich den Anstoß von draußen, von der „Öko-Bewegung", so wie sie sich damals präsentierte?

„HOLOCAUST"
GLEICH IM DOPPELPACK

Heute ist weitgehend vergessen, dass das Thema Nr. 1, das die „Öko-Bewegung" damals umtrieb, das „Waldsterben" war, nicht die Risiken der friedlichen Nutzung der Kernenergie. Dieses Thema schob sich erst mit dem Reaktorunglück von Tschernobyl im April 1986 ganz nach vorne. Der deutsche Wald, so wurde Anfang der achtziger Jahren berichtet, sei krank. Die Krankheit habe sich bereits über das ganze Land ausgedehnt. Tannen und Fichten seien schon nicht mehr zu retten, Buchen stark gefährdet, Ulmen ständen kurz vor dem Aussterben. In aller Munde war die Prognose eines Göttinger Forstwissenschaftlers, die ersten großen Wälder würden schon in den nächsten fünf Jahren sterben. „Sie sind nicht mehr zu retten". Eine bisher nicht gekannte Welle von Katastrophenmeldungen jagte durch die Medien. Hinter jedem Tannenwipfel lauerte ein apokalyptischer Reiter. Die „Öko-Bewegung" und ihrem Windschatten die „Grünen" fachten selbstredend diese Hype an und profitierten davon bei anstehenden Wahlen. Beim „Waldsterben" wurde zum ersten Mal in der Bundesrepublik die hohe Messe der „German Angst" gesungen.

Der SPD Bundestagsabgeordnete, Freimut Duve, einflussreicher Herausgeber einer damals populären Taschenbuchreihe, sprach vom „ökologischen Holocaust", der uns allen drohe. Nach dem „atomaren Holocaust", den Erhard Eppler wegen der Gefahren des NATO-Doppelbeschluss beschwor, jetzt auch noch der „ökologische Holocaust". Und das im Land des Holocausts! Mein Gott: Welch eine Herausforderung! Die Welt bewegte sich auf eine Grenze zu. Es bestand höchste Gefahr. Hier konnte es nur noch ein Ja oder Nein, ein Dafür oder Dagegen geben, durchmogeln ging nicht mehr. Kompromisse unerwünscht. Aus einer abwägenden, rational begründeten Politik für den Schutz von Natur und Umwelt wurde eine Umweltschutzideologie, in der der Schutz von Natur und Umwelt vor allem anderen stand. Kompromisse waren unerwünscht, gehörten in dieses Politikverständnis einfach nicht hinein. War es aber sinnvoll für die SPD und entsprach es ihrem Selbstverständnis sich ebenfalls einer solchen Hype zu bedienen?

Bunt zusammengewürfelter Haufen

Die „Öko-Bewegung" war seinerzeit ein bunt zusammengewürfelter Haufen. Das Spektrum reichte von Anarchisten und Kommunisten, Sozialdemokraten und Gewerkschaftern, Spinnern und Sektierern bis zu pädophilen „Stadtindianern" oder ehemaligen Mitarbeitern des „NS-Reichsnährstands", der sich der Umsetzung der nationalsozialistischen Agrarpolitik verpflichtet fühlte. Die Mitbegründer der grünen Partei Herbert Gruhl und Baldur Springmann gehörten dazu. Die „Öko-Bewegung" Anfang der achtziger Jahre war in weiten Teilen eine zivilisationsmüde, überwiegend fortschrittsfeindliche Bewegung, die längst abgelegten Utopien – links wie rechts – nacheiferte. Die SPD aber war bis dato eine Partei des wissenschaftlich-technischen Fortschritts. Von ihm erhoffte sie sich ein besseres Leben für die „kleinen Leute". Nach dem Godesberger Programm verstand sie sich auch als eine Partei der praktischen Vernunft, ohne ideologische Scheuklappen, eine Partei, die Politik mit Augenmaß machte, eine Partei des Ausgleichs und des Kompromisses. Manche fragten in der Partei, was konnte man mit den endzeitlichen Visionen eines drohenden atomaren oder ökologischen Holocausts in der politischen Praxis eigentlich anfangen?

Maxime Durchwursteln

Es gab für die SPD aber auch ein ganz praktisches Problem. Wie sollte sie mit den „neuen Strömen" umgehen, hatten diese sich doch eine eigene Partei, die „Grünen", geschaffen. SPD und „Grüne" standen in unmittelbarer Konkurrenz zueinander, sie bedienten sich aus dem gleichen Wählerreservoir. Im Umgang mit den neuen Konkurrenten im linken Lager stand die SPD somit Mitte der achtziger Jahre vor einer klaren strategischen Entscheidungssituation: Sie konnte entweder die „Grünen" als Partner in möglichen zukünftigen Regierungsbündnissen – wie zuverlässig und berechenbar sie auch immer waren – akzeptieren. Dann musste sie allerdings bereit sein, die „grüne Identität" der neuen Partei und ihre programmatische Orientierung zu respektieren, dann musste sie aber gleichzeitig besonders darauf achten, ihre eigene unverwechselbar sozialdemokratische Identität zu bewahren. Oder sie konnte versuchen, mit der weitestmöglichen Übernahme grüner Themen den neuen Mitkonkurrenten überflüssig zu machen. Dann durfte sie aber in keinem Fall die grüne Partei „hoffähig" und „seriös" machen. Erst recht durfte sie keine Regierungsbündnisse mit ihr schließen. Letztere Option hatten CDU und CSU beim Auftauchen rechtsradikaler Parteien wie der NPD oder den „Republikanern", selbst wenn sie bei Wahlen erfolgreich waren, mit großem Erfolg praktiziert. Für die Union stand immer fest: Es gibt kein Zusammengehen mit den Radikalen, in keinem Fall. Richtig ist: Beide Kursbestimmungen hatten ihre Risiken, sie waren vermutlich auch kurzfristig nicht erfolgversprechend, man brauchte für beide einen langen Atem. Den jedoch brachte die Partei unter Willy Brandt und Hans-Jochen Vogel nicht auf.

Original und Imitat

Somit konnte sich die SPD zu keiner strategischen Kursbestimmung durchringen. Sie entschied sich für das „Durchwursteln", zu einem „kräftigen Sowohl als Auch". Sie importierte weiter „grüne" Themen und diskutierte rotgrüne Regierungsbündnisse. Schließlich kam es 1985 in Hessen zum ersten rotgrünen Bündnis. Damit waren die Dämme für weitere rotgrüne Bündnisse gebrochen. Die strategische Unentschiedenheit hatte für die SPD aber Folgen: Aus dem bunten unberechenbaren Haufen, der 1983 zum ersten Mal in den Deutschen Bundestag einzog, wurde die Partei „Die Grünen", die sich nach und nach in allen Parlamenten verankerte. Es kam aber noch schlimmer. Die „neue Politik", die SPD und grüne Partei zunehmend gemeinsam umzusetzen versuchten, wurde jedoch hauptsächlich mit den „Grünen" identifiziert. Sie war ihr Markenzeichen. Sie hatte die originären Ansprüche auf das Neue an dieser Politik. Die SPD trabte nach, passte sich an, sie war das Imitat.

Konnte das gut gehen? Den Wählern ist nun einmal schwer zu erklären, warum sie das Imitat wählen sollen, wenn auch das Original zur Wahl steht. Selbst der hilflose Versuch, die „Grünen" mit ihren eigenen Themen zu überholen, also ökologischer, friedensbewegter oder feministischer zu sein, verschlägt nicht, wie die verzweifelte Lage der süddeutschen Landesverbände der SPD zeigen. Jedenfalls ist der Versuch Erhard Epplers, ehemaliger Landesvorsitzenden der SPD und nach wie vor „Graue Eminenz" in der Südwest-Partei, aus der SPD eine grüne Volkspartei zu machen, spätestens bei der Landtagswahl in Baden-Württemberg 2011 grandios gescheitert. „Volkspartei" sind die „Grünen", die SPD ist Juniorpartner und wird es auf unbestimmte Zeit auch noch bleiben.

Okkasionist Schröder

PETER Glotz war für einen flotten Spruch, ein freches Bonmot oder eine semantische Neuschöpfung, deren Sinn vieldeutig und eher erahnt als erkannt werden konnte, immer gut. Nicht alle sind ihm gelungen. Der „Okkasionist Schröder" gehört allerdings zu denjenigen, die Sache und Person genau treffen.

Der Okkasionist ist jemand, der Gelegenheiten, die sich ihm bieten, zu seinen Gunsten nutzt. Zumindest versucht er es, nicht immer mit Erfolg. Er ist kein Gestalter, kein Macher, der etwas vor hat mit der Macht, die ihm die Wähler gegeben haben. Er ist eigentlich schon ganz zufrieden, oben zu sein. Das hässliche Wort, das so häufig aus dem Mund von Kritikern der politischen Klasse kommt, schwingt hier mit, ohne dass es mit ihm identisch wäre. Nein, der Okkasionist ist kein Opportunist. Er ist mehr. Er muss einschätzen können, auf was er sich einlässt, ob es ihm auch tatsächlich nützt, ob es die

OKKASIONIST SCHRÖDER

Wähler überzeugt, denn die muss er schließlich wieder gewinnen. Mit bloßer Anpassung ist es nicht getan. Okkasionist zu sein ist per se nicht ehrenrührig, aber zu wenig, um Staatsgeschäfte auf Dauer erfolgreich zu führen. Ihm fehlt letztlich der innere Kompass für das, was er tut oder lässt.

Okkasionisten in der Politik sind Machtmenschen, ausschließlich Machtmenschen. Machterwerb um jeden Preis – mit allen erlaubten Methoden, manchmal auch darüber hinaus. Das macht ihre Stärke im politischen Geschäft aus. Was kümmert mich mein dummes Geschwätz von gestern, das ist das Lieblingsmotto aller Okkasionisten. Politische Vorhaben sind für sie nur insofern von Bedeutung, als sie sie befähigen, Macht zu erwerben oder erworbene Macht zu sichern. während ersteres für sie leicht zu bewerkstelligen ist, scheitern sie in ihrer großen Mehrheit bei letzterem.

Der „unheimliche Aufstieg" des Gerhard Schröder ist auf diesem Hintergrund gar nicht mehr so unheimlich. Vom Linksaußen, der in den siebziger Jahren die obskuren Debatten um den rechten Weg zum Sozialismus in der Jugendorganisation der SPD benutzte, um nach oben zu kommen, was ihm ja auch gelang, bis zum Kanzler der Bosse, der mit seiner Agenda-Politik seine Genossen kalt erwischte und die Gewerkschaften brüskierte und vergraulte. So unterschiedlich die Themen, die Anlässe, die Gelegenheiten, Gerhard Schröder blieb sich in all den Jahrzehnten gleich: Der Mann wollte nach oben und er wollte solange es nur irgend ging, oben bleiben. Das ist seine Konstante. Das ist der eiserne Bestand seiner Überzeugungen. Der Rest ist unerheblich, getreu der Marx-Maxime: Dies sind meine Grundsätze, wenn sie euch nicht gefallen, dann hab ich auch noch andere.

In der Politik sind Okkasionisten auf allen Ebenen des politischen Geschäftes heutzutage weitverbreitet. Das ist verständlich. Die Wählerinnen und Wähler mögen keine Politiker, die ihnen Unangenehmes sagen, auch wenn das Unangenehme unvermeidlich ist und auf sie zukommt. Sie wollen umschmeichelt, angenehm überrascht, unterhalten werden. Sie mögen auch keine Politiker, die gleich zur Sache kommen, Probleme erläutern und Lösungen zur Diskussion stellen. Und sie wollen schließlich Politiker, die einfach nur sympathisch sind, die sie „anmachen", „auf denen sie abfahren". Schröder kam diesen Erwartungen entgegen wie kein Bundeskanzler zuvor. Angela Merkel brauchte lange, bis sie Schröders Methode beherrschte. Aber auch sie beherrscht sie zwischenzeitlich mit großer Perfektion. Die Bundeskanzlerin hat von ihm viel gelernt. Vor allem viel aus seinen Fehlern und seinem Scheitern. Die sollen ihr so leicht nicht passieren.

Es ist kein Zufall, dass Gerhard Schröder, der begnadete Okkasionist, gerade in der SPD der Nach-Schmidt-Ära seinen Weg ins Kanzleramt machen konnte. Eine Partei – seit Jahren um eine eigene Identität ringend und ewig bemüht, strategisch schwankend zwischen einer Zukunft als grüner Volkspartei oder einer Partei der Mitte, programmatisch gespalten in einen „prinzipienfesten", ideologisch klar verortbaren Flügel und einen pragmatischen Flügel, der sich nicht in Ideen und Utopien verirrt – eine Partei, die nicht fähig ist, sich klar zu entscheiden, Brandts berühmtes „Sowohl als Auch" zur Leitlinie erkoren hat, eine solche Partei braucht Politiker vom Schlage Gerhard Schröders, politische Alphatiere, die die Sache kurzerhand entscheiden und damit Basta. Gemosert wird danach.

Mit wenig Substanz an die Macht

Als nach langen quälenden Jahren der Opposition die SPD 1998 endlich wieder die Regierungsverantwortung im Bund übernehmen konnte, war sie – so seltsam das klingen mag – auf die Regierungsübernahme nicht vorbereitet. Weder personell, noch programmatisch. Da hatten die „Grünen" mehr zu bieten. Der Kanzlerkandidat tat wenig, um seine wahren Absichten, wenn er solche überhaupt hatte, bekannt zu machen. Er ließ den Parteivorsitzenden vorturnen.

Lafontaine war es, der mit einem „Allen-Wohl und-keinem-Weh-Programm", die Wähler mobilisieren sollte. Das gelang leidlich. Vor allem war es der Überdruss an der schwarz-gelben Bundesregierung, die noch immer von dem politischen Dinosaurier Helmut Kohl angeführt wurde, und der die Wähler auch aus der bürgerlichen Mitte in Scharen zur SPD trieb.

Kohls Zeit war längst abgelaufen. Doch weder er noch seine Partei hatten das mitbekommen. So war Schröders Wahlsieg leicht errungen. Ein Sieg gegen Kohl, nicht für Schröder. Gleichwohl war Schröders Wahlsieg 1998 eine Premiere: Zum ersten Mal wurde eine Bundesregierung abgewählt und nicht gestürzt, wie 1966 das Kabinett Erhard oder 1982 das Kabinett Schmidt.

SHOW DOWN

Mit ihrer Doppelspitze Lafontaine/Schröder war die SPD alles andere als gut aufgestellt. Beide passten einfach nicht zusammen. Die Chemie stimmte von Anfang an nicht. Der messerscharf geführte Konkurrenzkampf war im Wahlkampf zurückgestellt worden. Spätestens mit der gewonnenen Wahl trat er wieder hervor. Und das mit voller Wucht. Es zeigte sich aber bald, dass Lafontaine Schröders Gerissenheit nicht gewachsen war. Mit Lafontaines Einzug ins Kabinett war sein politisches Schicksal besiegelt.

Der Versuch, als allmächtiger Finanzminister neben dem Kanzler die Fäden in der Hand zu behalten, konnte nicht funktionieren und ist nach wenigen Wochen blamabel gescheitert. Dabei hätte Lafontaine es wissen können, wenn er nur einmal einen Blick über den Kanal nach London geworfen hätte. Auch dort hatte Gordon Brown als Schatzkanzler vergeblich den Versuch unternommen, Tony Blairs Führungsanspruch in der Regierung zu beschneiden. Nur Brown war Realist genug, sich zurückzunehmen und sich – wenn auch widerwillig – unterzuordnen. Dazu war Lafontaine nicht fähig. Alles oder nichts. Zudem hatte Lafontaine, der gelernte Physiker, sich – wie seiner Zeit Helmut Schmidt – als „Weltökonom" zu profilieren versucht, was in den westlichen Hauptstädten nur mitleidiges Kopfschütteln ausgelöst hatte. Auch das hatte Schröder bei seinem Machtkampf gegen ihn verwenden können. Es kam zum „Show down", Finanzminister Lafontaine ging. Und Lafontaine schmiss nicht nur sein Ministeramt hin, sondern warf den Vorsitz der SPD gleich hinterher. So respektlos hatte noch kein Sozialdemokrat sich seiner Verantwortung entzogen. Immerhin beruhigte sich nach Lafontaines tosendem Abgang die Lage für Schröders Regierung. Jetzt war zumindest geklärt, wer Chef war.

Anders als die britische Labour Party, die sich in ihrer Oppositionszeit sowohl personell als auch programmatisch grundlegend erneuert hatte, konnte bei der SPD davon keine Rede sein. Vor allem bei Themen ihrer Kernkompetenz (Freiheit, Gerechtigkeit, Solidarität, das Verhältnis von Markt und Staat, technologischer Fortschritt und wirtschaftliche Modernisierung) hatte sie kaum neue Konzepte entwickelt. „Die ökologische Modernisierung der Volkswirtschaft", ein Markenzeichen der Partei aus den frühen achtziger Jahren, war längst von allen anderen Parteien ebenso konsumiert worden. Ein Alleinstellungsmerkmal war das nicht mehr.

Die Öko-Steuer, Lafontaines Lieblingsidee, war in sich widersprüchlich: War ihr Aufkommen hoch, war bei der Erhöhung der Energieeffizienz wenig erreicht worden, ging es dagegen beim Energiesparen voran, sank das Aufkommen aus der Öko-Steuer und die eingeplanten Finanzierungsbeiträge in den Sozialsystemen waren gefährdet.

Okkasionist Schröder

Die SPD lebte programmatisch weitgehend vom Ideenimport aus anderen Parteien, vor allen von den „Grünen" oder noch vom Ideenvorrat, den sie Anfang der siebziger Jahre mit dem „Orientierungsrahmen" angesammelt hatte.

Ohne Orientierung

DIE neuen Problemlagen am Beginn des neuen Jahrtausends waren von ihr nicht gründlich aufgearbeitet worden. Parteipolitisch ausgewogene, allen Flügeln gerecht werdende „Grundsatzprogramme" halfen dabei nicht wirklich weiter. Die SPD konnte als Regierungspartei keine schlüssigen Antworten auf die neuen Herausforderungen geben:

Wie begegnet man der seit der Implosion der UdSSR entstandenen neuen Welt(un)ordnung, in der Gewalt und Terror zunahmen und asymmetrische Kriege beängstigend an Bedeutung gewannen? Wie bekämpft man den Klimawandel, ohne die Kernenergie zu nutzen? Wie kontert man den wirtschaftlichen Bedrohungen durch neue Wettbewerber auf den Weltmärkten, ohne den Welthandel einzuschränken? Wie konnte die Überschuldung der öffentlichen Haushalte zurückgeführt werden, ohne den Sozialstaat zu ruinieren? Wie hielt man das hohe Niveau der deutschen Infrastruktur, ohne neue Finanzierungsmöglichkeiten zu schaffen? Wie war der seit Jahrzehnten erkennbare Geburtenrückgang, der zwischenzeitlich die Grundlagen aller unserer Sozialversicherungssysteme gefährlich bedrohte, zu stoppen. Alles dies wurde irgendwie als Merkposten registriert und war auch irgendwo in den vielen Papieren, die die Partei in den Jahrzehnten zuvor erarbeitet hatte, abgelegt worden, kaum etwas fand sich aber in einem einigermaßen konsistenten Regierungsprogramm wieder. Das jedoch erwarteten die „Schröder" -Wähler von einer sozialdemokratischen geführten Bundesregierung – zu Recht.

War's das schon?

Die Öffentlichkeit merkte bald, dass die Sozialdemokraten ohne ein durchdachtes Konzept die Regierungsverantwortung übernommen hatten. Die im Wahlprogramm versprochenen Korrekturen an vorsichtigen Sozialreformen, die die Regierung Kohl zuvor auf den Weg gebracht hatte, waren schnell abgearbeitet; Reformen wie die Lockerung des Kündigungsschutzes, die Einführung eines demographischen Faktors in der Berechnungsformel von Rentenanwartschaften, die finanzielle Selbstbeteiligung im Gesundheitswesen oder die Minderung der gesetzlichen Lohnfortzahlung im Krankheitsfall waren keineswegs alle so unvernünftig, wie die SPD im Wahlkampf behauptet hatte.

Mehr an sozialpolitischen Reformen war jedoch nicht in Sicht. Es machte sich Rat- und Hilflosigkeit breit. War das schon alles, was die Regierung Schröder/Fischer auf den Weg bringen konnte? Die Arbeitsmethode Schröders mit seiner hemdsärmeligen Sprunghaftigkeit verstärkte

Okkasionist Schröder

noch den fatalen Eindruck der Ziellosigkeit. Sicher: Der Atomausstieg wurde verhandelt und in einem Kompromiss mit den Stromriesen auch vereinbart. Das war aber nicht das, was sich die grüne Basis von einer Regierungsbeteiligung versprochen hatte. Auch wurde die Öko-Steuer auf den Weg gebracht. Der Jubel bei den Umweltpolitikern hielt sich begreiflicherweise in Grenzen, die Sozialpolitiker jubelten dagegen. Nicht lange. Denn mit der Rentenreform 2001 wurde die bis dahin drastischste Rentenniveaukürzung seit Bestehen der Bundesrepublik beschlossen, versüßt durch die sogenannte „Riester-Rente", die dem Aufbau eines privaten Rentenkapitalstocks auf die Beine helfen sollte. Diesmal jubelten die privaten Rentenversicherer. So hatte sich die Partei eine sozialdemokratische Rentenreform nicht vorgestellt. Die Lage der Schröder-Regierung am Beginn der Legislaturperiode war trostlos. Bei Wahlen zu Landtagen und zur Europawahl ging die SPD gnadenlos in den Keller. Die Partei war verunsichert wie nie zuvor. Kann der Schröder das eigentlich, das Regieren.

Nicht anders erging es der grünen Partei. Der Start in die gemeinsame rot-grüne Zukunft verlief für sie geradezu traumatisch. Noch bevor sie den Amtseid überhaupt hatte ablegen können, hatte die Schröder/Fischer-Regierung einem völkerrechtwidrigen Krieg der NATO gegen Serbien zugestimmt und – wenn auch bescheidene – militärische Unterstützung zugesagt.

In einer Nacht-und-Nebel-Aktion hatte der grüne Außenminister in spe, Josef Fischer, das Eingemachte grüner Politik über Bord geworfen. Und die Partei kuschte.

OKKASIONIST SCHRÖDER

Im ersten Amtsjahr hing die Regierung Schröder/Fischer buchstäblich am seidenen Faden. Ein Absturz war jederzeit möglich. Doch sie hatte in Gestalt der CDU-Spendenaffäre ausgesprochenes Glück, Überlebensglück. Die Union war jetzt mit sich selbst beschäftigt und die deutsche Presse stürzte sich auf Kohl, Schäuble und all die anderen Spendensammler und Steuerhinterzieher.

DAS BLAIR-SCHRÖDER PAPIER

IN diesen Turbulenzen ließ Schröder – für die Öffentlichkeit völlig überraschend, für die Partei geradezu putschartig – ein Konzeptpapier lancieren, das sein Kanzleramtschef Bodo Hombach mit den Mitarbeitern des britischen Premierministers und Labour-Chefs, Tony Blair, erarbeitet hatte. Am 8. Juni 1999 wurde es in London vorgestellt. Allein das war schon erstaunlich.

Für die Labour Party enthielt das Blair-Schröder Papiers wenig Neues. Sie waren in der Partei von New Labour weitestgehend Konsens. Es konnte deshalb in London auch kaum Aufmerksamkeit erwarten. Ganz anders sah es in Deutschland aus, vor allem in Schröders Partei, der SPD. Das Papier schlug dort ein wie eine Bombe. Kaum jemand in der SPD hatte zur Kenntnis genommen, was sich in Großbritannien vor dem Regierungswechsel 1997 getan hatte, was „New Labour" eigentlich bedeutete, was ihre Führungspersonen dachten. Von einer Reformdiskussion, wie sie die Labour Party seit ihrer schweren Niederlage 1982 über Jahre hinweg kontinuierlich geführt hatte, war die SPD weit entfernt. Der neue Parteivorsitzende, Bundeskanzler Gerhard Schröder, dachte überhaupt nicht daran, seine Genossen auf die neue programmatische Orientierung vorzubereiten. Es gab keine vorbereitenden Konferenzen oder Parteiversammlungen. Mögliche Verbündete in Wissenschaft, Medien, selbst in der eigenen Partei waren von Schröders Coup überrascht worden. Von einer zuvor geplanten Vermittlungs- und Kommunikationsstrategie für das neue Konzept war weit und breit nichts zu sehen. Das Papier wurde der Partei gleichsam auf den Tisch geknallt. Sie musste selbst sehen, wie sie damit zurechtkam.

Die SPD empfand Schröders Versuch einer Neuorientierung schlicht als ein Oktroi, einen Befehl von oben. Die Traditionalisten auf dem linken Flügel schlugen nach dem Motto: „Wehret den Anfängen" mit allen Mitteln zurück. Statt für das Papier zu kämpfen, zumindest einen parteiinternen Denk- und Diskussionsprozess anzustoßen – immerhin war Schröder nach dem blamablen Abgang von Lafontaine am 12. April 1999 zum Parteivorsitzenden gewählt worden – distanzierte er sich faktisch von seinem eigenen Papier.

Die Gelegenheit, die ihm die Labour-Party mit dem gemeinsamen Papier geboten hatte, hatte ihm nicht genützt. Also weg damit. Schröders erneuter Schwenk war aber nicht nur ein Autoritätsverlust, es war auch ein schwerer strategischer Fehler, der Schröder schließlich die Kanzlerschaft kostete. Die SPD war auf das, was ihr mit der Agenda 2010 blühte, alles andere als vorbereitet. Die

Widerstände waren von Anfang an groß und der Kanzler machte keinerlei Anstalten, seine Partei einzubinden.

DAS GLÜCK DEM GLÜCKLOSEN

AM Beginn des Wahljahr 2002 sah es für den Amtsinhaber ziemlich trübe aus. Die Aussichten, die Bundestagswahl zu gewinnen, waren bescheiden. In Umfragen lag Schröder weit zurück. Wie Schmidt 1980 kam Schröder allerdings zugute, dass die Union mit Edmund Stoiber einen Kandidaten präsentierte, der seine Zeit hinter sich hatte. Brennender Ehrgeiz allein macht noch keine erfolgversprechende Kandidatur aus. Doch Stoiber wollte es wissen, traute sich die Kandidatur zu. Merkel ließ Stoiber den Vortritt, so wie Kohl 1980 Strauß den Vortritt gelassen hatte. Sie konnte warten. Ihre Zeit würde noch kommen. Für Schröder erwies sich Stoibers Kandidatur als ein Glücksfall.

Zwei weitere Glücksfälle kamen hinzu. Das Unglück der vielen ist nicht selten das Glück der wenigen oder hier vor allem des Einen. Die „Flutkatastrophe des Jahrhunderts", die im Sommer 2002 über Sachsen, Sachsen-Anhalt und Thüringen hereinbrach, war ein wahrer Segen für den Bundeskanzler: Wer in diesen Zeit die Gummistiefel und die Regenjacke nicht auspackt, den Menschen – mediengerecht selbstredend – beisteht, sich kümmert, ist für das Politikgeschäft ungeeignet. Und dieses Geschäft kennt Schröder wie kein Zweiter. Der Herausforderer hatte bei dieser Selbstinszenierung des Kanzlers keine Chan-

OKKASIONIST SCHRÖDER

ce. Das war Stoiber nicht einmal anzulasten. Das war einfach nur Glück des Amtsinhabers. Dem zweiten Glücksfall half der Kanzler kräftig nach. Schröder wusste, dass der Krieg, den die USA gegen Saddams Irak auch ohne Mandat der UNO gemeinsam mit einer „Koalition der Willigen" zu führen entschlossen war, bei den Deutschen zutiefst unbeliebt war. Eine aktive Teilnahme Deutschlands war noch unwahrscheinlicher als beim ersten Feldzug der Amerikaner gegen den Irak Anfang der neunziger Jahre. Entgegen allen diplomatischen Gepflogenheiten, die die westlichen Verbündeten bei Entscheidungen dieser Art untereinander erwarten durften, brüskierte Schröder die Bush-Regierung, in dem er die Frage der Teilnahme Deutschlands an der „Koalition der Willigen" demonstrativ, vor laufenden Kameras des ZDF, also in aller Öffentlichkeit ablehnte. Eine Affront, der die Beziehungen Deutschlands zu den USA über Jahre belastete. Um im Wahlkampf entscheidende Punkte gegen Stoiber, wie sich später zeigen sollte, wettzumachen, riskierte Schröder die Verschlechterung der Beziehungen zu den USA. Die Profis in seiner eigenen Regierung hielten den Atem an. Die deutschen Wähler dankten es ihm. Schröder hatte mit seinem spektakulären Nein zum Irakkrieg eine zweite Chance – wenn auch hauchdünn – bekommen.

Okkasionist Schröder

Der „aufrechte Reformer"

In der Öffentlichkeit wird Schröder heutzutage gerne als der „mutige, aufrechte Reformer" gezeichnet, der – ähnlich wie seiner Zeit Helmut Schmidt, sein sozialdemokratischer Vorgänger im Amt – das Richtige, das Vernünftige – wenn nötig auch gegen die eigene Partei – den Mut hatte durchzusetzen. Dieses Image pflegte Schröder mit großer Sorgfalt und ließ es pflegen von seinen Kumpanen, die über die öffentliche Meinungsdeutung verfügten. Zu dieser Legende hat die Art des Regierens, sein hemdsärmeliger „Basta" – Stil beigetragen, der an den politischen Gremien seiner Partei, ja selbst an den Fachleuten im Bundestag und den Ministerien, vorbei, gleichsam im Hauruck-Verfahren, Entscheidungen durchdrückte. Auch diese Basta-Allüren haben Schröder in der Öffentlichkeit kaum geschadet. Solange er damit durchkam, wurden sie goutiert. Ein Mann, der weiß, was er will, der aufräumt, wenn es sein muss. Das gefällt.

Doch das Bild des mutigen Reformers und Basta-Kanzlers hat nur sehr eingeschränkt seine Richtigkeit. Schröder war ein Reformer wider Willen, ein Gelegenheitsreformer, der der Not gehorchend reformierte. Die programmatisch-konzeptionelle Unentschlossenheit seiner Partei versuchte Schröder durch die Bildung einer Vielzahl von beratenden, vor allem parteiungebundenen Gremien und Kommissionen auszugleichen, die ihm das liefern sollten, was seine eigne Partei nicht zu liefern in der Lage war. Was sollte er auch anderes machen. Seine Idee war, die Mitglieder der Gremien von vornherein so

OKKASIONIST SCHRÖDER

auszuwählen, dass ein möglichst breiter politischer und gesellschaftlicher Konsens möglich würde.

Auffällig war, dass er dabei seine eigene Partei eher stiefmütterlich behandelte, dagegen christdemokratische Politiker (Richard von Weizäcker, Rita Süssmuth, Kurt Biedenkopf) bevorzugte. Das, was von ihm als cleverer Schachzug verkauft wurde, um auch das andere Lager des Bundestages einzubinden, war nicht nur durchsichtig, sondern auch naiv. Schlimmer war, dass mit dem besonderen Gewicht, das der Kanzler den Expertengremien zumaß, die parlamentarischen Gremien an den Rand des Geschehens gedrängt wurden. Nirgendwo sonst ist diese Gefahr deutlicher geworden als bei der parlamentarischen Umsetzung der Ergebnisse der „Kommission Moderne Dienstleistungen am Arbeitsmarkt", der berüchtigten Hartz-Kommission.

DIE LAGE

DIE Belastungen der Wirtschaft, die Unordnung auf dem Arbeitsmarkt, auf die er und seine Regierung zunächst so wenig Rücksicht genommen hatten, führte nach der Jahrtausendwende zu einem bis dahin kaum für möglich gehaltenen Anstieg der Arbeitslosigkeit. Über 4 Millionen waren es am Ende seiner ersten Amtszeit. Dabei hatte Schröder im Wahlkampf 1998 vollmundig erklärt, dass er eine zweite Amtszeit nicht verdient habe, wenn er die Zahl der Arbeitslosen nicht deutlich reduzieren könne. Und jetzt das.

Schröder stand unter massivem Druck, auch in seiner eigenen Partei. Die Vorschläge, die von den Genossinnen und Genossen kamen, waren allerdings alles andere als realitätstüchtig. Massive Ausgabenprogramme scheiterten von vorneherein an den engen Finanzierungsspielräumen, die der Regierung gesetzt waren. Die arbeitsmarktpolitischen Reformvorschläge der Sozialpolitiker taten niemanden weh, von einem grundlegenden Umbau der gesamten Arbeitsmarktpolitik war weit und breit nichts zu hören. Passive Maßnahmen passten aber einfach nicht mehr in unsere Zeit. Die Zahl der Langzeitarbeitslosen nahm dramatisch zu, auch schon die in der zweiten und dritten Generation. Der arbeitsmarktpolitische Instrumentenkasten war zwar immer wieder erweitert und verändert worden. Es fehlte aber die Konsistenz der Maßnahmen. Vor allem war aber die Organisation der Arbeitsverwaltung total veraltet. Zudem wurden gerade die Problemfälle am Arbeitsmarkt von zwei verschiedenen Behörden – die eine beim Bund, die andere bei den Kommunen angesiedelt – mehr verwaltet und betreut als motiviert und aktiviert. Ein grundlegender Umbau war – wie in anderen Ländern auch – auch in Deutschland notwendig geworden. Die Labour Party hatte vorgemacht, wie eine solche Reform hätte aussehen können. Doch gerade diese Reformen waren weder in der deutschen Öffentlichkeit noch in der SPD diskutiert worden.

OKKASIONIST SCHRÖDER

PARADIGMATISCH: DIE HARTZ REFORMEN

An keinem anderen Projekt sind die Grenzen des okkasionistischen Politikstils Schröders, die strukturellen Schwächen seiner Kanzlerschaft so eindrucksvoll erkennbar wie an der Entstehung und Umsetzung der sogenannten Hartz-Reformen. Wie in einem Brennspiegel lässt sich hier die Malaise seines Regierungsstils ablesen. Dabei waren die Voraussetzungen für eine Reformdebatte gar nicht mal so schlecht. Dass Reformen am Arbeitsmarkt notwendig waren, wurde von nahezu allen Experten bestätigt. Auch in der veröffentlichten Meinung und selbst bei den Wählern war eine bis dahin nicht gekannte Reformbereitschaft vorhanden. Erleichternd kam hinzu, dass ein Skandal bei der Bundesanstalt für Arbeit genügend Aufmerksamkeit in der Öffentlichkeit erregt hatte, um die Notwendigkeit von Veränderungen zu unterstreichen.

Richtig war zudem, eine unabhängige Expertenkommission zu berufen, die den Auftrag hatte, neue Ideen zu entwickeln und Vorschläge für einen Umbau der Arbeitsverwaltung vorzulegen. Unter der Leitung des VW Arbeitsdirektors Peter Hartz war die Kommission ein von Schröder und seinen engsten Mitarbeitern handverlesenes Expertengremium, das sich von den üblichen Gremien der Regierung- und Parteiarbeit deutlich unterscheiden sollte. Ihre Mitglieder sollten kreativ, undogmatisch, parteipolitisch nicht festgelegt, rein sachlich orientierte

Pragmatiker sein. Auffällig war jedoch, dass die Experten der sozialdemokratischen Bundestagfraktion schlicht übergangen worden waren, sie konnten aus den Nachrichten erfahren, was die Kommission so alles ausbrütete. Auch die Profis aus den zuständigen Bundes- und Länderministerien waren nicht vertreten.

Damit fehlten in der Hartz-Kommission genau diejenigen, die bei der konkreten gesetzgeberischen Umsetzung des Reformpakets ausschlaggebend sind. Bei einer solch komplexen, unübersichtlichen, über Jahre und Jahrzehnte entstandenen Gesetzesmaterie wie dem Sozialgesetzbuch ist es aber nicht leicht, die Übersicht zu behalten. Eine gut klingende, pfiffige Idee in die Welt zu setzen ist das Eine, ein Anderes ist es, sie auch gesetzlich zu verankern und zwar so, dass sie in den Gesamtkomplex hineinpasste. Vor allem musste sie von den Arbeitsämtern auch praktiziert werden können. Die Hartz-Kommission hätte sich vieles ersparen können, wenn die parlamentarischen Profis ihren Rat hätten dazu geben können. Es fehlten aber nicht nur die gesetzgeberischen Profis, ebenso fehlte in der Kommission ein Vertreter der Behörde, die die neuen Ideen umzusetzen hatten, die Bundesanstalt für Arbeit. Ihr neuinstallierter Präsident, der ehemalige Landesarbeitsminister in Rheinland Pfalz, ein glühender Reformbefürworter, durfte in dem Gremium erst gar nicht Platz nehmen. Das Übergewicht der Mitglieder der Hartz-Kommission lag klar bei den Vertretern der Arbeitgeberseite. Von den 15 Mitgliedern der Kommission waren allein 8 Unternehmensvertreter, darunter solche von so renommierten Weltkonzernen wie Daimler-Benz, Bilfinger & Berger, BASF und natürlich

VW, dessen Arbeitsdirektor die Kommission leitete und der ihr den Namen gab. Von Gewerkschaftseite waren nur die IG-Metall und Ver.di vertreten.

Die personelle Zusammensetzung der Kommission versprach, wie viele befürchteten, nichts Gutes. Ihr 343 Seiten starker Bericht mit einer Vielzahl von Vorschlägen, der im August 2002 – mitten in der heißen Phase des Wahlkampfes – vorgelegt wurde, überraschte gleichwohl, und zwar positiv. Er enthielt nicht nur eine überwiegend zutreffende Analyse der Malaise auf dem Arbeitsmarkt, die Veränderungsvorschläge setzten auch da an, wo der Handlungsbedarf am stärksten war: Dem unübersichtlichen Gestrüpp von arbeitsmarktpolitischen Leistungen und vor allem an dem Nebeneinander zweier Sozialleistungssysteme, was zu einem erheblichen, zudem unnötigen Verwaltungsaufwand führte und was die Effizienz arbeitsmarktpolitischer Instrumente behinderte.

Die proklamierte „neue Leitidee" des Förderns und Forderns war so neu nicht, wie Peter Hartz und Gerhard Schröder unisono verkündeten. Dennoch war sie als Orientierung richtig. Als ein erster Aufschlag für eine Reformdebatte, die mit der Modernisierung der Arbeitsverwaltung mehr Chancen für Arbeitslose, vor allem Langzeitarbeitslose, zum Ziel hatte, hatte die Hartz-Kommission also gar nicht mal schlecht gearbeitet. Das Konzept bestach durch seine Vielzahl – für Deutschland zumindest – neuer Ideen, die anderswo in Europa auch schon umgesetzt worden waren. Vor allem bestach das Konzept durch eine Reihe neuer Wortschöpfungen, die Eindruck machen sollten und auch machten.

Experten-Dilettantismus

SCHRÖDER hatte darauf gedrungen, dass der Bericht von allen 15 Mitgliedern einvernehmlich verabschiedet wird, was dann auch – mit Stimmen der beiden Gewerkschaftsvertreter, Isolde Kunkel-Weber von ver.di und dem Bezirksleiter der IG Metall aus NRW, Peter Gasse – geschah. Dass die beiden Gewerkschaften, IG Metall und ver.di, wenig später zu den schärfsten Kritikern der Agenda 2010 Politik wurden, gehört zu den Kuriositäten des Agenda-Prozesses. Einstimmigkeit in Sachfragen ist allerdings suspekt und unter Fachleuten unüblich. Die Hartz-Kommission hatte ihre Aufgabe erfüllt, Vorschläge, auch unkonventioneller Art, zu erarbeiten, erfüllt und ihren Bericht an die Bundesregierung abgeliefert. So weit so gut.

Dem ersten Aufschlag der Experten hätte jetzt der zweite, unendlich mühsamere Aufschlag folgen müssen: die politische Debatte und die politische Abstimmung mit denjenigen, die das Kommissionergebnis politisch zu entscheiden und gesellschaftlich zu verantworten hatten. Weder die Gremien der Gewerkschaften, noch die der Arbeitgeber, auch die Experten der eigenen Partei, etwa die der SPD-Bundestagsfraktion, die immerhin für die Umsetzung der Reformen im Deutschen Bundestag zu sorgen hatten, waren bislang in die Überlegungen der Hartz Kommission einbezogen worden. Selbst das für die Erarbeitung des Gesetzentwurfes zuständige Arbeitsministerium musste sich ebenso mit einer „Zuarbeiterrolle" abfinden wie die für die Arbeitsmarktpolitik zuständige Bundesbehörde, die Bundesanstalt für Arbeit.

Die Hartz-Kommission war nicht nur – und zwar offensichtlich mit voller Absicht – einseitig besetzt worden. Ihre Mitglieder waren auch in dem äußerst komplexen und undurchsichtigen Gestrüpp der Sozialgesetze – trotz aller professionellen Zuarbeit – überfordert. Hinzu kam, dass eine ganze Reihe der „neuen Ideen" in anderen Ländern nur durchwachsenen Erfolg hatten. Entscheidend war, dass sie nicht unbedingt auf deutsche Verhältnisse mit ihren stark korporativistischen Strukturen anwendbar waren. So haben sich zuvor hochgelobte Innovationen bald als Flops entlarvt, als sie dem Realitätstest ausgesetzt wurden. Was Schröder vor allem aus Großbritannien hätte lernen können, ist, dass der organisatorische Umbau einer so großen Behörde wie der Bundesanstalt für Arbeit mit über 100.000 Bediensteten Jahre, wenn nicht gar ein ganzes Jahrzehnt in Anspruch nimmt. Ein schneller Erfolg war somit nicht zu erwarten. Chaotische Verhältnisse in der Behörde, viel Ärger und Verdruss für alle Beteiligten waren von vorne herein angesagt und kaum zu vermeiden. Doch hier fehlte Schröder das Gespür. Die praktische Umsetzung einer Reform dieser Größenordnung war nicht sein Ding, hätte es aber sein müssen.

OKKASIONIST SCHRÖDER

„EINS ZU EINS"

Nach Vorlage des Kommissionsberichtes erklärte der Kanzler zur Überraschung aller, dass er voll hinter den Kommissionsvorschlägen stehe und dass er sie „eins zu eins" umzusetzen gedenke. Das einstimmige Votum in der Kommission wurde in ein politisches Votum umgedeutet. Mit der Vorlage des Kommissionsberichtes war für Schröder die Debatte beendet, bevor sie überhaupt eröffnet war. Die Entscheider und Verantworter in Regierung, Fraktionen, Verbänden und Gewerkschaften hatten abzunicken oder es bleiben lassen – und damit „Basta". Schröder brauchte den schnellen Erfolg. Für ihn mutierte der Expertenbericht zum Wahlkampfgag. Nur eigneten sich die Expertenvorschläge nicht für den grobschlächtigen Schlagabtausch, wie er in Wahlkampfzeiten nicht zu vermeiden ist. Als fünf Wochen vor der Bundestagswahl 2002 der Kommissionsvorsitzende Peter Hartz in einer monströsen Schauveranstaltung an historischer Stätte verkündete, mit der Umsetzung der Kommissionsvorschläge – wohlgemerkt „eins zu eins" – würde sich die nächsten drei Jahren die Zahl der Arbeitslosen halbieren, war die sachlich fundierte Arbeit der Kommission zur schalen Wahlkampfpropaganda entwertet worden.

OKKASIONIST SCHRÖDER

DAS WATERLOO
DES BASTA KANZLERS

Nach knapp gewonnener Wahl im Herbst 2002 zögerte Schröder noch, die Ergebnisse der Hartz-Kommission umzusetzen. Das hatte seinen Grund. Er hatte mehr vor, als nur die Hartz-Vorschläge in Gesetzestexte zu gießen. Als Schröder am 14. März 2003 in einer Regierungserklärung seine „Agenda 2010" ankündigte, war nicht nur die Öffentlichkeit von dem Umfang des Reformpakets komplett überrascht. Damit hatte niemand gerechnet. Auch niemand in der SPD-Bundestagsfraktion. Vor allem die Sozialpolitiker waren nicht nur überrascht, sondern auch bestürzt. So etwas konnte doch ein sozialdemokratischer Bundeskanzler nicht ernsthaft wollen. Es waren ja nicht nur Reformen für den Arbeitsmarkt angekündigt worden, sondern auch in den Bereichen Wirtschaft, Berufsausbildung, Gesundheits- und Rentenpolitik, ja selbst die Familienpolitik war betroffen. Die Lockerung des Kündigungsschutzes und die Senkung der betrieblichen Lohnnebenkosten waren schon erhebliche Brocken, an die sich Sozialdemokraten zuvor nicht herangewagt hatten. Dass den Arbeitslosen jetzt jede Arbeit zugemutet werden sollte, widersprach dem Gerechtigkeitsempfinden der Genossen. Schwer erträglich waren die Belastungen, die auf die Krankenversicherten zukamen. Nicht nur wurde der Leistungskatalog zusammengestrichen. Als reine Abzocke wurde die Einführung der Praxisgebühr von 10 Euro pro Quartal, die Einführung eines Selbstkostenbeitrags von 2 Prozent des Bruttojah-

215

reseinkommens sowie die Erhöhung der Zuzahlung bei Medikamenten empfunden. So unbegründet war die Kritik nicht.

Der Anschlag: Hartz IV

Den tiefsten Einschnitt in den bisherigen Besitzstand der Arbeitnehmer und die größte Empörung bei Genossen und Gewerkschaftern löste die „Zusammenführung von Arbeitslosenhilfe und Sozialhilfe" aus, wie die Hartz-Kommission den geplanten Kahlschlag verharmlosend genannt hatte. Dass das intransparente, unwirksame, zu dem teure Nebeneinander von Sozialhilfe und Arbeitshilfe, von kommunaler Hilfestellung und Unterstützung durch die Bundesanstalt für Arbeit, überwunden werden musste, leuchtete jedem ein. Dass dabei aber die Arbeitslosenhilfe, die faktisch unbegrenzt gezahlt werden konnte, auf das Existenzminimum der Sozialhilfe gekürzt werden sollte, traf die Gewerkschaften mitten ins Herz. Das war ein direkter Anschlag auf den Kernbestand der gewerkschaftlich Organisierten: auf die Facharbeiter, die sich bei der anhaltenden Wirtschaftsflaute mit über 5 Millionen Arbeitslosen wie noch nie zuvor in ihrer Existenz bedroht fühlten.

Die faktische Abschaffung der bisherigen Arbeitslosenhilfe traf besonders ältere Arbeitnehmer mit einem mittleren Einkommen, die über Jahrzehnte Beiträge in die Arbeitslosenversicherung eingezahlt hatten, arbeitslos geworden waren und auf dem Arbeitsmarkt kaum noch vermittelt werden konnten. Sie wurden jetzt auf die deutlich geringere Sozialhilfe verwiesen. Ihr Lebensstandard war mit einem Schlag auf ein Minimum verkürzt worden. Vor allem Ostdeutsche mussten sich betrogen fühlen, die nach dem Zusammenbruch der Wirtschaft in der DDR keine Chance mehr hatten, eine angemessene Arbeit zu finden. Zusammen mit der neuen Zumutbarkeitsregelung war es diese „Hartz IV" genannte Reform, die die Daumenschrauben nicht nur bei den „Faulen und Arbeitsscheuen", wie es in dieser Zeit häufig gehässig hieß, ansetzten, sondern auch bei den Hunderttausenden von Langzeitarbeitslosen, die ohne jede Schuld arbeitslos geworden und geblieben waren. Das Gerechtigkeitsgefühl der Menschen „draußen im Lande" wurde damit massiv beschädigt. Warum sollte ein junger Arbeitsloser, der kaum Beiträge in die Arbeitslosenversicherung eingezahlt hatte, nach einem Jahr Arbeitslosigkeit genauso viel an Unterstützung bekommen, wie derjenige, der über ein langes Arbeitsleben hinweg Beiträge gezahlt hatte. Der Basta-Kanzler war diesen Argumenten nicht mehr zugänglich. Hartz IV war ein Tabubruch, den sich bis dato keine Regierung in welcher Zusammensetzung auch immer zugetraut hatte. Die Arbeitgeberverbände jubelten verständlicherweise und ließen schon einmal die Sektkorken knallen. Die Gewerkschaften waren sprachlos und entsetzt. Den Okkasionisten Schröder kümmerte das nicht. Eins zu Eins war die Parole – und damit Basta. Er blieb taub gegenüber den Klagen der Gewerkschaften. Es war schließlich der Druck der Union, der im Vermittlungsverfahren eine „sanftere" Lösung möglich machte. Der Tabubruch wurde abgemildert, nicht korrigiert.

Flucht in Neuwahlen

Schröder boxte die Agenda 2010 durchs Parlament. Alles Weitere kam zwangsläufig. Die deutschen Gewerkschaften wandten sich von der SPD ab und riskierten ein Auge auf den linken Flügel des politischen Spektrums. Zur Freude der PDS, die – als „Linke" neuformiert – jetzt auch in den alten Ländern Zulauf erhielt. Die SPD blieb im Dauerschock, die Bundestagsfraktion, die dem ständigen Druck von Fraktionsführung und Regierung ausgesetzt war, winkte mehrheitlich die Reform schließlich durch. Schröder wusste, dass seine Mehrheit nach dem Agenda Parforceritt gefährdet war und suchte sein Heil in Neuwahlen.

Vom Elend einer Parteireform

erschienen in INDES. Zeitschrift für Politik und Gesellschaft, Heft 2/2012, unter dem Titel „Vom Elend, eine Partei zu reformieren"

Die Diagnose, dass die Parteien die Bürgerinnen und Bürger immer weniger erreichen, ist ebenso alt wie nach wie vor höchst aktuell. Um es intellektuell allerdings etwas redlicher zu formulieren, sollte man sagen: die Parteien – und hier sind in der Tat alle Parteien gemeint – erreichen das neue und alte Bildungsbürgertum immer weniger, jene Schicht, um nicht zu sagen Elite, die den entscheidenden Einfluss auf das politische Klima des Landes nimmt. Dass die Politprofis der Parteien dieser Befund nicht unbedingt stört, gehört allerdings auch zu der Diagnose. Bekanntlich reicht ja zum Regieren, wenn man die Bildzeitung, Bild am Sonntag und die Glotze auf seiner Seite hat. Die nachhaltig zähe Parteieiverdrossenheit hat längst die demokratische Kultur angekränkelt, ja bei vielen bereits die demokratischen Institutionen selbst in Verruf gebracht. Die Parteien sehen sich jedoch nicht herausgefordert, diesem Trend entgegenzuwirken, in dem sie sich zur Gesellschaft stärker öffnen, neue Mitsprache- und Mitwirkungsmöglichkeiten für Mitglieder und Sympathisanten schaffen, kurz zeitgemäße Formen echter innerparteilicher Demokratie praktizieren. Nach ihrer historischen Niederlage bei der Bundestagswahl 2009 hatte zuletzt die SPD einen erneuten Anlauf genommen, ihre Parteistrukturen den neuen Herausforderungen anzupassen. Die Chance wurde – wie erwartet werden konnte – erneut vertan.

Parteireform als Ritual

Es ist immer wieder der gleiche Vorgang. In der SPD. Aber auch anderswo. Die Partei verliert desaströs eine Wahl. Wie zuletzt die Bundestagswahl 2009. Bevor sich depressive Ratlosigkeit und ein irreversibles Frustrationsgefühl breitmacht, verspricht der (neue) Parteivorsitzende, die Partei grundlegend zu reformieren. Wir haben verstanden, heißt es dann. Und dann folgt der bekannte Katalog: Die Partei muss auf die Menschen stärker zugehen, ihnen besser zuhören, ihre Interessen ernster nehmen, wir müssen die Bürgerinnen und Bürger „draußen" stärker an den Entscheidungsprozessen beteiligen, wir müssen die Parteimitglieder neu mo-

VOM ELEND EINER PARTEIREFORM

tivieren, ihnen mehr Mitspracherechte bei der Auswahl der Kandidaten und bei Sachentscheidungen geben. So oder so ähnlich lautet dann der Katalog. Seit Jahrzehnten. Kritische Beobachter erinnern dann an den denkwürdigen Wahlabend, damals im September 2009, als fünfzehn Minuten nach Verkündigung der ersten Hochrechnung der (damalige) Parteivorsitzende die neue Parteispitze freihändig schon einmal inthronisierte: Parteivorsitz, Fraktionsvorsitz, Generalsekretärin. Das kaum vernehmbare Murren der Parteibasis über diesen Coup wurde öffentlich dann schon nicht mehr wahrgenommen. Als dann die Parteifunktionäre zum Sonderparteitag drei Monate später zum Wundenlecken und Trostabholen zusammenkamen, war an der Spitze – Präsidium, Vorstand, Parteirat – schon alles gelaufen. Der neue Parteivorsitzende hielt seine fulminante Mutmach-Rede übers Hemdärmelhochkrempeln und über das „Wie gut sind wir doch schon wieder aufgestellt". Und er sprach ... über die Notwendigkeit einer Parteireform.

Der gutgläubigen Presse ist der Auftritt des Parteivorsitzenden eine wohlwollend abwägende Berichterstattung wert. Damit wäre der erste Konsolidierungsschritt geglückt. Die Parteiführung ist zufrieden. Der Generalsekretär (heute natürlich die Generalsekretärin) wird beauftragt, Vorschläge zu erarbeiten. Es wird – wie könnte es anders sein – eine Kommission gegründet, die ein Jahr lang Vorschläge wälzt, Experten befragt, Anhörungen durchführt und schließlich über einem Vorschlagspapier brütet. Ein der Presse durchgestochenes Zwischenergebnis der Kommissionsberatungen wird – auch das gehört zum Ritual – von den Funktionären und Mandatsträgern der mittleren und höheren Parteihierarchie abgelehnt und als „utopisch, unrealisierbar" zurückgewiesen. Die Generalsekretärin bekräftigt weiterhin den Reformwillen der Parteiführung. Der Parteivorsitzende dagegen wiegelt schon einmal vorsichtig ab. Es folgt dann die sogenannte öffentliche Diskussionsphase mit dem üblichen innerparteilichen Geplänkel zwischen den Flügeln, den Arbeitsgemeinschaften, Parteigruppen sowie den Parteigremien. Interessierte außerhalb der Partei – wie auch die gutgläubige Presse – haben sich hier schon längst von der Debatte verabschiedet.

Ein „Reformparteitag" verabschiedet dann „mit großer Mehrheit" ein „Strategiepapier", das auf vielen Seiten allerlei wohlklingende Vorschläge zur Verbesserung der Parteiarbeit, der Beteiligung der Menschen „draußen", der Mitspracherechte der Mitglieder, der Beseitigung erkannter Mängel bei der Verwirklichung innerparteilicher Demokratie usw. enthält. Aber wenig Konkretes, Praktikables und schon gar nichts Verbindliches. Das war es dann.

Die Chance für eine wirkliche Parteireform wurde erneut vertan. Nach verlorenen Wahlen ist das das übliche Ritual. Wie wenig demokratische Substanz die „neuen, wegweisenden Vorschläge" tatsächlich haben, zeigt sich allein schon daran, dass die undemokratische Quotenregelung nicht nur beibehalten, sondern auf dem „Reformparteitag" noch weiter verschärft wurde. Das Urprinzip demokratischen Verfahrens, die Gleichwertigkeit der Stimme bei Abstimmungen, gilt in der SPD auch weiterhin nicht.

Vom zaghaften Versuch, mehr Demokratie zu wagen

DER letzte wirklich substantielle Versuch, die Mitglieder am Entscheidungsprozess stärker zu beteiligen, liegt jetzt schon zwanzig Jahre zurück. Es dauerte dann Jahre, bis die Landesverbände mit der Bundespartei nachzogen haben. Mitgliederentscheide über Sachfragen und die Wahl von Führungspersonen waren die Zauberformeln, die 1992 in den Parteistatuten auf Bundesebene zum ersten Mal festgeschrieben wurden. Beide Vorschläge sind grundlegend, um die Parteimitglieder an den grundsätzlichen politischen Entscheidungen, den Richtungsentscheidungen, zu beteiligen. Es geht dabei nicht um die Beeinflussung oder gar Kontrolle konkreten Regierungshandelns. Das wäre weder möglich noch rechtlich zulässig. Es wäre auch nicht wünschenswert. Es geht darum, dass dem Führungspersonal die Möglichkeit bestritten werden kann, der Partei Entscheidungen von Gewicht von oben einfach aufzuoktroyieren, wie es fast immer in der Vergangenheit war und wie es auch heute noch gängige Praxis ist.

Trotz der weitreichenden Statutenänderung ist die Reform in der Partei weitgehend unbekannt geblieben. Mitgliederentscheide über Sachfragen hat es nie gegeben, sieht man einmal von dem misslungenen Versuch, die Agenda 2010 per Mitgliederentscheid in letzter Minute noch zu stoppen, einmal ab. Dabei hätte sich die Parteiführung Einiges ersparen können, wenn sie auf ihre Mitglieder gehört hätte. Es ist nicht allzu kühn zu behaupten, dass ein Mitgliederentscheid die deutsche Beteiligung am Krieg gegen Serbien ebenso verhindert hätte wie die deutsche Beteiligung an der militärischen Intervention in Afghanistan. Eine „Agenda 2010" hätte es in der Form, wie die Regierung Schröder/Clement sie der Partei aufgezwungen hatte, ebenso wenig gegeben wie die überfallartige Einführung der Rente mit 67. Und ob die Mitglieder wirklich bereit sind, den angelsächsisch-europäischen Finanzkapitalismus durch die inflationäre Entwertung des Geldvermögens und der Ansprüche auf Renten- und anderen Transferzahlungen, das heißt letztlich zu Lasten der kleinen Leute, zu retten, darf doch wohl ebenso bezweifelt werden, zumal die Verantwortlichen des Finanzdesasters ungeschoren davonkommen und jetzt sogar mit billionenschwerer Deckung durch den europäischen Steuerzahler munter weiter zocken können.

Es ist schon merkwürdig: während in den Regierungsparteien zumindest einzelne Abgeordnete, den verhängnisvollen Kurs der Bundeskanzlerin zu stoppen versuchen, herrscht in der SPD, wie auch bei den „Grünen", das „Schweigen im Walde". Kein Abgeordneter outet sich als Gegner der höchst riskanten Rettungsversuche der Merkel-Regierung. Dabei ist die Bevölkerung zutiefst besorgt darüber, was in Brüssel und in den Finanzzentren dieser Welt so alles ausgetüftelt wird. In der politischen Klasse Deutschlands findet diese Besorgnis keinen nennenswerten Widerhall, sieht man von den wenigen Einzelkämpfern aus der Regierungskoalition und der „Linken" ab. Wundert es dann noch, dass die Bundeskanzlerin bei Umfragen unangefochten an der Spitze steht?

Vom Elend einer Parteireform

Während Mitgliederbefragungen bisher gar nicht zur Anwendung kamen, wurde die Urwahl von Führungspersonen schon eher einmal durchgeführt – bei Lichte besehen aber eigentlich nur dann, wenn in den oberen Etagen der Partei eine einvernehmliche Festlegung auf einen Kandidaten oder eine Kandidatin nicht möglich war. Erst dann wird die Basis befragt.

Fakt ist nach wie vor: Weder Mitgliederentscheid noch die Wahl des Führungspersonals stoßen beim Parteiestablishment auf große Sympathien. Sowohl das eine wie auch das andere sind Fremdkörper in der Partei geblieben. Das mag aus der Sicht der Berufspolitiker und der Spitzenfunktionäre nachvollziehbar sein. Das komplizierte, langwierig ausgehandelte und sorgfältig austarierte Gleichgewicht etwa bei Personalentscheidungen verträgt sich nur schwer mit einem demokratischen Auswahlverfahren.

Demokratie ist nun einmal anstrengend. Es ist viel leichter und sicher auch „effizienter", dies in der Hand „bewährter Führungspersonen" zu belassen, zumal durch offizielle und inoffizielle Quotierungen – nach Geschlecht, Region, Alter, Berufsstand, sexueller Orientierung, Verbands- und natürlich Gewerkschaftsmitgliedschaft – das von den Funktionären erwartete, „angemessene" Personaltableau immer schwerer aufzustellen ist. Mit der neueingeführten Migrantenquote, auch so ein unüberlegter Schnellschuss des Parteivorsitzenden, wird die Macht der Parteioligarchen weiter zementiert. Immerhin wurden auf kommunaler und Landesebene Urwahlen mit großer öffentlicher Beachtung durchgeführt. Zuletzt in Schleswig Holstein. Doch sind solche Beteiligungen der Mitglieder am Auswahlverfahren des Führungspersonals in der SPD bis heute Ausnahmen.

ZEICHEN DER ZEIT NICHT ERKANNT

Die SPD – und es ist nicht nur sie – hat die Zeichen der Zeit noch immer nicht verstanden. Während die ökologischen, kulturellen und sozialen Bewegungen geradezu virtuos mit den neuen Medien und Kommunikationswegen arbeiten, Informationen und Meinungen verbreiten, ihre Anhängerschaft mobilisieren, Mitspracherechte organisieren, neue Beteiligungs- und Mitwirkungsplattformen entwickeln, bleiben die Parteien bei der Mobilisierung ihrer Mitglieder auffällig, um nicht zu sagen, seltsam zurückhaltend.

In dem Moment, da Machtansprüche und Interessensphären der Führungspersonen tangiert werden, stoßen die Partizipationswünsche ihrer Mitglieder auf Grenzen. Die neuen technischen Möglichkeiten, die die „Kommunikationsrevolution" den Parteien zur Verfügung stellt, bleiben ungenutzt. Für die Verbreitung der Information „von oben nach unten" sind die neuen Kommunikationswege willkommen, für die Entscheidungsprozesse „von unten nach oben" bleiben sie weitgehend ungenutzt. Genau darum geht es aber bei demokratischen Entscheidungen. Anders ausgedrückt: Solange die „Parteioligarchie" Schalten und Walten kann, wie es ihr beliebt, ist gegen

Vom Elend einer Parteireform

das Internet nichts einzuwenden. Es fehlt der Wille des Führungspersonals, an den Verhältnissen tatsächlich etwas zu ändern. Innerparteiliche Demokratie ist, so bleibt der Eindruck, trotz aller gegenteiligen Bekundungen unerwünscht. Anstatt die Parteien zu öffnen, ihren Mitgliedern echte Mitbestimmungs- und Mitwirkungsmöglichkeiten einzuräumen, alle Sonderechte für einzelne Gruppen („Quotenregelungen") abzuschaffen, kurz mit der Verwirklichung innerparteilicher Demokratie endlich ernst zu machen, hofft man, dass sich das Problem schwindender Zustimmung bei Wahlen und rückläufiger Mitgliederzahlen mit Zeitablauf von selbst erledigt.

Fallbeispiel Frauenquote

Wie stur und beratungsresistent, realitäts- und lebensfremd die Parteispitze etablierte Strukturen zu konservieren bereit ist, zeigt die Beibehaltung, ja die neuerliche Verschärfung der Quotenregelung, die statutenmäßig vorgeschriebene Bevorzugung weiblicher Mitglieder. Die Einführung der Frauenquote 1988 ist – bei Lichte besehen – die einzige echte Parteireform von Belang geblieben. Sie hat die SPD von Grund auf umgekrempelt. Sie wurde auf allen Ebenen der Partei (soweit das möglich war) penibel umgesetzt. Die Parteispitze – die Arbeitsgemeinschaft sozialdemokratischer Frauen immer im Rücken - überwacht sorgfältig ihre Umsetzung. Jährliche Berichte des ASF-Vorstandes dokumentieren die Entwicklung. Zunächst ist festzuhalten, dass in nahezu allen Repräsentations- und Führungsgremien der Partei der Frauenanteil – wie in den Statuten festgesetzt – auf zumindest 40 Prozent, meistens jedoch mehr als 40 Prozent, gestiegen ist. Dabei ist der Frauenanteil in der Partei bei weniger als einem Drittel nahezu gleichgeblieben. In den Gremien der unteren Ebenen fehlt häufig die Bereitschaft der Frauen, ein Amt zu übernehmen. Hier wird dann die 40 Prozent-Quote verfehlt. Bei der Mandatsverteilung in den Parlamenten ist der Frauenanteil meist auch geringer u.a. weil – im Unterschied zu den gelenkten innerparteilichen Wahlen – Parlamentswahlen frei sind, jede Stimme gleich viel wert ist und das passive Wahlrecht für Männer zumindest nicht direkt – wie bei der Frauenquote – eingeschränkt ist.

Eine obligatorische Gleichstellung der Geschlechter in Parlamenten wäre nur mit einer Änderung des Wahlrechts möglich. Es ist vermutlich eine reine Frage der Zeit, bis auch diese Frage von den Feministinnen und Feministen in den Parteien aufgeworfen wird. Die Zielsetzung der Quote, nämlich den Frauenanteil in der SPD deutlich zu erhöhen, wurde jedoch grandios verfehlt. Und das nach über 25 Jahren umfassender, intensiver Frauenförderung auf allen Ebenen der Partei. Für die Quotenbefürworter, so würde man meinen, ein ernüchterndes, ja erschreckendes Ergebnis, das zum Umdenken Anlass gibt. Doch weit gefehlt. Anstatt nach den Ursachen dieses Misserfolgs zu forschen, heißt die Parole, die die Parteiführung in Bund und Land ausgibt: „Jetzt erst recht" und „Weiter so". Auf dem letzten Bundesparteitag wurde die Quote weiter verschärft. Und die dort begonnen Diskussionen um die Fortführung der Quote lassen Schlimmeres noch befürchten. Aus der 40 Prozent-Pflichtquote wird jetzt eine 50 Prozent-Pflichtquote. Die bei Wahlen für die Partei bislang erfolgreich von Männern verteidigten Wahlkreise sollen jetzt „feminisiert" werden. Zwischenzeitlich wird ernsthaft darüber nachgedacht, Parteigremien zu verkleinern (oder vielleicht sogar ganz abzuschaffen), wenn sie nicht gleichgewichtig mit Männern und Frauen besetzt werden können. Treten bei Vorstandswahlen nicht genügend Frauen an, sollen die Vorstände so verkleinert werden, dass eine Geschlechterparität gewährleistet wird. Entsprechende Anträge der Partei, u.a. auch vom Landesverband Berlin konnten mit viel Mühe auf dem Bundesparteitag gerade noch verhindert werden. Es drängt sich der Eindruck auf, dass dem Gleichstellungswahn der Feministinnen und Feministen zwischenzeitlich alles geopfert wird: Die Größe und Bedeutung der Partei, der Erfolg bei Wahlen, ihre Attraktivität bei den Wählern, das Engagement ihrer Mitglieder, die innerparteiliche Demokratie, die Wirksamkeit der Parteiarbeit.

DENKBLOCKIERT UND REFORMRESISTENT

TROTZ aller Bemühungen der letzten Jahrzehnte, die Frauen zum Parteieintritt zu bewegen, ist die SPD eine „Männerpartei" geblieben, eine Schande, könnte man meinen, wenn man die Gleichstellungsberichte der Partei liest. Über zwei Drittel der zwischenzeitlich um die Hälfte geschrumpften Mitgliedschaft ist auch heute noch männlich. Welch ein Makel! Dabei lag es wahrlich nicht an den Männern, dass der Erfolg ausblieb.

Die Prognose Hans-Jochen Vogels aus dem Jahr 1988, der Quotenbeschluss werde „in der nächsten Zeit vielen Frauen den Weg zu uns erleichtern", hat sich als frommes Wunschdenken herausgestellt. In den vergangenen 24 Jahren kamen nicht mehr Frauen zur SPD, sondern weniger, deutlich weniger. Die Zahl der weiblichen Mitglieder ist von 240.325 im Jahre 1988 auf 155.077 (Stand August 2011), also um 35,5 Prozent, zurückgegangen.

Vor dem Quotenbeschluss war – in der gleichen Zeitspanne – der Entwicklungstrend ein ganz anderer: Von 1965 an nahm die Zahl der weiblichen Mitglieder kontinuierlich zu. 1965 waren 123.565 Frauen Parteimitglieder, 1988 waren es 240.325, also ein Anstieg um 116.760 oder 94,5 Prozent. Die Frage, warum gerade die Quotenpartei SPD für Frauen so wenig attraktiv ist, wird nicht gestellt und darf – um des lieben innerparteilichen Friedens willen – wohl auch nicht gestellt werden. Dass der Frauenanteil in der Partei seit dem Quotenbeschluss überhaupt hat leicht ansteigen können, verdankt die Parteiführung den Männern: Die haben nämlich stärker noch als die Frauen der Partei den Rücken gekehrt – und zwar um 50 Prozent. Gleichstellung der Geschlechter durch Schrumpfen der Partei – das ist das Ergebnis von 25 Jahren Frauenquote. Doch trotz dieses deprimierenden Befundes bleibt die Parteiführung in ihrem Gleichstellungswahn befangen. Sie legt sich selbstverordnete Denkblockaden auf und zeigt sich gegenüber jedem Versuch, das Ruder herumzureißen, beratungsresistent.

Vom Elend einer Parteireform

Die vier Irrtümer einer Frauenquote

Erstens: Es ist ein Irrtum anzunehmen, dass aus der unstrittigen Tatsache, dass Frauen die Hälfte der Bevölkerung stellen, der Anspruch abgeleitet und die Forderung – quasi automatisch, notfalls mit Zwang – exekutiert werden kann, Spitzenpositionen in jedweder gesellschaftlichen, wirtschaftlichen, politischen, kulturellen Organisation entsprechend hälftig zu besetzen.

Die Forderung, die Hälfte der Macht, des Vermögens, des Einflusses einer Gesellschaft gleichermaßen auf die beiden Geschlechter auf- und zuzuteilen, kann – wenn sie überhaupt einen Sinn machen soll – nur als ein moralisches Postulat und als eine wünschenswerte Zielvorstellung einer Gesellschaft insgesamt, nicht für ihre Einzelteile gefordert werden.

Eine solche Forderung für jede einzelne soziale Einheit, jede Organisation, jedes Unternehmen oder jede Partei aufzustellen, ist abstrus und lebensfremd. Niemand wird das „Erziehungsmatriarchat" in Deutschland durch eine gesetzlich fixierte Pflichtquote zugunsten männlicher Erzieher beseitigen wollen. Dabei besteht kein Zweifel, dass den Jungen mehr männliche Vorbilder in Krippen, Kindergärten, Grundschulen guttun würden. Im Übrigen: Niemand hält Frauen davon ab, in die SPD einzutreten. Niemand hält Frauen davon ab, eine überwiegend von Frauen geprägte Partei zu schaffen. Es wäre doch völlig abwegig, einer solchen Partei eine geschlechtsparitätische Führung aufzuzwingen[30].

Zweitens: Es ist ein Irrtum anzunehmen, dass eine Besserstellung von Frauen in den Statuten einer Partei ohne zeitliche Befristung rechtlich zulässig ist. [31] Einerseits bestimmt Art. 3 Abs. 2 GG, dass Männer und Frauen gleichberechtigt sind. Der Staat hat die „tatsächliche Durchsetzung der Gleichberechtigung von Frauen und Männern (zu fördern) und (wirkt) auf die Beseitigung bestehender Nachteile" hin. Eine Frauenquote kann einen Beitrag dazu leisten. Andererseits verstößt die Frauenquote gegen das Demokratieprinzip und das Diskriminierungsverbot des Grundgesetzes. Eine Privilegierung von Frauen bei der Vergabe von Ämtern und Mandaten kann deshalb nur zeitlich befristet zulässig sein. Die Aufhebung der zeitlichen Befristung der Quotenregelung auf dem Parteitag der SPD in Bochum 2003 war und ist deshalb verfassungsrechtlich höchst riskant.

Drittens: Es ist ein Irrtum anzunehmen, dass die Auswahl von Führungspersonen einer Partei nach anderen Kriterien als Persönlichkeit, persönliche Ausstrahlung, Qualifizierung, Wählbarkeit, Leistungsbereitschaft und Leistungsfähigkeit erfolgen kann. Schließlich sind Parteien kein Selbstzweck. Funktionen in Parteien sind keine Vermögenstitel, aus denen wie auch immer begründete Rechtsansprüche abgeleitet werden können. Spitzenfunktionäre haben Führungsaufgaben im Interesse ihrer jeweiligen Partei möglichst erfolgreich wahrzunehmen. Dafür werden sie an die Spitze gewählt. Dazu sind Führungsqualitäten erforderlich, die, wie bekannt sein dürfte, geschlechtsunspezifisch verteilt sind. Niemand kann in einer Demokratie Anspruch auf ein Amt anmelden, niemand kann ein Amt zugeteilt erhalten, nur weil er einem Geschlecht, einer Altersgruppe, einer Region, einer Berufsgruppe, einem Verband oder einer Gewerkschaft zugehört. Quotenregelungen als Instrument einer verteilungsgerechten Zwangsbewirtschaftung von Führungspositionen zerstören die demokratische Legitimation der Führungspersonen und müssen die Attraktivität einer Partei auf Dauer schädigen. Die SPD ist dafür das beste Beispiel.

Viertens: Es ist ebenfalls ein Irrtum anzunehmen, dass Frauen begeistert sind, als Quotenfrau in Amt und Würden zu gelangen. Das ist verständlich und leicht nachvollziehbar. Die Quotenregelung ist ja nichts anderes als das Eingeständnis, dass Frauen im innerparteilichen Wettkampf um Posten und Ämter mit den Männern nicht mithalten können. Diese altväterliche Sichtweise, wie sie die Erfinder der Quotenregelung in der SPD – Egon Bahr und Willy Brandt – in den siebziger Jahren eingenommen hatten, heute noch zu unterstellen, ist schlicht anachronistisch und auch ziemlich lachhaft. Versuche, das Ansehen der Quotenfrau in der Öffentlichkeit zu heben, sind im Übrigen – trotz größter publizistischer Bemühungen – allesamt gescheitert.

Quotendebatte: Kein Fall für „elende Feiglinge"

Hans Apel hatte die Stimmung in den Führungsgremien der Partei vor dem Münsteraner Quotenparteitag 1988 in seinem Tagebuch beschrieben: „In persönlichen Gesprächen hält niemand diese Quotierung für sinnvoll. Auch die meisten Frauen sind dagegen, sie ziehen einen politischen Aufstieg ohne die Krücke der Quote vor. Auch sie befürchten, daß sich künftig weniger qualifizierte Männer in der SPD engagieren, weil ihre Aufstiegschancen über Jahre blockiert sind. Doch bis auf wenige Ausnahmen sind wir alle elende Feiglinge. Wir haben Angst vor der organisierten Kraft der Frauen in der ASF und hoffen, daß der Kelch der Quote an uns vorübergeht." [32] Hans Apel irrte: Der Kelch ging weder an der Partei noch an ihm selber vorüber. Er wurde noch in Münster aus dem Parteivorstand abgewählt. Seine politische Karriere war beendet.

Nicht auf halbem Weg stehen bleiben

erschienen in " telepolis" am 20. Oktober 2013

Etwa 470.000 SPD-Mitglieder werden von der Parteispitze demnächst aufgerufen, darüber zu entscheiden, ob sie den von der Parteiführung ausgehandelten Koalitionsvertrag mit der Union gut heißen oder eben auch nicht. Das ist neu, das hat es bisher noch nicht gegeben in der SPD. Es ist ein mutiger Schritt, den die Parteiführung – aus welchen Motiven auch immer – hier geht. Das Mitgliedervotum in einer Sachfrage, das es in den Parteistatuten zwar schon seit 1994 gibt, ist bisher noch nie angewandt wurde. Wenn überhaupt werden Mitglieder befragt, wenn die Führung von Parteigremien bei Personalfragen sich nicht einigen kann. Auf Bundesebene gab es eine solche Befragung nur ein einziges Mal, nämlich zur Bundestagswahl 1994, auf Länderebene und auf kommunaler Ebene kommen solche Befragungen, „Urwahlen" wie sie heißen, schon häufiger vor. Für die Partei ist das jedes Mal ein Gewinn. Bei der jetzt anstehenden Befragung wird also Neuland betreten. Jeder weiß: Die Frage, ob die SPD erneut eine Koalition mit Merkels CDU eingehen soll, ist in der Partei höchst umstritten. Es ist zudem nicht zu übersehen, dass die derzeitige Führung sich ein einvernehmliches Vorgehen und damit eine gemeinsame Verantwortung nicht zutraut, zu sehr liegen die Positionen zwischen dem Parteivorsitzenden Sigmar Gabriel und seiner Stellvertreterin, der nordrheinwestfälischen Ministerpräsidentin Hannelore Kraft, auseinander. Insofern ist auch diese Mitgliederbefragung ein Schritt, der aus der Not geboren wurde. Dennoch ist er nicht nur mutig, sondern auch richtig und vernünftig.

Die Aussicht auf eine Mitgliederbefragung stärkt der Verhandlungsdelegation den Rücken. Ohne eine deutliche sozialdemokratische Handschrift im Koalitionsvertrag kann sich die Parteiführung vor Partei und Öffentlichkeit nicht blicken lassen. Das ist ein klares Signal an die andere Seite, sich auf beinharte Verhandlungen einzustellen. Eine Koalition zum Schnäppchenpreis wird es nicht geben.

Allerdings: Ein Scheitern der Abstimmung wäre für die SPD-Führung der Supergau, nicht nur der Parteichef, die gesamte Führung stände zur Disposition. Die Partei befände sich in hellem Aufruhr. Den Sozialdemokraten stände eine programmatische, organisatorische und personelle Erneuerung von Grund auf bevor. Was das Schlechteste nicht wäre. Die Parteiführung geht so

Nicht auf halbem Weg stehen bleiben

oder so ein hohes Risiko ein. Wie auch immer die Entscheidung ausfallen wird, eines dürfte heute aber schon feststehen: Nichts wird in der SPD wieder so sein wie zuvor. Wer als Mitglied über den Abschluss einer Koalition auf Bundesebene mitentschieden hat, wird sich das Recht bei anderen Entscheidungen – vor allem bei Personalentscheidungen – nicht mehr nehmen lassen. War Parteichef Gabriel nach dem Desaster der Bundestagswahl von 2009 noch vor einer echten Parteireform zurückgescheut (vgl. Klaus Funken, Vom Elend einer Parteireform), kann die Parteiführung nach dem erneut deprimierenden Wahlergebnis vom 22. September 2013 und dem Mitgliederentscheid, nicht mehr zu den alten Verhältnissen zurück. Eine echte Parteireform steht jetzt an, eine Reform, die ernstmacht mit der Stärkung der Mitentscheidungs-, Mitbestimmungs- und Mitwirkungsrechte des Parteivolkes.

Bisher war eine solche Reform am Widerstand der Funktionäre auf der mittleren und höheren Führungsebene gescheitert. Weder Mitgliederentscheid noch die Wahl des Führungspersonals stoßen beim Parteiestablishment auf große Sympathien. Beides sind Fremdkörper in der Partei geblieben. Das mag aus der Sicht der Berufspolitiker und der Spitzenfunktionäre erwünscht sein. Demokratisch ist es nicht. Denn das komplizierte, langwierig ausgehandelte und sorgfältig austarierte Gleichgewicht bei Personalentscheidungen verträgt sich nur schwer mit einem demokratischen Auswahlverfahren. Demokratie ist nun einmal langwierig, anstrengend. Es ist viel leichter und sicher auch „effizienter", dies in der Hand „bewährter Führungspersonen" zu belassen, zumal durch offizielle und inoffizielle Quotierungen - nach Geschlecht, Region, Herkunft, Alter, Berufsstand, sexueller Orientierung, Verbands- und natürlich Gewerkschaftsmitgliedschaft – das von den Funktionären erwartete, „angemessene" Personaltableau immer schwerer aufzustellen ist. Immerhin wurden auf kommunaler Ebene und auch in einigen Ländern „Urwahlen" mit großer öffentlicher Beachtung durchgeführt. Ein voller Mobilisierungserfolg, wie sich immer wieder zeigte. Zuletzt in Schleswig Holstein. Doch sind solche Beteiligungen der Mitglieder am Auswahlverfahren des Führungspersonals in der SPD bislang nach wie vor Ausnahmen. Das wird sich vermutlich demnächst ändern.

Eine Selbstnominierung wie im Falles Peer Steinbrücks, bei der es reichte, dass die beiden anderen Mitbewerber in der sogenannten Troika, ihren Verzicht auf eine Kandidatur erklärten, die Parteifunktionäre auf dem Wahlparteitag die Entscheidung der Troika nur noch abnicken durften, wird es dann nicht mehr geben. Das Parteivolk, bisher auf eine bloße Zuschauerrolle beschränkt, wird sich eine solche Kandidatenkür dann nicht mehr bieten lassen.

Es ist also höchste Zeit, die Mitglieder der Partei auch bei der Auswahl der Kandidaten in den Wahlkreisen und bei der Aufstellung der Wahllisten zu befragen. Wenn es dann dabei demokratisch zugehen soll, muss jedes Mitglied eine gleichwertige Stimme haben. Eine Besserstellung oder Benachteiligung kann es dann nicht mehr geben. Der SPD stehen spannende Zeiten bevor.

25 Jahre Frauenquote sind genug

erschienen in „nachdenkseiten" am 14. Juni 2011

Einleitung

Die Verankerung von Frauenquoten in den Statuten der Parteien ist heute nichts Besonderes mehr. Sie werden zwischenzeitlich in allen Parteien diskutiert und praktiziert. „Grüne", SPD und „Linke" haben sie schon seit Jahren in ihren Organisationsstatuten verankert. Zwischenzeitlich hat selbst die CSU sie eingeführt. CDU und FDP werden mit großer Wahrscheinlichkeit folgen. Die Frauenquote also eine einzige Erfolgsgeschichte? So könnte man meinen. Die Bilanz sieht jedoch anders aus. Unter Quotierung wird die zeitlich befristete Bevorzugung von Frauen bei der Gewinnung von Mandaten in Parlamenten und bei der Vergabe von Ämtern und Funktionen in den Parteien verstanden. Die Quote, so heißt es, sei notwendig, um das politische Engagement der Frauen zu stärken und ihr Interesse, aktiv in einer Partei mitzuwirken, zu wecken. Zudem wären gerade Frauen in der Vergangenheit in den von „Männern dominierten" Parteien strukturell benachteiligt gewesen, sie kämen regelmäßig bei der Vergabe von Ämtern und Mandaten zu kurz. Die Quote sollte somit sicherstellen, dass Frauen zumindest entsprechend ihres Anteils an der Mitgliederschaft bei der Vergabe von Führungspositionen berücksichtigt werden. Für eine befristete Zeitspanne sei sogar eine „Überrepräsentanz" von Frauen in den Führungsgremien gerechtfertigt.[33]

Nur befristete Quoten sind verfassungsgemäss

GEWÄHRSMANN und Quotenverteidiger Ingwer Ebsen machte klar, „daß eine Quotierung von 40 Prozent nach Ablauf einer Zeit ... insoweit nicht mehr verfassungsmäßig wäre, als sie den Mitgliederanteil der Frauen deutlich überstiege." Genau das ist jedoch heute der Fall. Deshalb sei es, so Ebsen, empfehlenswert, „im Interesse klarer Verhältnisse von vorneherein eine zeitliche Befristung vorzusehen, nach deren Ablauf die in der Satzung vorgesehene Quote durch den Mitgliederanteil begrenzt ist." [34] Der Parteitag der SPD in Münster 1988, auf dem die Aufnahme der Quotenregelung ins Organisationsstatut beschlossen wurde, kam die-

25 Jahre Frauenquote sind genug

ser Empfehlung nach: Die Quotenregelung wurde auf das Jahr 2013 befristet. Bis zum Parteitag der SPD im Jahre 2003 in Bochum. Dort wurde die Quotenregelung entfristet und auf Dauer gestellt. Nach dem auf dem Parteitag in Münster beschlossenen Organisationsstatut der SPD sollten „ab sofort" ein Drittel und von 1994 an 40 Prozent weibliche Mitglieder bei der Vergabe von Parteiämtern zwingend berücksichtigt werden.

Doch nicht nur bei der Vergabe von Parteiämtern und -funktionen sollten Frauen bevorzugt werden. Bei den Listen und Kandidatenaufstellungen zu Parlamentswahlen auf kommunaler Ebene, auf Länder- und Bundesebene sollten nach der neuen Parteisatzung bis 1990 25 Prozent, ab 1994 33 Prozent und ab 1998 40 Prozent Frauen zwingend berücksichtigt werden. Allerdings wurde diese 40 Prozent Quote faktisch unterlaufen. Im Statut gilt die Quotenregelung für Frauen und Männer gleichermaßen. Die Folge davon ist, dass in der praktischen Umsetzung der Quotenregelung den Frauen tatsächlich eine 50 Prozent Quotierung zugutekommt.

Grundwerte im Widerspruch: Demokratie vs. Gleichstellung

VERFASSUNGSRECHTLICH ist die verbindliche Quotenregelung nicht unheikel. Und aus diesem Grund war sie lange Zeit umstritten. Die 40 Prozent Quotierung stellt nicht nur eine Bevorzugung von Frauen dar, sondern auch umgekehrt eine Benachteiligung von

Männern. Die verbindliche Quotenregelung verletzt Art. 3 Abs. 3. S. 1 unseres Grundgesetzes, nach dem niemand wegen seines Geschlechts benachteiligt oder bevorzugt werden darf. Zwar können Parteien als privatrechtliche Vereinigungen organisationspolitisch souverän handeln, gegen Grundrechte und gegen die Verfassung dürfen aber selbst Parteien nicht verstoßen. Verfassungsrechtler sind allerdings der Auffassung, dass von Verfassungsgrundsätzen aus besonders schwerwiegenden Gründen abgewichen werden darf. Zum Beispiel dann, wenn ein anderer Grundwert der Verfassung nachhaltig verletzt werde, wie beispielsweise die Gleichberechtigung von Männern und Frauen (Art. 3 Abs. 2 S. 1).

Die Bevorzugung von Frauen in den Parteistatuten bedarf aber immer einer „im Rahmen des strengen Gleichheitsgebots hinreichenden Rechtfertigung" (Ingwer Ebsen). Den Rechtfertigungsgrund sehen die Befürworter der Quotenregelung denn auch in der Gleichrangigkeit der Absätze 2 und 3 von Artikel 3 GG. Artikel 3 des Grundgesetzes enthält, wie sie sagen, ein grundrechtsimmanentes Spannungsfeld. Einerseits bestimmt Art. 3 Abs. 2 GG, dass Männer und Frauen gleichberechtigt sind. Der Staat habe die „tatsächliche Durchsetzung der Gleichberechtigung von Frauen und Männern (zu fördern) und (wirke) auf die Beseitigung bestehender Nachteile hin. Anderseits darf niemand „wegen seines Geschlechts ... benachteiligt oder bevorzugt werden" (Art. 3 Abs. 3 S. 1 GG). Hier stehen, wie der ehemalige Bundesjustizminister Gerhard Jahn auf dem Quoten-Parteitag der SPD in Münster meinte, zwei Grundsätze der Verfassung im Widerstreit... Aber es sei „ein Irrtum, zu glauben, daß die Verfassung einem ihrer Gebote blindlings und generell Vorrang einräumt". [35] Die Frage bleibt allerdings, ob die Wahrung und Förderung des einen Grundrechts Art. 3 Abs. 2 GG (Männer und Frauen sind gleichberechtigt) zulasten eines anderen Grundrechts Art. 3 Abs. 3 S. 1 GG (Niemand darf wegen seines Geschlechts ... benachteiligt oder bevorzugt werden) erkauft werden darf oder ob zweifelsfreiere, verfassungskonformere Wege dazu beschritten werden können. Eine weitere Frage ist, ob es politisch klug ist, sich auf einen solchen Handel, zwischen zwei Grundwerten entscheiden zu müssen, einzulassen.

QUOTENREGELUNG VON KARLSRUHE NICHT GEDECKT

Von interessierter Seite wird der Eindruck erweckt, als sei eine Quotenregelung von Entscheidungen des Bundesverfassungsgerichts gedeckt. Dieser Eindruck ist jedoch falsch. Bislang haben sich die Karlsruher Richter mit der verbindlichen Quotierung nicht befasst. Das Bundesverfassungsgericht hat sich in einer Reihe von Entscheidungen mit der Frage des in Art. 3 Abs. 2 GG geforderten Gleichberechtigungsgebots und dessen Umsetzung in der gesellschaftlichen Wirklichkeit auseinandergesetzt. In Art. 3 Abs. 2 S. 2 GG gehe es, so das Bundesverfassungsgericht, „um die Durchsetzung der Gleichberechtigung der Geschlechter für die Zukunft". [36] Dabei dürften faktische Nachteile, die typischerweise Frauen treffen, „durch begünstigende Regelungen ausgeglichen werden".[37] Die Karlsruher Richter haben deshalb dem Gesetzgeber einen Gestaltungsspielraum eingeräumt, wie er dem Gebot des Art. 3 Abs. 2 S. 2 GG nachkommt. Die „Ausgestaltungsbefugnis" des Staates muss jedoch „faktische Diskriminierungen, die sich als Folge seiner Regelungen ergeben, so weit wie möglich vermeiden." [38] Den die Frauen „begünstigende Regelungen" sind somit enge Grenzen gesetzt. Zumal dann, wenn andere Grundrechtsnormen verletzt werden, wie im Falle einer verbindlichen Quotenregelung Art. 3 Abs. 3 S. 1 GG (Niemand darf wegen seines Geschlechts benachteiligt oder bevorzugt werden) oder Art. 21 Abs. 1 S. 3 GG (Die innere Ordnung der Parteien muss demokratischen Grundsätzen entsprechen). Ob die in Parteistatuten festgeschriebene verbindliche Quotenregelung vor dem Bundesverfassungsgericht Bestand haben wird, ist deshalb durchaus fraglich.

Aus dem „Auftrag" an den Staat, die Gleichberechtigung zwischen den Geschlechtern durchzusetzen, wird zwar geschlossen, dass eine statutenverbindliche Bevorzugung von Frauen (und eine entsprechende Benachteiligung von Männern)[39] auch in Parteien gerechtfertigt sei. Doch Parteien sind keine staatlichen Institutionen, für die allenfalls „begünstigende Regelungen", beispielsweise in Form von Quoten, Geltung haben könnten. Die Staatsferne der Parteien ist ausdrücklich von den Verfassungsgebern gewollt. Parteien sind privatrechtliche Vereine, die an der Willensbildung des Volkes mitwirken. Niemand wird dazu gezwungen, in einer Partei mitzuwirken. Jedes Mitglied kann zu jeder Zeit seine Partei verlassen und seine Beitragszahlung an sie beenden. In

25 Jahre Frauenquote sind genug

den Statuten der Parteien existieren keine Frauen benachteiligende Regelungen. Sie können jeder Partei ohne jede Behinderungen frei beitreten und sich um alle Ämter und Mandate bewerben. Weil unsere Parteien eben keine Staatsparteien sind, ist die Pflichtquote auch nicht durch die Auslegung von Art. 3 Abs. 2 durch das Bundesverfassungsgericht gedeckt.

Beschränkung der innerparteilichen Demokratie

Aber auch andere Artikel des Grundgesetzes werden mit einer verbindlichen Quotenregelung verletzt. Die innere Ordnung der Parteien muss „demokratischen Grundsätzen" entsprechen (Art. 21 GG Abs. 1 S.2). Zudem werden mit der Einschränkung des Prinzips „allgemeiner, unmittelbarer, freier, gleicher und geheimer Wahlen" (Art. 38 Abs.1 S.1) „Grundelemente der Demokratie" missachtet.

Welche Aufgaben und Funktionen, welchen Grad an Organisationssouveränität der Gesetzgeber den Parteien in der parlamentarischen Demokratie als „Mittler zwischen Wahlvolk und staatlichen Institutionen" auch immer einräumt, unstreitig bleibt, dass Parteien Grundrechte zu beachten und demokratische Verfahren einzuhalten haben. Dazu gehört, dass sie ihren Mitgliedern die gleichen Mitwirkungsrechte gewähren müssen. Artikel 21 Abs. 1 S. 3 GG bestimmt, dass die innere Ordnung der Parteien „demokratischen Grundsätzen" entsprechen muss. Was unter dem Begriff „demokratische Grundsätze" im Einzelnen zu verstehen ist, bleibt unklar. Das Bundesverfassungsgericht hat allerdings zwei „ganz elementare Anforderungen" an die Parteien aus Artikel 21 Abs. 1 S. 3 GG hergeleitet: Zum einen müssen sie den Aufbau und den Entscheidungsprozess von unten nach oben gewährleisten, zum anderen muss die grundsätzliche Gleichwertigkeit der Parteimitglieder bei der Willensbildung in der Partei garantiert sein. Das Bundesverfassungsgericht hat zudem eine Differenzierung von aktivem und passivem Wahlrecht einschließlich des Zähl- und Erfolgswerts der Stimmen verboten. Dem widerspricht aber grundsätzlich eine Pflichtquotierung, wie sie in den Parteien praktiziert wird. Die Quotenbefürworter sind auch hier der Auffassung, dass bei Verletzung eines so elementaren Grundrechts wie dem der Gleichberechtigung zwischen den Geschlechtern eine hinreichende Rechtfertigung vorhanden sei, um das Prinzip der Wahlgleichheit für eine befristete Zeit einzuschränken.

Die Münsteraner Inszenierung

In der Diskussion um die Einführung der Quote auf dem Parteitag der SPD in Münster 1988 gab es dazu eine eher langweilige, nur wenige Male leidenschaftlich aufflammende Debatte. Es war offensichtlich vorher schon alles öffentlich gesagt und vor allem intern geregelt worden. Den Rest besorgte eine geschickte Parteitagsinszenierung. Erstaunlicherweise hatten sich die

25 Jahre Frauenquote sind genug

beiden ehemaligen Bundesjustizminister Gerhard Jahn, 1988 parlamentarischer Geschäftsführer der SPD-Bundestagsfraktion, und der Parteivorsitzende Hans Jochen Vogel bereits früh, mit großer Verve und ohne Vorbehalt für die verbindliche Quotenregelung ausgesprochen. Ihre Autorität, ihr Einfluss, ihr Prestige ebenso wie ihr Ansehen, welches sie in die Waagschale werfen konnten, verfehlten ihre Wirkung bei den Parteitagsdelegierten nicht. Der Baden-Württembergische Bundestagsabgeordnete Hermann Bachmaier war einer der wenigen Delegierten, die auf dem Parteitag in Münster der Einführung einer „Muß-Quote", wie er sagte, aus grundsätzlichen Erwägungen widersprach. Sozialdemokraten seien, so Bachmaier, mit Recht stolz darauf, „daß wir unsere Ziele immer mit unbestreitbar demokratischen Mitteln verfochten und durchgesetzt haben." Die verbindliche Quote stelle aber einen bedenklichen Eingriff in die Entscheidungsfreiheit der Parteimitglieder dar und gerate damit zwangsläufig und notwendigerweise in Konflikt zur innerparteilichen Demokratie.

„Wer es mit der innerparteilichen Demokratie ernst meint, kann auch noch so herausragende Prinzipien wie das der Gleichstellung der Frauen in der Politik nur mit einwandfreien demokratischen Mitteln herbeiführen". Diesem Anspruch aber genüge die Pflichtquotierung nicht. Innerparteiliche Wahlen und Listenaufstellungen würden in nicht unwesentlichem Umfange vorfestgelegt und nicht mehr der souveränen Entscheidung der Parteimitglieder überlassen. Die Eigenschaft „Frau oder Mann" überlagere alle anderen bei Personalentscheidungen anstehenden Kriterien." Schließlich warnt Bachmaier: Wer das Gutachten von Professor Ebsen gründlich gelesen und sich ein bisschen um die einschlägigen Probleme gekümmert habe, „der weiß, daß die Einführung einer Pflichtquotierung ein verfassungsrechtlich äußerst riskantes, ja risikoträchtiges Unternehmen darstellt." [40] Bachmeiers Warnungen stießen auf taube Ohren. Die wenigen kritischen Einwände, die auf dem Parteitag vorgetragen wurden, wurden mit leichter Hand als unerheblich beiseitegeschoben. So hielt der ehemalige Landesvorsitzende der SPD Baden-Württemberg, Ulrich Lang, die Quote für einen „schweren Rückschlag für den Gedanken einer auf Verständigung und Einsicht durchsetzungsfähigen Gleichberechtigungspolitik, wenn wir alle, die in Zukunft gewählt werden, dem Verdacht aussetzen, sie seien nur um des Proporzes willen gewählt worden."

Er erntete mit dieser Bemerkung ebenso Pfiffe wie mit seinem Apell doch zu bedenken, was es bedeute, „daß diese Partei am Anfang dieses Jahrhunderts das Dreiklassenwahlrecht in einem entschiedenen Kampf abgeschafft hat und daß wir jetzt dabei sind, am Ende dieses Jahrhunderts ein Geschlechterwahlrecht einzuführen. Der große Gedanke der Gleichberechtigung, eine der herausragenden Aufgaben, vor denen diese Partei für diese Gesellschaft steht und mit der sie bei sich selbst anfangen muß, hätte bessere Methoden verdient als die, die hier uns heute vorgeschlagen wird." [41]

Semantische Kosmetik, verhängnisvolle Umdeutung

Die "Frauenquote" sei in Wirklichkeit eine quotenmäßige "Mindestabsicherung für beide Geschlechter" hatte die ASF bereits Anfang der achtziger Jahre behauptet. Dem folgte erstaunlicherweise der Parteivorstand schon 1986.[42] Natürlich ging es bei der Quote um die (im Verhältnis zum Anteil weiblicher Mitglieder) Überrepräsentanz von Parteifrauen auf Spitzenpositionen. Natürlich war das eine Bevorzugung der Frauen, zulasten der männlichen Mitglieder. Das war ja der ganze Sinn der Operation. Quotenbefürworter Ludwig Stiegler, damals stellvertretender bayrischer Landesvorsitzender und Mitglied des Deutschen Bundestages, brachte es auf den Begriff: "Die Quotenregelung würde viele, vor allem junge Männer demotivieren, so heißt es. Das werden wir aushalten müssen." [43]

Die semantische Umdeutung war für die Quotenbefürworter, vor allem für die führenden Genossinnen, aus verschiedenen Gründen wichtig. Die Pflichtquote war zum einen das Eingeständnis einer Niederlage. Die Parteifrauen hatten es in der Männerpartei SPD nicht geschafft, sich aus eigner Kraft zu behaupten und im Wettbewerb um Posten und Karrieren mitzuhalten. Dieses Bild der "Quotenfrauen" passt aber so gar nicht ins Bild der "Starken Frauen", das in der Öffentlichkeit beworben wird. Zum zweiten konnte mit diesem semantischen Trick die Quote zugunsten von Frauen nach oben, nämlich in

Richtung 50 Prozent, verschoben werden. Bei der Wahl der Delegierten zu Parteitagen, bei der Quotierung von Parteigremien und der Aufstellung von Listen für Parlamentswahlen wird regelmäßig das sogenannte „Reißverschluss"-Verfahren (weibliche Kandidaten wechseln mit männlichen Kandidaten auf Wahllisten ab) angewandt.

Die semantische Umdeutung hatte zum dritten eine Wirkung, an die 1988 wohl kaum jemand gedacht haben mochte. Auf dem Bochumer Parteitag 2003 wird die „Mindestabsicherung für beide Geschlechter" zur argumentativen Grundlage für die Entfristung der Quotenregelung. Frauen und Männern soll die „Verlässlichkeit einer klaren Satzungsregelung ohne Beschränkung" gegeben werden, so die Vorsitzende der ASF auf dem Bochumer Parteitag 2003 Karin Junker.[44] Schließlich sollte mit der semantischen Neuschöpfung das hässliche Wort von der „Quotenfrau", die in der „Alibifrau" oder „Proporzfrau" früherer Tage ihre Entsprechung hatte, aus der Welt geschafft werden.

Bis heute ist es jedoch nicht gelungen, der „Quotenfrau" den „Quotenmann" an die Seite zu stellen. Die Quotenbefürworter mögen noch so nachdrücklich von der „Mindestabsicherung für beide Geschlechter" reden, solange sich die Realität nicht ändert, bleiben die semantischen Bemühungen erfolglos, eher ein Beitrag zur Erheiterung. Und die Realität heißt: Bei einem Mitgliederanteil von Frauen von unter einem Drittel werden Frauen bei der Vergabe von Spitzenpositionen nach wie vor bevorzugt und sind damit deutlich überrepräsentiert. Auch noch 23 Jahre nach dem Parteitag von Münster.

25 Jahre Frauenquote sind genug

Der Weg nach Münster

Als auf dem Münsteraner Parteitag die Quotenregelung nach mehr als zehnjähriger Diskussion beschlossen wurde, hatte sich die Frauen diskriminierende Lage in der Partei längst verändert. Von den 400 Delegierten und den 39 Mitgliedern des Parteivorstandes, die nach Münster anreisten, waren 159 Frauen, das war ein Anteil von über 36 Prozent. Dagegen waren 1988 nur gut 26 Prozent der Parteimitglieder Frauen. Vom Gesichtspunkt der Gleichstellung der Geschlechter waren die Frauen bereits auf dem Münsteraner Parteitag auch ohne Quotenregelung privilegiert vertreten. Auch war der Frauenanteil in der SPD-Bundestagsfraktion Mitte der achtziger Jahre bei 16 Prozent deutlich höher als zehn Jahre zuvor. Der Aufholprozess der Frauen war längst im Gange.

Das war Mitte der siebziger Jahre, als die Quotendiskussion begann, noch ganz anders. Auslöser der Debatte war die blamabel geringe Zahl weiblicher Abgeordneter in der SPD-Bundestagsfraktion nach dem historischen Wahlsieg der SPD im Jahre 1972. Noch nie hatte die SPD mit 45,9 Prozent der abgegebenen Zweitstimmen ein solches Wahlergebnis erzielt. Einziger Schönheitsfehler: Von den 242 SPD Abgeordneten waren nur 13 Frauen. Ganze 5,3 Prozent. Das war der seit Jahrzehnten geringste Frauenanteil bei einer nationalen Wahl. Der Parteivorstand musste sich darum kümmern. Mitte der siebziger Jahre schlug der SPD-Vorsitzende Willy Brandt eine 25 Prozent Frauenquote für alle Ämter in der Partei und eine ebenso so hohe Quote bei der Kandidatenaufstellung bei Wahlen für die Parlamente vor.

Fakt war: Ihren jahrzehntelangen hehren Bekundungen zur Gleichberechtigung von Männern und Frauen kam die männerdominierte SPD regelmäßig nicht nach, wenn es um die Verteilung von Macht und Einfluss in Politik und Staat ging. Trotz eines Frauenanteils von 18,7 Prozent (1972) waren Frauen bei der Verteilung von Ämtern und Mandaten erschreckend gering berücksichtigt worden. Auf Länder- und Kommunalebene sah es nicht viel besser aus.

Brandt spürte, dass aus dem eklatanten Widerspruch von Anspruch und Wirklichkeit langfristig eine Bedrohung für die SPD entstehen konnte. Die Glaubwürdigkeit stand auf dem Spiel. Im Übrigen hatte sich die gesellschaftliche Großwetterlage mit der neuen Frauenbewegung seit Mitte der sechziger Jahre spürbar verändert.

Damals in den siebziger Jahren lehnte die Arbeitsgemeinschaft sozialdemokratischer Frauen (ASF) den Quotenvorschlag Willy Brandts ab. Die sozialdemokratischen Frauen wollten aus eigener Kraft und mit demokratischen Mittel die – eigentlich ja von allen in der Partei gewollte – höhere Beteiligung von Frauen an Ämtern und Mandaten erkämpfen. Viele sahen im Übrigen in der Quotenregelung eine – wenn auch subtile – Diskriminierung von Frauen durch eine von Männern gönnerhaft gewährte Privilegierung von Frauen. Die Frauen wollten nicht als Alibi-, Proporz- oder Quotenfrau abgetan – und belächelt – werden.

Die feministische Wende

Der Beginn der achtziger Jahre brachte dann die Wende. Die Arbeitsgemeinschaft sozialdemokratischer Frauen (ASF) hatte sich nach ihrer „feministischen Wende" 1981 der Forderung nach „völliger zahlenmäßiger Gleichstellung von Frauen in Parlamenten, d.h. die Repräsentation von Frauen entsprechend ihres Anteils an der Bevölkerung" [45] verschrieben, d.h. es ging jetzt um die Einführung einer 50 Prozent Ämter- und Mandats-Quote für Männer und Frauen. Bereits auf dem Nürnberger Parteitag der SPD im Jahre 1986 hatten sich die Feministinnen durchgesetzt.

Jetzt hieß es, es sei das „feste Ziel der SPD, den Anteil der Frauen an Mandaten, Ämtern und Funktionen in der Partei so zu steigern, dass noch in den 90er Jahren der Anteil der Frauen an allen Funktionen und Mandaten der SPD grundsätzlich dem Bevölkerungsanteil entspricht." Diese populäre feministische Denkfigur ist - bezogen auf die Beteiligung von Frauen an Führungspositionen der Partei – geradezu absurd. Sie bedeutet, dass – selbst wenn der Anteil der Frauen an der Mitgliedschaft gegen Null tendieren würde – die Führungsgremien nach wie vor paritätisch besetzt werden müssten.

Die Quotendiskussion in der SPD bekam durch die „feministischen Wende" eine völlig neue Wendung. Hatte der Parteivorsitzende Brandt in den siebziger Jahren eine schreiende Ungerechtigkeit mit der Einführung einer Quotenregelung beseitigen wollen, ging es mit der feministischen Interpretation der Quoten durch den neuen ASF Vorstand um etwas ganz anderes. Es ging um Geschlechtergleichstellung schlechthin, nicht um Gleichberechtigung von Männern und Frauen in einem konkreten Fall, in einer konkreten Organisation. Es ging nicht um die Beseitigung einer in der Partei existierenden Unterrepräsentation von Frauen, sondern es ging jetzt um die Repräsentation von Frauen entsprechend ihres Anteils an der Bevölkerung, unabhängig von ihrem Mitgliederanteil. Solange die Zahl weiblicher und männlicher Mitglieder nicht annähernd gleich hoch ist, ist die Überrepräsentanz von Frauen damit faktisch dauerhaft festgeschrieben.

Geschlechterquote widerspricht Grundgesetz

Eine solche Zielsetzung widerspricht allerdings dem Demokratiekonzept des Grundgesetzes, wie Prof. Ebsen in seinem Gutachten für den SPD-Parteivorstand ausgeführt hatte. Der Bezug zum Frauenanteil an der Bevölkerung begründe in Wahrheit „einen durch keinen demokratischen Mechanismus vermittelten und damit auch durch nichts legitimierten Repräsentantenstatus der Frauen in der Partei für die Frauen außerhalb der Partei. „Eine solche, dem Demokratiekonzept des Grundgesetzes widersprechende Frauenrepräsentanz kann nicht teilhaben an der positiven verfassungsrechtlichen Bewertung faktischer Gleichstellung der Frauen auch bei der politischen Einflussnahme." [46] Kaum jemand in der

Partei hatte diesen Einwand ernst oder auch nur zur Kenntnis genommen. Es ist bezeichnend, dass auf dem Parteitag in Münster über die feministische Interpretation der Quote gar nicht gesprochen wurde. Von Repräsentation von Frauen in Parteiämtern und Mandaten entsprechend ihres Anteils an der Bevölkerung sprachen weder Vogel noch die Vorsitzende der ASF, die den Antrag für die Quotenregelung begründete, noch irgendjemand sonst. Die Quotenregelung sollte eine Regelung auf Zeit sein, eine Übergangsregelung, bis den Frauen schrittweise ein, wie der Parteivorsitzende Vogel sagte, „angemessener Anteil an den Funktionen und Mandaten eingeräumt werden" kann. [47]

Münster und danach

DER Quotenbeschluss von Münster war ein Meilenstein in der Parteigeschichte. Ein fataler, wie sich allerdings bald herausstellen sollte. Der damalige Parteivorsitzender Hans Jochen Vogel sprach – allerdings erst nach der Beschlussfassung des Parteitages – von einer „Entscheidung von großer Tragweite, die manche (der anwesenden Parteitagsdelegierten K.F.) in ihrer Tragweite noch gar nicht klar erfasst" hätten. Er ging sogar soweit zu behaupten, die Entscheidung für die Quote könne „mit der Einführung des Frauenwahlrechts vor 70 Jahren in einem Atemzug genannt werden". [48] In einer offenen Abstimmung stimmten 416 der Parteitagsdelegierten mit Ja, 54 mit Nein. Warum ein solch entscheiden-

GRUNDWERTE IM WIDERSPRUCH...

der Schritt für die SPD in offener und nicht der Bedeutung entsprechend in geheimer Abstimmung beschlossen wurde, hatte hinter vorgehaltener Hand schon auf dem Münsteraner Parteitag Fragen hinterlassen. Vogel, der ein Jahr zuvor überraschend zum Parteivorsitzenden gewählt worden war, hatte seine ganze politische Autorität in die Waagschale geworfen und hinter den Kulissen mit Hilfe der Parteifrauen, der Parteilinken und seinen Getreuen aus der Bundestagsfraktion äußert geschickt an den Strippen gezogen. Auch eine große Zahl weiblicher Parteitagsgäste tat das ihre, lautstark ihre Sympathien und vor allem auch Antipathien zu zeigen.

Jedem war klar, die Entscheidung zugunsten der Quotenregelung war schon vor dem Münsteraner Parteitag eine ausgemachte Sache. Damit wurde für alle Parteigliederungen – vom Ortverein, von den Unterbezirken, den Bezirken, den Landesverbänden, bis zur Bundesebene (Parteitag, Parteirat, Parteivorstand, Präsidium sowie den unterschiedlichen Parteikommissionen) – die „Geschlechter-Quote", wie sie bald hieß, bei der Wahl von Funktions- und Mandatsträgern verbindlich festgelegt. Nach dem neuen Statut sollten „ab sofort" ein Drittel und von 1994 an 40 Prozent Frauen bei der Vergabe von Parteiämtern berücksichtigt werden. Bereits auf dem Parteitag in Münster machte die SPD mit der neuen Quotenregelung ernst. Auf getrennten Männer- und Frauenlisten und entsprechenden Wahlgängen wurde von den Delegierten der neue Parteivorstand gewählt. Bei der Wahl zum neuen Parteivorstand wurde dann die Zielvorgabe für die Frauen in nur zwei Wahlgängen spielend erreicht. Bei den Männern wurde dagegen elend lange gewählt bis ein Ergebnis fest-

25 Jahre Frauenquote sind genug

stand. Der Wahlvorgang mit vier Wahlgängen dauerte insgesamt 8 Stunden. Mit knapper Not wurden im vierten Wahlgang der Bremer Bürgermeister Hans Koschnick, der ehemalige Bundesbildungsminister Klaus von Dohnanyi, der außenpolitische Sprecher der SPD Bundestagsfraktion, Karsten Voigt[49] gewählt.

Als Schlusslicht schlitterte der stellvertretende Vorsitzende und wirtschaftspolitische Sprecher der SPD Bundestagsfraktion, Wolfgang Roth, noch gerade durch. Auf der Strecke blieben Peter Glotz, enger Vertrauter Willy Brandts und langjähriger Bundesgeschäftsführer der Partei sowie der stellvertretende Vorsitzende und finanzpolitische Sprecher der SPD Bundestagsfraktion, Hans Apel[50]. Apel war ein enger Vertrauter Helmut Schmidts, Bundesfinanz- und Bundesverteidigungsminister in der sozialliberalen Koalition. Doch das Ziel einer 33 Prozent Quote für Frauen wurde erreicht: Neben 24 Männern waren jetzt 12 Frauen im Parteivorstand vertreten. Das war die Hauptsache.

Die Bochumer Entfristung

Auf dem Münsteraner Parteitag 1988 war für alle Delegierten klar, dass eine Überrepräsentanz von Frauen in Führungspositionen mit Hilfe einer verbindlichen Quotenregelung nur gerechtfertigt ist, wenn sie befristet, also für einen bestimmten Zeitraum gilt. Prof. Ingwer Ebsen hatte in seinem Gutachten für den SPD Parteivorstand mit Nachdruck darauf hingewiesen, dass eine Quotenregelung nur als zeitlich befristetes Mittel zur Erhöhung des Mitgliederanteils verfassungsrechtlich legitimiert sei.

Auf dem Parteitag hatte das Parteiratsmitglied Helmut Kuhn an Ebsens Ausführungen angeknüpft: Dass man sich mit dem Projekt der Quotenregelung in die Nähe der Fragwürdigkeit gegenüber der Verfassung und der Gesetze begebe, sei in der Diskussion deutlich geworden. „Ingwer Ebsen selber sagt ja, nur deswegen, weil die vorgeschlagene Regelung eine Anstoßfunktion auf Zeit habe, müsse man sie auch wieder verlassen." [51] Auch der – neben Partei- und Fraktionsvorsitzendem Hans Jochen Vogel – Hauptbefürworter einer verbindlichen Quotenregelung, der frühere Bundesjustizminister Gerhard Jahn, hatte sowohl auf dem Parteitag in Münster als auch in diversen Beiträgen vor und nach dem Parteitag auf diesen Aspekt der Quotenregelung ganz besonderes Gewicht gelegt: Weil es darum gehe, einen Teufelskreis (Jahn meinte die strukturelle gesellschaftliche Benachteiligung von Frauen einerseits und ihr mangelndes politisches Engagement andererseits) zu durchbrechen, sei die „vorgeschlagene Quotierung in ihrer, die Frauen im Verhältnis zu ihrem Mitgliederanteil sogar bevorzugenden Form nur zeitlich begrenzt vorgesehen". [52]

Selbst in der Begründung des Quoten – Antrags auf dem Münsteraner Parteitag führte die Vorsitzende der ASF, Inge Wettig-Danielmeier – allerdings ziemlich nebulös – aus: „Im Übrigen haben die SPD und die ASF die Quotenregelung schon immer als Übergangsregelung angesehen, um die Verhältnisse neu zu regeln. Aber langfristig ist die Quotenregelung in einer Partei, die der Gleichheit verpflichtet ist, nach unserer Überzeugung überflüssig." [53] Der Quotenbeschluss von Münster sah deshalb folgerichtig die zeitliche Befristung der Quotierung bis zum Jahre 2013 vor.

Auf dem Parteitag in Bochum hat die SPD dann – auf Antrag der ASF (Antrag 244) – diese Befristung ohne Debatte sang- und klanglos aufgehoben. Die Vorsitzende der ASF und Antragsbegründerin, Karin Junker, meinte, die „Frauenquote" sei in Wahrheit eine quotenmäßige „Mindestabsicherung für beide Geschlechter". Das war aber nichts anderes als eine semantische Umdeutung, der sich die ASF schon sehr früh bediente, um zu verschleiern, dass es bei der Quotenregelung um die Bevorzugung von Frauen geht. Die „Mindestabsicherung für beide Geschlechter" sei, wie Junker kabarettreif fortführte, „im Zweifelsfall auch eine Garantie für Männer, ihren geschlechtergerechten Anteil an Funktionen und Mandaten zu erhalten. Darauf legen wir großen Wert." [54] Mit der Entfristung der Quotenregelung „wollen (wir) den Frauen und Männern die Verlässlichkeit einer klaren Satzungsregelung ohne Beschränkung geben." [55]

In offener Abstimmung ist dann bei nur wenigen Gegenstimmen und keinen Enthaltungen der Antrag 244 mit der erforderlichen Zweidrittelmehrheit vom Bochumer Parteitag angenommen worden. Damit ist nicht nur die Bevorzugung von Frauen satzungsmäßig auf Dauer festgeschrieben worden, sondern auch der Verstoß gegen Artikel 3, Abs.3, S. 1, Artikel 21 Abs. 1 S. 3 GG und Art. 38 Abs.1 S.1 unserer Verfassung.

Die bittere Bilanz der Quotenregelung

Es sei vorherzusehen, schrieb Gerhard Jahn in einem Artikel für die Parteizeitung „Vorwärts", dass längst vor Erreichen des vorgesehenen Endes der Maßnahme (das ist im Jahr 2013 K.F.) die Quotierung praktisch kein Thema mehr sein werde. „Deshalb wird nach einer – zugebenermaßen für Männer schmerzlichen, weil ihre Chancen schmälernden – Umstellungsphase auch die Zusammenarbeit von Männern und Frauen in der Partei keine Schwierigkeiten bereiten".

„Wenn erst die geschlechtsspezifische Benachteiligung (heute die von Frauen, für eine zeitlich begrenzte Anstoßphase die der innerparteilich aktiven Männer) überwunden sein wird, wird das Geschlecht ebensowenig eine Rolle für die politische Karriere spielen wie heute die Konfession." [56] Richtig ist, dass das Geschlecht heute weit weniger eine Rolle für die politische Karriere spielt als vor dreißig Jahren. Nur dazu hätte es – wie Beispiele heute zeigen – nicht einer verbindlichen Quote bedurft. Die CDU hat als erste Partei eine weibliche Vorsitzende gewählt und sie stellte auch die erste Bundeskanzlerin, die FDP die erste Fraktionschefin im Deutschen Bundestag – ganz ohne die verbindliche Quote. Dagegen hat die SPD bisher weder eine weibliche Parteivorsitzende noch eine weibliche Fraktionsvorsitzende im Bundestag. Von den traditionell mächtigen 20 Landes- und Bezirksvorsitzenden sind gerade einmal zwei weiblich.

23 JAHRE QUOTE:
ABSCHRECKEND UND FRUSTRIEREND

WIE nicht anders zu erwarten, hat die SPD auf allen Parteiebenen die Quotenregelung penibel umgesetzt. Der Frauenanteil im Parteipräsidium, dem höchsten Führungsgremium der Partei, liegt derzeit bei 47 Prozent[57], im Parteivorstand sind 40 Prozent Frauen, im Parteirat, dem wichtigsten Entscheidungsgremium zwischen den Parteitagen, liegt die Frauenquote bei 43,6 Prozent. Der Frauenanteil auf den Bundesparteitagen liegt seit 1990 weit über der Muss-Quote von 40 Prozent. Auch bei den Landes- und Bezirksvorständen beträgt der Frauenanteil im Durchschnitt zwischen 40 und 50 Prozent. Ausnahmen sind die Bezirke Braunschweig mit 33,3 Prozent und Hannover mit 39,1 Prozent bzw. der Landesverband Saar mit 34,8 Prozent, dem Heimatverband der Vorsitzenden der ASF, Elke Ferner. Selbst bei den Kreisverbänden liegt der Frauenanteil im Durchschnitt noch bei 37 Prozent.

Ein völlig anderes Bild finden wir auf der lokalen Ebene, dort, wo die ehrenamtliche, häufig frustrierende Knochenarbeit der Mitglieder vor Ort gemacht werden muss. In den Ortsvereinen, den Abteilungen der Partei, den Kommunalparlamenten, wo die täglichen Sorgen der Bürger im Vordergrund stehen, das Kleinklein der Politik ansteht. Hier ist die Anerkennung gering, der Unmut der Bürger hautnah spürbar. Hier auf lokaler Ebene weiß man nichts vom Glanz der öffentlichen Wahrnehmung. In noch nicht einmal jedem fünften Ortsverein (18,8 Prozent) steht eine Frau als Vorsitzende vor. Immerhin haben in den Vorständen der Ortsvereine Frauen fast 30 Prozent der Ämter inne. Überhaupt gilt: In den Basisorganisationen der Partei ist das aktive Engagement der Frauen weit geringer als der weibliche Mitgliederanteil von gut 30 Prozent vermuten lässt.

Bei der Bundestagswahl im Jahre 2009 stieg der Frauenanteil in der SPD Bundestagsfraktion auf 38,5 Prozent. Im Vergleich der Bundesländer hat der Landesverband Sachsen-Anhalt mit 66,7 Prozent den höchsten Frauenanteil. Von 4202 SPD Mitgliedern in Sachsen-Anhalt sind nur 1136 Frauen, das ist ein Anteil von 27 Prozent. Nur 19 Prozent Frauen fanden sich bereit, in einem Ortsverein den Vorsitz zu übernehmen. Die Landesgruppe Brandenburg in der SPD-Bundestagsfraktion hat einen Frauenanteil von 60 Prozent, bei der Mitgliedschaft liegt er bei 28 Prozent, der Anteil der weiblichen Ortsvereinsvorsitzenden liegt bei 23 Prozent . Im Landesverband Berlin sind 33 Prozent der Mitglieder Frauen, nur 28 Prozent der lokalen Parteigliederungen, den Abteilungen, werden von Frauen geleitet, dagegen sind 60 Prozent der Bundestagsabgeordneten aus Berlin Frauen. Wenn auch nicht so krass: Verhältnisse wie in Sachsen-Anhalt, Brandenburg oder Berlin gibt es strukturell in allen Landesparteien.

Die Quote hat den SPD-typischen Karriereweg ihrer Spitzenpolitiker, die sogenannte „Ochsentour", aus den Angeln gehoben. Das „Hochdienen", wie die „Ochsentour" verächtlich genannt wird, von unten (Schriftführer, Kassierer, Ortsvereinsvorsitzender) nach oben (Delegier-

25 Jahre Frauenquote sind genug

ter auf Landes- und Bundesparteitagen, Mitglieder des Bezirks-, Landes-, Bundesvorstandes) war für den Weg eines Spitzenpolitikers in der SPD typisch. Diese „Ochsentour" war aus verschiedenen Gründen von elementarer Bedeutung: Man lernte das politische Handwerk von der Pike auf, kannte sich in der Partei aus, war bei Wählern bekannt, hatte sich in vielen Wahlkämpfen als Redner, Organisator bewährt. Die „Ochsentour" war ein Qualitätsausweis. Wer sie geschafft hatte, konnte mitreden, wusste Bescheid, ließ sich nichts mehr vormachen.

Quotenfrauen haben es bei ihrer „Ochsentour" in der Regel um einiges leichter. Die Hürden zu Ämtern und Funktionen in der Partei werden meist spielend übersprungen, Mandate in Parlamenten relativ schnell erreicht. Zumindest sehr viel schneller und leichter als für männliche Mitbewerber. In den Ortsvereinen, den Kreisen und Bezirken werden nicht selten händeringend Genossinnen gesucht, die sich für eine Kandidatur zur Verfügung stellen. Zwar ist es selten – immerhin kommt es vor –, dass Frauen – kaum dass sie die Parteimitgliedschaft erworben haben – auch schon in einem Landesparlament oder sogar im Bundestag sitzen. Fest steht: Weibliches Führungspersonal steigt auf der „Ochsentour" weiter oben ein, die unteren Ränge werden meist übersprungen. Es verwundert kaum, dass das Ergebnis von fast einem Viertel Jahrhundert Quotenregelung dem männlichen Teil der Partei als frustrierend, ja abschreckend und demotivierend erscheint: In den Spitzenpositionen von Partei und Staat werden Frauen in die Ämter quotiert, während Männer in den 10.000 Ortsvereinen die Arbeit vor Ort erledigen.

ZIEL VERFEHLT

In seinem Schlusswort auf dem Münsteraner Quotenparteitag hatte der Parteivorsitzende Hans Jochen Vogel prognostiziert, der Quotenbeschluss werde „in der nächsten Zeit vielen Frauen den Weg zu uns erleichtern".[58] Das war ein Irrtum, wie sich schon bald herausstellen sollte. Das Ziel der Quotenregelung, die SPD für Frauen attraktiver zu machen und damit mehr weibliche Mitglieder zu gewinnen, ist gründlich verfehlt worden. Nach dem Quotenparteitag nahm zwar drei Jahre lang die Zahl weiblicher Mitglieder leicht zu – von 240.325 (1988) auf 251.559 (1991), also um 11.234. Das war ein Anstieg um knapp 4,7 Prozent.

Allerdings: In den drei Jahren vor der Einführung der verbindlichen Quotierung (also in den Jahren 1985 bis 1988) stieg die Zahl der weiblichen Mitglieder immerhin um 9009 oder 3,9 Prozent. Einen Quantensprung nach Einführung der verbindlichen Quotierung nennt man das wohl nicht. Aber es kam noch schlimmer. Nach nur drei Jahren eines eher mageren Anstiegs ging es rapide bergab – unaufhaltsam. Einen solch unumkehrbaren Abwärtstrend hatte es nach dem zweiten Weltkrieg noch nicht gegeben. 1993 war schon wieder das Niveau von 1988 erreicht. 1998, dem Jahr der vollen Wirksamkeit der Quotenregelung, wurden 224.213 weibliche Mitglieder gezählt. Gegenüber 1988 ein Rückgang von 16.112 oder knapp 7 Prozent. 2009 zählte die Partei dann nur noch 159.893 weibliche Mitglieder (Stand 31.12.2009). Das war ein Rückgang gegenüber dem Jahr der Ein-

25 Jahre Frauenquote sind genug

führung der Quotenregelung von 33,5 Prozent. Vor dem Quotenbeschluss war der Entwicklungstrend ein ganz anderer: Von 1965 an nahm die Zahl der weiblichen Mitglieder – von einigen wenigen Schwankungen einmal abgesehen – kontinuierlich zu. 1965 waren 123.565 Frauen Parteimitglieder, 1988 waren es 240.325, also ein Anstieg von 116.760 oder 94,5 Prozent.

Der Anstieg des Frauenanteils an der Mitgliederschaft ist vor allem der Tatsache geschuldet, dass deutlich mehr Männer die Partei verließen als Frauen. Im Jahre 1988 gab es 671.591 Männer in der SPD, 2009 waren es nur noch 352.626 (Stand 31.12.2009). 318.955 männliche Parteimitglieder gaben seit dem Quotenparteitag im Jahr 1988 ihr Parteibuch zurück. Das ist ein Rückgang von knapp 47,5 Prozent. In den 23 Jahren vor dem Quotenbeschluss nahm die Zahl der Männer leicht zu. Waren im Jahr 1965 586.883 Männer in der Partei, so lag die Zahl der Männer 1988 bei 671.591. Das war ein Anstieg von 84.708 oder 14,4 Prozent. Dem Rückgang männlicher Mitglieder von 47,5 Prozent steht der Rückgang weiblicher Mitglieder von 33,5 Prozent gegenüber. Das erklärt die leichte Zunahme des Frauenanteils an der Gesamtmitgliederschaft. Eine bittere Bilanz. Die SPD schrumpft sich der Gleichstellung entgegen. Wie ein Witzbold sarkastisch meinte, bis zur tatsächlichen Gleichstellung der Geschlechter in der SPD gibt es noch immer 200.000 männliche Mitglieder zu viel...

Der Makel der Frauenquote

Interview mit Reinhard Jellen, erschienen in telepolis in zwei Teilen unter " Quotenregelungen sind eine subtile Form der Frauenverachtung" am 20.08.2012 und „Quotenregelungen als Herrschaftsinstrument" am 22. 8. 2012

Herr Funken, was hat eine Frauenquote mit Demokratie zu tun?

Klaus Funken: Leider sehr wenig. Das ist ja das Problem mit einer verbindlich festgesetzten Frauenquote, einer "Zwangsquote", wie die SPD sie in ihren Parteistatuten seit 1988 verankert hat. Ihr fehlt die demokratische Legitimation. Mit Hilfe der Frauenquote soll ein Ziel, nämlich die zahlenmäßige Gleichstellung der Geschlechter in allen Lebenslagen gleichsam *par ordre du mufti*erzwungen werden. Auch in politischen Parteien. Es ist offensichtlich, dass sich bei der Umsetzung der Quote Probleme ergeben. Das fängt schon bei den uns allen verfassungsrechtlich garantierten, den sogenannten unveräußerlichen Grundrechten an. Eine verbindlich vorgeschriebene Frauenquote verstößt nämlich gegen das Diskriminierungsverbot unserer Verfassung. Artikel 3 Absatz 3 Satz 1 GG bestimmt, dass " niemand ... wegen seines Geschlechts, ... benachteiligt oder bevorzugt werden" darf. Genau darum geht es aber bei der Frauenquote. Es geht um die Bevorzugung von weiblichen Parteimitgliedern bei der Gewinnung von Mandaten in Parlamenten und bei der Vergabe von Ämtern und Funktionen in der Partei.

"Grüne und SPD haben massiv gegen Verfassungsgrundsätze verstoßen"

Welche Auswirkungen hat die Frauenquote auf den demokratischen Prozess innerhalb der Parteien selbst?

Klaus Funken: Mit einer Frauenquote wird in der Tat nicht nur ein Grundrecht verletzt, was schon schlimm genug wäre. Sondern es geht auch um die vom Verfassungsgeber geforderte demokratische Ordnung in den Parteien selbst. Die innere Ordnung der Parteien muss " demokratischen Grundsätzen" entsprechen, so bestimmt es Artikel. 21 Absatz 1 Satz 3 des Grundgesetzes.

Das Grundprinzip von Demokratie, die Gleichwertigkeit der Stimme (das berühmte *one man one vote*) wird bei einer Quotenregelung wesentlich eingeschränkt.

DER MAKEL DER FRAUENQUOTE

Parteien müssen ihren Mitgliedern zudem die gleichen Mitwirkungsrechte gewähren. Das Bundesverfassungsgericht hat zwei „ganz elementare Anforderungen" an die Parteien aus Artikel 21 Abs. 1 S. 3 GG hergeleitet: Zum einen müssen die Parteien den Aufbau und den Entscheidungsprozess von unten nach oben gewährleisten – davon sind alle Parteien allerdings meilenweit entfernt.

Zum anderen muss die grundsätzliche Gleichwertigkeit der Parteimitglieder bei der Willensbildung garantiert sein. Das Bundesverfassungsgericht hat zudem eine Differenzierung von aktivem und passivem Wahlrecht einschließlich des Zähl- und Erfolgswerts der Stimmen verboten. Eine Zwangsquotierung, wie sie in Parteien praktiziert wird, widerspricht dem aber grundsätzlich. So setzt beispielsweise die Benachteiligung der männlichen Mitglieder am passiven Wahlrecht an, was nichts anderes bedeutet, als dass die Wählbarkeit der Männer zugunsten weiblicher Mitglieder beschränkt wird. Von „ allgemeinen, unmittelbaren, freien, gleichen und geheimen Wahlen" wie es das Grundgesetz in seinen Wahlrechtsgrundsätzen (Artikel 38 Absatz 1 Satz 1 GG) vorsieht, kann somit in den Quotenparteien keine Rede sein.

Es verwundert schon, dass Grüne und SPD bei der Ausgestaltung ihrer innerparteilichen Ordnung nunmehr schon seit einem Viertel Jahrhundert derart massiv gegen zentrale Verfassungsgrundsätze verstoßen können. Bisher hat sich noch kein Parteimitglied in Karlsruhe beschwert. So gilt denn auch hier der alte Grundsatz des römischen Rechts: *Nullo actore, nullus iudex* – Wo kein Kläger, da kein Richter.

DER MAKEL DER FRAUENQUOTE

"Verfassungsrechtliche Bedenken wurden ignoriert"

1988 hat die SPD eine Frauen-Quote eingeführt. Was wurde darin festgeschrieben und welche Folgen können Sie nach 25 Jahren in Ihrer Partei ausmachen?

Klaus Funken: Unter Quotierung wurde auf dem Münsteraner Partei 1988 die – das ist ganz wichtig – *zeitlich befristete*Bevorzugung von Frauen bei der Gewinnung von Mandaten in Parlamenten und bei der Vergabe von Ämtern und Funktionen in der Partei verstanden. Nur durch ihre zeitliche Befristung war die Frauenquote damals als verfassungsgemäß angesehen worden.

In der Diskussion heute ist dieser Aspekt vollkommen in den Hintergrund getreten. Tatsächlich hat der Bundesparteitag 2003 – auf Antrag der *AsF*, der „Arbeitsgemeinschaft sozialdemokratischer Frauen" – in Bochum die zeitliche Befristung der Quotenregelung sang- und klanglos aufgehoben. Es gab keine Debatte, die verfassungsrechtlichen Bedenken von Münster waren vergessen oder wurden einfach ignoriert.

Für alle Parteigliederungen – vom Ortsverein, den Unterbezirken, den Abteilungen, den Bezirken, den Landesverbänden bis hin zur Bundesebene (Parteitag, Parteirat, Parteivorstand, Präsidium sowie den unterschiedlichen Parteikommissionen) – wurde eine Frauenquote von 40 Prozent bei der Wahl von Funktions- und Mandatsträgern also verbindlich festgelegt, das heißt in den Statuten der Partei verankert. Die SPD hat diese Vorgabe penibel eingehalten. Bei einem Anteil weiblicher Mitglieder von unter einem Drittel kommt die Quote damit einer Überrepräsentanz von Frauen in den Spitzenpositionen der Partei gleich.

"Feministischen Axiome werden durchdekliniert"

Was bedeutet das konkret?

Klaus Funken: Bei der Aufstellung der Kandidatenlisten (den sogenannte Landeslisten) für den Bundestag und die Landtage werden sogar regelmäßig 50 Prozent Frauen berücksichtigt. Hier gilt das sogenannte Reißverschlussverfahren, einer weiblichen Kandidatin folgt ein männlicher und so weiter. Ähnliches gilt für die Kreis- und Bezirksebene.

Die Einführung der Frauenquote ist die einzige echte Parteireform in der SPD seit Jahrzehnten. Sie hat nachhaltig Wirkung gezeigt. Sie hat die SPD von Grund auf umgekrempelt. Mit der „feministischen Wende" bei der „Arbeitsgemeinschaft sozialdemokratischer Frauen", 1981 und der verbindlich vorgeschriebenen Frauenquote hat sich die SPD 1988 einer neuen Ideologie geöffnet, die von außen, von der „neuen Frauenbewegung" der siebziger Jahre, in die Partei hineingetragen wurde.

Feministisches Denken ist seither auf dem Vormarsch überall. Traditionelle sozialdemokratische Konzepte wurden über Bord geworfen – nicht nur in der Familienpolitik, der Bildungs-, Forschungs- und Kulturpolitik, der Sozial- und Gesundheitspolitik, sondern auch in der Rechtspolitik, der Innenpolitik, ja der Außen- und Entwicklungspolitik. Ja selbst in der Finanz- und Haushaltspolitik lässt das neue feministische Denken grüßen.

Bis in die entferntesten Bereiche der Politik werden die feministischen Axiome durchdekliniert und – soweit es angebracht erscheint – angewandt. Nur in der Verteidigungspolitik bleibt der Eifer, die zahlenmäßige Gleichstellung der Geschlechter umzusetzen, zurück. Mit ihrer strukturellen Überrepräsentanz in allen Entscheidungsgremien der Partei kann die *AsF* ihre Politik meist auch spielend leicht durchboxen.

Was unternehmen die parteiinternen Kritiker der Reform dagegen?

Klaus Funken: Der Widerstand gegen die weitere Feminisierung der Partei ist faktisch zusammengebrochen. Die noch aktiven männlichen Mitglieder, die vor allem auch Karrieren machen wollen, müssen sich diesem Entwicklungstrend unterordnen und arrangieren sich mit den Genossinnen.

So besitzt die *AsF*-Führung heute eine Schlüsselrolle bei der Besetzung von Gremien, bei der Auswahl der Kandidaten für Parteiämter und Parlamentsmandate, bei der programmatischen Weiterentwicklung der Partei bis in die Formulierung der Tagespolitik hinein.

DER MAKEL DER FRAUENQUOTE

"Regime weiblicher Überrepräsentanz"

Wie wirkt sich das auf die Seelenlage der Partei aus?

Klaus Funken: Diese verkorkste Lage ist verantwortlich für die anhaltend gereizte Stimmungslage in der Partei. Ich kenne kaum jemanden unter den männlichen Mitgliedern, der unter vier Augen nicht zugibt, dass die Quotenregelung in der SPD ein Flop ist und abgeschafft gehört. Allerdings rührt sich offiziell kein Widerstand dagegen. Viele der noch aktiven Mitglieder haben sich mit der zwischenzeitlich ja schon seit fast 25 Jahre währenden Situation abgefunden und ihren Frieden mit der Quotenregelung gemacht.

Es gibt allerdings noch einen ganz anderen, sehr einfachen Grund für die Lethargie der Genossen. Änderungen an den Parteistatuten bedürfen einer Zwei-Drittel-Mehrheit auf dem Bundesparteitag. Hier stellen aber weibliche Mitglieder zwischenzeitlich die Hälfte der Parteitagsdelegierten.

Eine Statutenänderung ist somit gegen den Widerstand der *AsF* nicht zu machen. Einfach gesagt: Die Privilegierten (die weiblichen Mitglieder der SPD) entscheiden über ihre eigenen Privilegien (die Frauenquote). Eine komfortable Lage für die Frauen und eine aussichtslose Lage für die Männer in der SPD. Zudem ist mit der zeitlichen Entfristung der Quote die neue feministische Grundordnung der Partei, das Regime weiblicher Überrepräsentanz, in Marmor gemeißelt.

DER MAKEL DER FRAUENQUOTE

"Zahl der Mitglieder seit dem Quotenbeschluss abgestürzt"

Welche Resultate hat dies auf das Wählerverhalten und die Mitgliederzahlen?

Klaus Funken: Die SPD hat für ihre umfassende Feminisierung bitter bezahlen müssen. Seit den siebziger Jahren hat sich die Zustimmung bei nationalen Wahlen halbiert, von knapp 46 Prozent im Jahr 1972 auf 23 Prozent im Jahr 2009. Die Zahl der Mitglieder ist seit dem Quotenbeschluss 1988 von knapp 1 Million auf unter 500.000 abgestürzt. Völlig aus dem Blick geraten ist das Ziel, das die Quotenbefürworter der siebziger und achtziger Jahren im Auge hatten, nämlich die Attraktivität der SPD gerade für Frauen zu erhöhen.

Hans-Jochen Vogel hatte in Münster noch gemeint, der Quotenbeschluss werde " in der nächsten Zeit vielen Frauen den Weg zu uns erleichtern". Ein frommes Wunschdenken, wie sich bald herausstellte. Das Gegenteil ist eingetreten. In den vergangenen 24 Jahren kamen nicht mehr Frauen zur SPD, sondern weniger, deutlich weniger. Die Zahl der weiblichen Mitglieder ist von 240.325 im Jahre 1988 auf 155.077 (Stand August 2011), also um 35,5 Prozent, zurückgegangen. Vor dem Quotenbeschluss war – in der gleichen Zeitspanne von 24 Jahren – der Entwicklungstrend ein ganz anderer: Von 1965 an nahm die Zahl der weiblichen Mitglieder kontinuierlich zu. 1965 waren 123.565 Frauen Parteimitglieder, 1988 waren es 240.325, also ein Anstieg um 116.760

Der Makel der Frauenquote

oder 94,5 Prozent. Dass der Frauenanteil in der Partei seit dem Quotenbeschluss überhaupt hat leicht ansteigen können, verdankt die Parteiführung den Männern: Die haben nämlich stärker noch als die Frauen der Partei den Rücken gekehrt – und zwar um 50 Prozent. Gleichstellung der Geschlechter durch Schrumpfen der Partei – das ist das Ergebnis von 25 Jahren Frauenquote in der SPD!

"Quotenpartei SPD ist auch für Frauen wenig attraktiv"

Was sind Ihrer Einschätzung nach die Gründe, dass der Frauenanteil an der SPD-Basis stagniert?

Klaus Funken: Die SPD ist mit der Einführung dieser "Zwangsquote" nicht nur für Männer – das ist ja verständlich – unattraktiv geworden, sondern sie ist – das wird viele Quotenbefürworter erstaunen – auch für Frauen unattraktiv. Es ist nämlich ein Irrtum zu glauben, dass Frauen begeistert sind, als „Quotenfrau" in Amt und Würden zu gelangen. Sozialdemokratinnen, die es in den vergangenen Jahrzehnten in Politik, Wirtschaft, Justiz oder Verwaltung zu etwas gebracht haben, haben es sich in aller Regel verbeten, als „Quotenfrau" bezeichnet zu werden. Zu Recht haben sie darauf bestanden, dass sie es auch aus eigener Kraft, mit eigenem Talent und mit eigener Leistung geschafft hätten, ohne die Krücke der Quote. Es fördert ja nicht gerade das Selbstwertgefühl einer Frau, wenn sie auf einer reinen Frauenliste antritt,

DER MAKEL DER FRAUENQUOTE

von der sie weiß, dass ihre Chance, gewählt zu werden, gegenüber männlichen Mitbewerbern per Parteisatzung deutlich höher liegt.

Quotenregelungen sind, so sehen es viele, auch viele Frauen, eine subtile Form der Frauenverachtung. Die Frage, warum gerade die Quotenpartei SPD für Frauen so wenig attraktiv ist, wird in der Parteiführung allerdings verdrängt, sie darf gar nicht erst – um des lieben innerparteilichen Friedens willen – gestellt werden.

"SPD hat das Dreiklassenwahlrecht wieder eingeführt"

Hat dies nun Rückwirkungen auf die Organisation der Partei?

Klaus Funken: Wie nicht anders zu erwarten hat die SPD die Quotenbeschlüsse penibel umgesetzt. Der ASF-Vorstand schreibt jährliche Kontrollberichte, in denen der „Erfolg" der Quotierung dokumentiert wird. Jahr für Jahr wird Vollzug gemeldet: Auf allen Führungsebenen der Partei wird seit Anfang der neunziger Jahre eine Frauenquote von 40 Prozent und mehr erreicht. Bei der Aufstellung der Kandidaten für Parlamente werden Frauen bevorzugt, auf den Landeslisten gibt es den sogenannten Reißverschluss: einer weiblicher Kandidatin folgt ein männlicher usw. Auf getrennten Listen für Frauen, für Männer und auf einer geschlechtsneutralen Liste werden die Kandidatinnen und Kandidaten in einem komplizierten Wahlverfahren ausgewählt. Die helfende Hand

Der Makel der Frauenquote

der Spitzenleute ist dabei unumgänglich. Die SPD, die stolz darauf ist, dass sie 1919 das Dreiklassenwahlrecht in Preußen abgeschafft hat, hat es 1988 für die eigene Organisation wieder eingeführt.

Inzwischen ist eine fünfzigprozentige „Geschlechterquote", wie die Frauenquote semantisch aufgehübscht wird, in den Parteistatuten festgeschrieben. Nur in (freigewählten) Parlamenten auf Gemeinde-, Länder- sowie auf Bundesebene ist die gewünschte zahlenmäßige Gleichstellung der Geschlechter noch nicht erreicht. Das liegt vor allem am noch geltenden demokratischen Wahlrecht. Doch daran arbeiten zwischenzeitlich ja die Feministinnen und Feministen in den Quotenparteien schon. Mit einer Änderung des Wahlrechts soll die angestrebte zahlenmäßige Gleichstellung der Geschlechter per Reißverschlussverfahren erzwungen werden. Ein völlig anderes Bild in Sachen Gleichstellung finden wir allerdings auf der lokalen Ebene, dort, wo die unbezahlte, ehrenamtliche, häufig auch frustrierende Knochenarbeit der Mitglieder vor Ort gemacht werden muss: in den Ortsvereinen, den Abteilungen der Partei, den Kommunalparlamenten, wo die täglichen Sorgen der Bürger im Vordergrund stehen, das Kleinklein der Politik ansteht. Hier ist die Anerkennung gering, der Unmut der Bürger hautnah spürbar.

Hier auf lokaler Ebene weiß man nichts vom Glanz der öffentlichen Wahrnehmung. Noch nicht einmal jedem fünften Ortsverein (18,8 Prozent) steht eine Frau als Vorsitzende vor. Händeringend werden auf lokaler Ebene Frauen gesucht, die sich bereitfinden, ein Amt zu übernehmen, sei es als Vorsitzende einer Arbeitsgemeinschaft,

Der Makel der Frauenquote

als Kassiererin, Schriftführerin oder als Vorstandsmitglied. Männer würden hier liebend gerne beiseitetreten und den Frauen den Vortritt lassen. In den Basisorganisationen der Partei ist also das aktive Engagement der Frauen weit geringer als der weibliche Mitgliederanteil von gut 30 Prozent vermuten lässt.

Herr Funken, was waren die gravierendsten Denkfehler der Sozialdemokraten als sie in Ihrer Partei die Frauenquote einführten?

Klaus Funken: Ein grundlegender Denkfehler ist, dass Frauen als „Opfer des 6000 Jahre währenden Patriarchats" glaubten berechtigt zu sein, ein bestimmtes Verfassungsgebot über andere Normen von gleicher verfassungsrechtlicher Qualität setzen zu können. Hier in unserem Falle also die „Gleichberechtigung zwischen Männern und Frauen" gleichsam als übergeordnete, höherwertige Norm anderen Verfassungsnormen voranzustellen. So wird dann etwa das „Diskriminierungsverbot" gegenüber dem „Gleichberechtigungsgebot" als minderrangig betrachtet. Ein unhaltbarer, ja blamabler Zustand.

Mit der semantischen Neuschöpfung „positive Diskriminierung" ist von interessierter Seite dann versucht worden, dem verfassungsrechtlichen Zündstoff, der einer solchen Auslegung des Grundgesetzes zu Grunde liegt, zu entgehen. Ein weiterer Denkfehler besteht darin, das weit auslegbare, unbestimmte, juristisch kaum befriedigend zu definierende Gebot „Gleichberechtigung zwischen den Geschlechtern" in eine leicht handhabbare Formel umzu-

Der Makel der Frauenquote

deuten. So wird Artikel 3 Absatz 2 Satz 1 GG: („Männer und Frauen sind gleichberechtigt") mit „zahlenmäßiger Gleichstellung der Geschlechter" interpretiert.

In der Tat ist diese Auslegung einfach, klar, von jedem Kleinkind zu verstehen und ebenso in jedem Kindergarten handhabbar. Auch ohne bedeutende rechtsphilosophische Erörterungen zu bemühen, ist allerdings leicht zu erkennen, dass diese (feministische) Auslegung des Artikel 3 Absatz 2 Satz 1 GG alles andere als einleuchtend und angemessen ist und vor Gerichten vermutlich auch kaum Bestand haben dürfte.

Es ist ein weiterer Denkfehler zu glauben, den Menschen diese neudefinierte Norm mit ihrer leicht handhabbaren Auslegung, von oben herab, eben *par ordre du mufti*, dekretieren zu können. In Parteien, die sich bei der Gestaltung ihrer inneren Ordnungen an „demokratische Grundsätze" zu halten haben, geht ein solches Dekretieren schon einmal gar nicht.

Und schließlich ist es ein Denkfehler anzunehmen, dass die Auswahl von Führungspersonen einer Partei – und nicht nur hier – nach anderen Kriterien als persönlichkeit, persönliche Ausstrahlung, Qualifizierung, Wählbarkeit, Leistungsbereitschaft und Leistungsfähigkeit erfolgen kann. Quotenregelungen als Instrument einer verteilungsgerechten Zwangsbewirtschaftung von Führungspositionen zerstören die demokratische Legitimation der Führungspersonen und müssen die Attraktivität einer Partei auf Dauer schädigen. Die SPD ist dafür das beste Beispiel.

DER MAKEL DER FRAUENQUOTE

"Strukturelle Überrepräsentanz von Frauen"

Haben Sie auch generell Vorbehalte gegen eine Gleichstellungspolitik?

Klaus Funken: Es dürfte Sie jetzt nicht überraschen, dass ich von einer Gleichstellungspolitik, wie sie in den Quotenparteien gehandhabt wird, generell nichts halte. Ich will mich zu der zur Zeit heftig debattierten Frage einer Frauenquote in Großunternehmen hier nicht groß äußern. Frauenquote ist ja nicht gleich Frauenquote. Die Frauenquote in einer Partei verletzt das Demokratieprinzip, das für Parteien verfassungsrechtlich vorgeschrieben ist. Eine gesetzlich vorgeschriebene Frauenquote in den Vorständen von Unternehmen verletzt das Vertragsrecht und das Eigentumsrecht.

Die Eigentümer, aber auch die Arbeitnehmervertreter in den Aufsichtsräten, können nicht mehr frei entscheiden, wer ihr Unternehmen führen soll. Hier werden also sehr unterschiedliche Rechtsmaterien berührt. Allerdings ist allen verpflichtenden Quotenregelungen gemein, dass sie Artikel 3, Abs. 3, Satz 1 verletzen, nach dem „niemand ... wegen seines Geschlechtes benachteiligt oder bevorzugt werden darf".

Auch führt die bereits erwähnte zeitlich unbefristete fünfzigprozentige Frauenquote in allen Spitzengremien der SPD bei einem Frauenanteil von knapp einem Drittel an der gesamten Mitgliedschaft zu einer dauerhaften, strukturellen Überrepräsentanz von Frauen, die meiner Meinung nach verfassungswidrig ist. Sie wird zudem von

Der Makel der Frauenquote

den meisten Männern in der SPD auch heute noch als ungerecht empfunden. Bei einem Mitgliederanteil von fast 70 Prozent ist auch nach 25 Jahren Frauenquote die SPD eine „Männerpartei" geblieben. Ich empfinde das nicht als einen Makel, für den man sich zu entschuldigen hat.

Niemand hinderte Frauen in der Vergangenheit oder hindert Frauen heute daran, Mitglied in der SPD zu werden. Das Gegenteil ist der Fall. Es gibt zusätzlich zur Quote spezielle Frauenförderprogramme für Frauen. Die Parteispitze versucht unentwegt, Frauen für die Partei zu interessieren, ihnen wird eine breite parteiinterne Aufmerksamkeit gewidmet, die *AsF* wird mehr als alle andern Arbeitsgemeinschaften der Partei aus der Parteikasse versorgt, dennoch bleibt das Ergebnis mau. Heute treten so wenige Frauen der SPD neu bei, wie noch nie zuvor in den vergangenen 25 Jahren. Dagegen bleibt der Abwanderungstrend ungebrochen. Das müsste doch zu denken geben. Nicht so an der Parteispitze.

"Macht und Einfluss der Parteioligarchie nehmen immer weiter zu"

Welche Reformanstrengungen würden Sie selbst Ihrer Partei in der gegenwärtigen Situation vorschlagen?

Klaus Funken: Es wird Sie nicht überraschen, dass ich für die sofortige Streichung der Frauenquote aus den Parteistatuten plädiere. Man sollte allerdings alle Formen von Quotierungen – zuletzt wurde noch eine Migrantenquote in der SPD neu eingeführt – abschaffen. Die Frauenquote ist ja nur die markanteste von ihnen, allerdings diejenige, die am rigidesten angewandt wird. Je mehr Quotierungsregelungen es in der Partei gibt, umso weniger demokratische Mitsprache- und Mitbestimmungsrechte gibt es für die Mitglieder. Das eine bedingt das andere.

Das Quotierungsunwesen führt zwangsläufig dazu, dass Macht und Einfluss der Parteioligarchie immer weiter zunehmen. Ein Entscheidungsprozess von unten nach oben, wie er für demokratische Ordnungen typisch sein sollte, wird – das gilt im Übrigen für alle Parteien – praktisch weitgehend außer Kraft gesetzt. Die innere Ordnung entspricht nur noch formal demokratischen Grundsätzen. Die „Mediendemokratie" mit ihrer entpolitisierenden, vornehmlich auf Personen bezogenen Berichterstattung hat die ohnehin bereits stark verkümmerte innerparteiliche Demokratie faktisch zum Erliegen gebracht. In Wahrheit werden die Parteien heute von einer winzigen Zahl von Berufspolitikern beherrscht. Dabei stellen Quotenregelungen das geeignete Instrument dar, um ihren Herrschaftsanspruch leicht und wirksam durchzusetzen.

"Bonapartismus der Parteispitzen"

Welchen Effekt hat dies auf das Leben der Parteien?

Klaus Funken: Die strenge Hierarchisierung in den Parteien, der eklatante Mangel an innerparteilicher Demokratie, die undurchsichtige Macht der Parteioligarchien, der kaum noch zu verbergende Bonapartismus der Par-

Der Makel der Frauenquote

teispitzen schotten die Parteien immer weiter von den Normalbürgern ab. Erstaunlicherweise scheint das die Parteien aber gar nicht zu stören und als eine Herausforderung anzusehen. Dass sie ihre Tore weit öffnen, neue Mitglieder zu gewinnen suchen, dass sie mehr Mitsprache- und vor allem auch Mitbestimmungsrechte ihren Mitgliedern einzuräumen bereit sind, davon kann bei den etablierten Parteien keine Rede sein. So wundert es im Übrigen nicht, dass sie sich von den kulturellen, sozialen und wirtschaftlichen Interessenlagen der Menschen in einer Weise abgekoppelt haben, die beängstigend ist.

Die SPD wirkt für den politisch interessierten Mitbürger, der seine Parteimitgliedschaft nicht als Steigbügel für seine berufliche Karriere betrachtet, müde, ideenlos, ausschließlich auf sich bezogen und an sich interessiert, gähnend langweilig, geradezu abschreckend. Der Verlust von mehr als der Hälfte ihrer Mitglieder in den letzten beiden Jahrzehnten spricht Bände. Wahlergebnisse und Umfragewerte auf nationaler Ebene auf dem Niveau der zwanziger Jahre nicht weniger.

Besserung ist nicht in Sicht. Ein entscheidender Ansatz für die Erneuerung der SPD wird deshalb eine Parteireform sein, die diesen Namen auch verdient. Darüber muss ganz anders diskutiert werden als das nach dem Wahldebakel 2009 geschehen ist. Der Grundsatz „Demokratie ist Machtausübung auf Zeit" muss dabei auch für die Partei selbst wieder mehr zur Geltung gebracht werden. Ein Stück weit Entprofessionalisierung ist jetzt geboten, nicht im Sinne des Zurückdrängens einer effizient arbeitenden Parteiorganisation – hier liegt noch vieles im

Argen. Gemeint ist die Entprofessionalisierung der politischen Klasse selbst.

Was meinen Sie damit?

Klaus Funken: Es gibt ja ein merkwürdiges, allerdings leicht zu erklärendes Paradoxon zu beobachten: während auf der einen Seite immer mehr Berufspolitiker in den Parlamenten sitzen, wird die Politik selbst immer unprofessioneller. Der Berufspolitiker sucht – wie jeder andere Berufstätige auch – seinen Lebensunterhalt für sich und seine Familie möglichst lange zu sichern. Dafür ist er auf die Zustimmung der Wähler, einer wetterwendischen Meinungsmache in der Massenpresse, aber noch weit mehr auf das Wohlwollen seiner Partei, genauer ihrer Funktionäre und des Parteiestablishments angewiesen.

Eigenständige, zudem unbequeme, dazu möglicherweise noch unangenehme, wohlmöglich auch noch unpopuläre politische Meinungen und Positionierungen – auch wenn sie in der Sache dringend geboten wären – gefährden sein Überleben als Berufspolitiker. Jeder weiß es, jeder sieht es, selbst im Fernsehen: Sogenannte Querdenker – bezeichnend hier schon die stigmatisierende, an Querulantentum erinnernde Kennzeichnung in der Öffentlichkeit – gibt es in den Parlamenten nur noch als Ausnahmeerscheinung, eine aussterbende Rarität. Dabei ist der Abgeordnete verfassungsrechtlich vor jeder Einflussnahme von außen, auch aus seiner eigenen Partei, geschützt (Artikel 38 Absatz 2 Satz 2, Artikel 46 Absätze 2 bis 4).

DER MAKEL DER FRAUENQUOTE

Der Typ Berufspolitiker, der von seinem Studium an bis zur Erreichung der Altersgrenze sein gesamtes Berufsleben in Parlamenten oder/und in Parteiämtern verbringt, stellt eine Fehlentwicklung unserer demokratisch parlamentarischen Grundordnung dar. Wir brauchen darum mehr, auch von ihrer Partei, unabhängige Politiker, die auf eine begrenzte Zeitdauer mit der Ausübung politischer Mandate und Ämter betraut werden. Und danach wieder ihrem erlernten Beruf nachgehen müssen. Das, was Hans Apel einmal „die deformierte Demokratie" genannt hat, geht unter anderem auch auf diesen von allen unabhängigen Beobachtern beklagten politischen Karrierismus, der sich in Parteien breitgemacht hat, zurück.

Bittere Bilanz: 25 Jahre Frauenquote

VOR 25 Jahren, am 30. August 1988, beschloss die SPD auf ihrem Bundesparteitag in Münster mit 362 der 416 abgegebenen Stimmen die verbindliche, in den Parteistatuten verankerte Frauenquote. Bei einem Frauenanteil von knapp 27 Prozent sollten nach einer Übergangszeit 40 Prozent aller Spitzenpositionen mit Genossinnen besetzt werden.

Die Quotenregelung war als Angebot gedacht. Mit der Bevorzugung von weiblichen Mitgliedern bei der Besetzung der Führungsgremien in der Partei und bei der Aufstellung von Kandidatenlisten für die Parlamente in den Gemeinden, den Ländern und dem Bund sollte die Attraktivität erhöht und damit mehr Frauen zur SPD hingeführt werden. Diese Hoffnung der Parteiführung um Hans-Jochen Vogel ist allerdings gründlich enttäuscht worden. Kaum war die Quotenregelung installiert, verließen die Frauen in Scharen die Partei. Nach 25 Jahren

BITTERE BILANZ: 25 JAHRE FRAUENQUOTE

Frauenquote ist die Zahl der weiblichen Mitglieder um 35 Prozent gegenüber 1988 gesunken. Doch nicht nur deswegen fällt die Bilanz für die SPD bitter aus. Die Frauenquote war in Münster auf 25 Jahre befristet worden. Aus gutem Grund, denn eine Verletzung verfassungsrechtlicher Grundsätze und die Beschränkung demokratischer Regeln, wie es bei einer Quotenregelung zugunsten eines Geschlechts der Fall ist, können nur als zeitlich befristetes Mittel zur Erhöhung des Mitgliederanteils legitimiert und gerechtfertigt werden. Das war allgemeiner Konsens in Münster. Als der Fehlschlag der Quotenregelung sich abzeichnete, wurde dieser Konsens aufgekündigt – 2003 auf dem Parteitag in Bochum.

In diesen Wochen, genauer gesagt am 30. August 2013, wäre die Frauenquote in der SPD – vermutlich sang- und klanglos – ausgelaufen. So war die Beschlusslage des Parteitages von Münster, damals im Jahr 1988. 25 Jahre sollte sie gelten. Mehr nicht.

Diejenigen, allen voran der Parteivorsitzende Hans-Jochen Vogel, die für die verbindliche Frauenquote, die „Pflicht- oder Mußquote", wie sie auch genannt wurde, gekämpft und dafür gesorgt hatten, dass sie in Münster durchkam, waren sich einig, dass eine dauerhafte, in den Parteistatuten verankerte Bevorzugung von weiblichen Mitgliedern, eben eine Frauenquote, juristisch keinen Bestand haben würde. Sie war auch politisch von niemand gewollt, auch nicht von den Antragstellerinnen, dem Vorstand der Arbeitsgemeinschaft sozialdemokratischer Frauen. Sie sollte und konnte nur für eine Übergangszeit gelten. Aus gutem Grund. Eine Quote, so hat-

Bittere Bilanz: 25 Jahre Frauenquote

te der Staatsrechtler Ingwer Ebsen in seinem Gutachten für den SPD Vorstand 1988 geschrieben, könne „nur als zeitlich befristetes Mittel zur Erhöhung des Mitgliederanteils... legitimiert werden und kann auch nur insoweit eine Abweichung vom Grundsatz der Wahlgleichheit rechtfertigen." Und unmissverständlich fügte er hinzu, „daß eine Quotierung von 40 Prozent nach Ablauf einer Zeit... insoweit nicht mehr verfassungsmäßig wäre, als sie den Mitgliederanteil der Frauen deutlich überstiege." Deshalb sei es empfehlenswert, „im Interesse klarer Verhältnisse von vorneherein eine zeitliche Befristung vorzusehen, nach deren Ablauf die in der Satzung vorgesehene Quote durch den Mitgliederanteil begrenzt ist." Der Parteitag der SPD in Münster kam dieser Empfehlung nach. Die Quote wurde auf 25 Jahre begrenzt. Damals in Münster.

Trotz Frauenquote verließen viele Frauen die SPD

Das änderte sich im Jahre 2003 auf dem Parteitag in Bochum. Die Hoffnung, die die Partei in die Frauenquote gesetzt hatte, nämlich mehr Frauen für die SPD zu gewinnen, hatte getrogen. Gegenüber 1988, dem Jahr als die Quote eingeführt worden war, hatten 2003 mehr als 45.000 Frauen, das waren knapp 20 Prozent der weiblichen Mitglieder, die Partei 2003 schon wieder verlassen. Für die Führung der Partei unter Kanzler Schröder und Franz Müntefering kein Alarmzeichen. Mit Frauen und Gedöns konnte man dem Kanzler ohnehin nicht kommen. Statt kritisch Bilanz zu ziehen, wurde der Weg in die Quotensackgasse verbissen weiter verfolgt. Auf der Basis eines Antrags, ebenfalls eingebracht vom Vorstand der Arbeitsgemeinschaft sozialdemokratischer Frauen, wurde auf dem Bochumer Parteitag ohne jede Debatte, gleichsam in einer „Nacht- und Nebelaktion", die zeitliche Begrenzung aufgehoben.

Die Quotenregelung wurde mit der für Statutenänderungen notwendigen zwei Drittel Mehrheit – auf Dauer gestellt. Die „Frauenquote" war zuvor als „Geschlechterquote" aufgehübscht worden. Der Privilegierungscharakter einer Quotenregelung damit semantisch bereinigt. Verfassungsrechtliche Bedenken spielten in Bochum ohnehin keine Rolle mehr. Die „Schröder-SPD" des Jahres 2003 hatte andere Sorgen.

Seither ist das Thema Quote in der SPD kein Thema mehr. Eine Änderung, selbst eine Diskussion über eine Änderung, ist ein aussichtsloses Unterfangen. Diskutiert wird nur darüber, wie noch weiter drauf gesattelt werden kann. Fest steht jedenfalls: Eine Statutenänderung kann ohne die Zustimmung der Genossinnen nicht mehr beschlossen werden. Somit befinden die Privilegierten selber über ihre eigenen Privilegien. Eine ungewöhnliche und höchst komfortable Lage – für die Frauen.

Dabei hatten die Genossinnen von der AsF zunächst eine Frauenquote als frauenverachtend abgelehnt. Als Willy Brandt und der damalige Bundesgeschäftsführer Egon Bahr sie dennoch Mitte der siebziger Jahre ins Gespräch brachte, waren die Genossinnen entsetzt. „Egon, ich liebe dich! Aber, Egon, laß die Pfoten von den Quoten" kanzelte die Pressesprecherin der AsF, Karin Hempel Soos, auf einer Veranstaltung Bahr öffentlich ab. Die Frauen-

BITTERE BILANZ: 25 JAHRE FRAUENQUOTE

quote war vom Tisch. Heute ist eine Diskussion über die Sinnhaftigkeit oder gar die Rechtmäßigkeit einer Frauenquote in der SPD nicht mehr möglich Die Absicht, sie dennoch zu führen, kommt einem Tabubruch gleich. Der Karrierekiller schlechthin. Die Genossinnen und Genossen bestreiten zwischenzeitlich rundheraus, dass mit der in ihrem Parteistatut verankerten Quotenregelung Artikel 3 Grundgesetz, nach dem niemand wegen seines Geschlechtes benachteiligt oder bevorzugt werden darf, verletzt werde. Sie bestreiten zudem, dass es so etwas wie eine „Frauenquote" in der SPD überhaupt gibt.

Viel lieber sprechen sie von einer „Geschlechterquote", bei der die Rechte von Frauen und Männer gleichermaßen gewahrt blieben. Bei einem Frauenanteil von z.Z. 31 Prozent erweist sich die „Geschlechterquote", mit der zwischenzeitlich 50 Prozent aller Spitzenpositionen in der Partei und bei der Aufstellung der Listen für Wahlen an Frauen fallen, als ziemlich durchsichtiger Trick, der die wahren Sachverhalte vernebeln soll. Natürlich hat die SPD eine weibliche Mitglieder bevorzugende und männliche Mitglieder benachteiligende Quotenregelung, die jetzt seit 25 Jahren die innerparteiliche Ordnung beherrscht und alle Versuche, mehr innerparteiliche Demokratie zu praktizieren, zum Scheitern bringt.

Da war die Diskussion vor 25 Jahren in Münster ehrlicher und ernsthafter. Sozialdemokraten seien – so hatte der Bundestagsabgeordnete und spätere Justiziar der SPD-Bundestagsfraktion, Hermann Bachmaier, die Delegierten auf dem Parteitag beschworen – mit Recht stolz darauf, „daß wir unsere Ziele immer mit unbestreitbar demokratischen Mitteln verfochten und durchgesetzt haben." Die verbindliche Quote stelle aber einen bedenklichen Eingriff in die Entscheidungsfreiheit der Parteimitglieder dar und gerate damit zwangsläufig und notwendigerweise in Konflikt zur innerparteilichen Demokratie.

„Wer es mit der innerparteilichen Demokratie ernst meint, kann auch noch so herausragende Prinzipien wie das der Gleichstellung der Frauen in der Politik nur mit einwandfreien demokratischen Mitteln herbeiführen." Diesem Anspruch aber genüge, so Bachmeier weiter, die Pflichtquotierung nicht. Innerparteiliche Wahlen und Listenaufstellungen würden in nicht unwesentlichem Umfange vorfestgelegt und nicht mehr der souveränen Entscheidung der Parteimitglieder überlassen. Die Eigenschaft „Frau oder Mann" überlagere alle anderen bei Personalentscheidungen anstehenden Kriterien. Bachmeiers Appell ist in Münster folgenlos geblieben und seither vergessen worden.

Hans Jochen Vogel hatte in Münster die Erwartung ausgedrückt, dass die Quote „in der nächsten Zeit vielen Frauen den Weg zu uns erleichtern" werde. Das war ein großer Irrtum. 35 Prozent der Genossinnen haben seit dem Quotenbeschluss 1988 der SPD den Rücken gekehrt. Nur weil knapp die Hälfte der Genossen die Partei verlassen hat, ist der Frauenanteil in der SPD von 26 Prozent im Jahr 1988 auf 31 Prozent leicht gestiegen: eine bittere Bilanz nach 25 Jahren Frauenquote in der SPD.

Weiter auf dem Holzweg

*Erschienen in cuncti am 29. März 1912 -
auf www.cuncti.net*

Die Zahlen über die Mitgliedschaft von Frauen in der SPD, die der Landesverband Berlin kürzlich veröffentlicht hat, sind in der Tat erschreckend. Der Frauenanteil in der SPD stagniert seit Jahren bei unter einem Drittel. Bei den neu eintretenden Mitgliedern liegt er sogar deutlich darunter. Im Jahr 2011 waren gerade einmal 28 Prozent der neu in die Partei eintretenden Mitglieder Frauen. Ein höchst blamables Ergebnis von 25 Jahren Frauenförderung, in deren Zentrum seit 1988 ja die Frauenquote – verankert in den Parteistatuten – steht. Sinn der Zweck der Quote, nämlich den Frauenanteil in der Mitgliedschaft zu erhöhen, ist somit kläglich gescheitert. Doch anstatt nach den Ursachen dieses Misserfolgs zu forschen, heißt die Parole, die die Parteiführung in Bund und Land ausgibt: „Jetzt erst recht" und „Weiter so". Ja die Quotenregelung wurde sogar – wie auf dem Bundesparteitag im vergangenen Dezember und zuletzt auf der Klausurtagung des Berliner Landesvorstandes am 11.2. 2012 beschlossen – weiter verschärft. Und die dort begonnen Diskussionen um die Weiterführung der Quotenregelung lassen Schlimmeres noch befürchten. Aus der 40 Prozent-Pflichtquote wird jetzt eine 50 Prozent-Pflichtquote.

Die bei Wahlen für die Partei bislang erfolgreich von Männern verteidigten Wahlkreise sollen jetzt „feminisiert" werden. Zwischenzeitlich wird ernsthaft überlegt, Parteigremien zu verkleinern (oder vielleicht sogar ganz abzuschaffen), wenn sie nicht gleichgewichtig mit Männern und Frauen besetzt werden können. Treten bei Vorstandswahlen nicht genügend Frauen an, sollen die Vorstände so verkleinert werden, dass eine Geschlechterparität gewährleistet wird. Entsprechende Anträge der Partei, u.a. auch vom Landesverband Berlin konnten mit viel Mühe auf dem Bundesparteitag gerade noch verhindert werden.

Es drängt sich der Eindruck auf, dass dem Gleichstellungswahn der Feministinnen und Feministen zwischenzeitlich alles geopfert wird: Die Größe und Bedeutung der Partei, der Erfolg bei Wahlen, ihre Attraktivität bei den Wählern, das Engagement ihrer Mitglieder, die innerparteiliche Demokratie, die Wirksamkeit der Parteiarbeit.

Wie sehr es in der SPD wegen der Zwangsquote immer noch unterschwellig brodelt, auch wenn sich kaum jemand offen gegen sie outet, machte erst neulich wieder eine Formulierung in dem „Maßnahmenpapier Geschlechtergerechtigkeit. Beschluss der Klausur des Landesvorstandes am 11.02.2012" deutlich. Die Geschlechterquote, mit der sich die SPD einst an die Spitze des Kampfes für Gleichberechtigung gesetzt habe, sei „noch immer eher formal als inhaltlich akzeptiert". Besser kann man ja wohl den Zwangscharakter der Frauenquote in der SPD nicht beschreiben. Die SPD sollte endlich die Konsequenzen aus ihrer verkorksten Quotenpolitik der letzten dreißig Jahre ziehen. Sie sollte den Bochumer Entfristungsbeschluss aufheben und die unsägliche Quotenregelung im August 2013 sanft entschlafen lassen.

Haben wir noch eine Wahl?

erschienen in telepolis, 18.11. 2012, www.heise.de/tp

Nein, wir haben keine Wahl. Zumindest nicht, solange die derzeitigen Voraussagen der Demoskopen recht behalten sollten. Sicher, wir haben Wahlen im nächsten Jahr, freie Wahlen auch. Wir werden zwischen Personen wählen können. Zwischen unterschiedlichen Politikansätzen, die sich in mehr als in Nuancen unterscheiden, nicht mehr. Das gilt vor allem für die beiden Mega-Fragen, die das Leben der Bundesbürger in den nächsten Jahrzehnten mehr als alles andere bestimmen werden: die „Energiewende" und die sogenannte „Euro-Rettung". Das mag erstaunen. Denn der Kurs, den die Merkel-Regierung mit Unterstützung von SPD und „Grünen" seit Jahr und Tag steuert, ist riskant, gefährlich riskant und vermutlich auch wenig erfolgversprechend. Die Energiewende wird für alle teuer, sehr

Haben wir noch eine Wahl?

teuer, für Geringverdiener viel zu teuer, dabei ist ihr Gelingen alles andere als sicher, ein Scheitern nicht auszuschließen. Während wir beim Scheitern der „Energiewende" noch auf billigen Kohle- und Atomstrom von unseren west- und osteuropäischen Nachbarn hoffen können, bleiben die Kosten eines Scheiterns der „Euro-Rettung" vornehmlich bei den Deutschen hängen. Und die können so exorbitant ausfallen, dass die monetäre Ordnung selbst ins Schleudern gerät. Und nicht nur das. Der Kernbestand unserer demokratischen Ordnung ist in Gefahr, wenn das einzig frei gewählte und damit das besonders legitimierte Verfassungsorgan, der Deutsche Bundestag, weiterhin einen solchen Bedeutungsverlust erleidet wie in den vergangenen sieben Jahren, den Merkel-Jahren. Es geht also ums Eingemachte, nicht um irgendwelche Kinkerlitzchen. Und dennoch bleiben die Abgeordneten – bis auf wenige Ausnahmen – merkwürdig apathisch und desinteressiert.

Die großen, die Bürgerinnen und Bürger bewegenden und zurecht beunruhigenden Fragen werden heute außerhalb des Parlaments gestellt – in zivilgesellschaftlichen Foren, denen jedoch der Zugang zu den von den Parteien beeinflussten und teilweise kontrollierten – vor allem den elektronischen - Massenmedien in der Regel versagt bleibt. Indessen handelt die Merkel-Regierung nach dem Motto „Die Hunde bellen, die Karawane zieht weiter" und trifft ein übers andere Mal Entscheidungen, über die zuvor nirgendwo – weder öffentlich noch in den dafür vorgesehenen demokratischen Gremien – gesprochen wurde. Diese werden dann, sofern es sich als unumgänglich erweisen sollte, dem Parlament zum gefälligen Abnicken

Haben wir noch eine Wahl?

vorgelegt. Beschlussvorlagen mit gravierenden, weitreichenden Wirkungen auf die weitere Entwicklung des Landes werden den gewählten Volksvertretern in einer Form zur Entscheidung vorgebracht, die allen parlamentarischen Spielregeln und Gepflogenheiten Hohn spricht. Von einer dem Gewicht der Vorlage angemessenen Beratung in den Arbeitsgruppen und Ausschüssen kann keine Rede sein. Noch nie in der Geschichte der Bundesrepublik ist die Ohnmacht und Bedeutungslosigkeit des Deutschen Bundestags so schmerzlich, so offensichtlich, gleichsam für den Beobachter hautnah erfahrbar zu Tage getreten wie in der Regierungszeit Angela Merkels. So verwundert es denn auch nicht, dass das, was den Bürgerinnen und Bürgern am meisten unter den Nägel brennt, in den Debatten des Deutschen Bundestages nicht oder nur noch am Rande – in Form von „persönlichen Erklärungen" der wenigen „Querdenker" – vorkommt.

Merkels Stärke ist die Schwäche ihrer Gegner – in ihrer eigenen Partei, aber auch in den Oppositionsparteien. Das ist neu, das hat es in der Bundesrepublik bisher so nicht gegeben. Seit 2005, dem Beginn der Kanzlerschaft Angela Merkels, hat sich das politische Meinungsspektrum beängstigend eingeengt. Grundlegende Differenzen sind zwischen den im Bundestag vertretenen Parteien nicht mehr auszumachen. Unterschiede sind nur noch in Nuancen, gleichsam im Kleingedruckten, zu erkennen. Ein Geschäft für Journalisten und Politologen. Angela Merkel steht faktisch einer inoffiziellen Allparteienkoalition vor, die – bis auf die rückwärtsgewandte „Linke" – in den wesentlichen Fragen deutscher Politik an einem Strang zieht. Ob es sich um Finanz- oder Haushaltspo-

Haben wir noch eine Wahl?

litik, Europa-, Außen- oder Sicherheitspolitik, Energie- und Umweltpolitik handelt, ob es um Gesundheits- oder Familienpolitik, Renten- oder Arbeitsmarktpolitik, um Mindestlohn oder selbst um Scheinfragen wie die Frauenquote geht, immer ist die Kanzlerin zur Stelle und – wie beim Wettlauf des Hasen mit dem Igel - begrüßt sie ihre Konkurrenten und Gegner mit einem sauertöpfischen „Ick bün al dor!"

Wundert es dann eigentlich, dass sich die Bürger von der „Berliner Politik" längst abgewandt haben. Die Wahlbeteiligung sinkt kontinuierlich, die Parteien kapseln sich weiter ab, die ohnehin geringen Mitwirkungsrechte ihrer Mitglieder werden den vermeintlichen Zwängen einer attraktiven Außendarstellung ihrer Spitzenkräfte geopfert. Das mag, wie viele Strategen in den Parteiführungen im Stillen hoffen werden, dem Harmoniebedürfnis vieler Deutscher entgegenkommen. Politik, wie sie von den Parteien zelebriert und vermittelt wird, ist zwischenzeitlich zu einem vornehmlich kulinarisch ästhetischen Phänomen mutiert, ein Fall fürs Feuilleton und die Kulturredaktion, im besten Fall fürs Kabarett.

Der Bürger fühlt sich dagegen mit seinen Sorgen und Ängsten alleingelassen, er ist hilflos und wütend. Keine der ihn umtreibenden Fragen wird angemessen, offen und redlich beantwortet. Allen voran die beunruhigenden geldpolitischen und finanzwirtschaftlichen Fragen: Wie geht es weiter mit der Haftung und wohlmöglich auch Übernahme von Schulden süd- und westeuropäischer Staaten? Welche Belastungen kommen auf die Bürgerinnen und Bürger tatsächlich zu? Welchen Ent-

Haben wir noch eine Wahl?

scheidungsspielraum haben die deutschen Volksvertreter bei der sogenannten „Euro-Rettung" überhaupt noch? Ist der „materielle (unantastbare) Identitätskern unserer Verfassung" noch gegeben, wenn das Budgetrecht des Parlaments immer weiter eingeschränkt wird und wenn beispielsweise, wie Finanzminister Schäuble es vorschlägt, ein Kommissar aus Brüssel dem Deutschen Bundestag die Haushaltspolitik vorschreibt? Was tun die Regierung und ihre Vertreter in den europäischen Gremien, um den Zugriff südeuropäischer Regierungen auf die deutschen Steuermilliarden abzuwehren? Es drängt sich doch mit Macht der Eindruck auf, dass zwischenzeitlich Hollande, Monti und Rojoy ungeniert den Takt bei der Euro-Rettung vorgeben, die Schuldner den Gläubigern also die Bedingungen diktieren. Wie lange kann das gutgehen? Für die „Allparteien-Koalition" unter Merkel im Deutschen Bundestag kein Thema.

Ein „policy mainstreaming" hat sich bei uns breitgemacht, das omnipotent erscheint und das die Debatten beherrscht: in den Parteien, in den meisten Medien, in den Verbänden, den Gewerkschaften, ja selbst in den Kirchen. „Alternativlos" heißt das skandalöse, ja zutiefst demokratiefeindliche Schlagwort, dessen sich die Regierenden bedienen, um eine aufkeimende Diskussion „draußen im Lande" abzuwürgen. Das Schlimme und gleichzeitig Unheimliche dabei ist, niemand regt sich mehr darüber auf. Noch nicht. Es liegt auf der Hand, dass das nicht lange gutgehen kann. Spätestens wenn der Euro-Rettungsspuk verflogen ist, der deutsche Steuerzahler für die Schulden der west- und südeuropäischen Nachbarn aufkommen muss und die „Verantwortlichen" keinen an-

Haben wir noch eine Wahl?

deren Weg mehr sehen, als durch eine Geldentwertung das Verschuldungsproblem der Staaten und der privaten Schuldner zu lösen. Dass Merkels Eingemeindungspolitik ihrer Partei schwer zu schaffen macht, liegt nicht weniger auf der Hand. Die Union hat unter Angela Merkel jedes Profil verloren: Sie ist liberal wertkonservativ, demokratisch autoritär, unternehmerfreundlich, gewerkschaftsnah, christlich laizistisch: Eine „Wer will noch mal, wer hat noch nicht" – Partei.

Dem grünen Wählerpotential mimt die Kanzlerin die besorgte Ökologin, dem sozialdemokratischen den Kumpel von neben an, den Frauen die Feministin, den Familien die „Mutter der Nation". Jedem das Seine und jeder das Ihre, wie es gerade gefällt. Der ebenso eindrucksstarke wie hilflose Aufschrei einer Gertrud Höhler gegen Merkels Machtversessenheit kann durchaus als Menetekel gelesen werden. Der Union droht italienisches Unheil. „Die Patin", wie Höhler Merkel in Anspielung an den ebenso undurchsichtigen wie machtversessenen italienischen Ministerpräsidenten Guido Andreotti nennt, wird darauf vertrauen, dass ihre Partei sie gewähren lässt, solange sie ihr den Zugriff auf Mandate, Macht und Moneten sichert.

Doch eine Strategie der Beliebigkeit und des reinen Machterhalts geht selten gut aus. Das könnte die CDU aus dem unrühmlichen Abgang der Democracia Cristiana lernen. Auch wenn zurzeit noch alles für die „mächtigste Frau Europas" spricht. Vorerst droht uns also der wohl langweiligste und zugleich der uninteressanteste Wahlkampf seit Bestehen der Bundesrepublik. Die „Keine Experimente" und „Weiter so" Wahlkämpfe Adenauers und

Haben wir noch eine Wahl?

Kohls werden uns gegenüber dem, was uns im nächsten Jahr blüht, als munterer Schlagabtausch mit ungewissem Ausgang vorkommen. Eine echte Wahl, eine Wahl zwischen unterschiedlichen Antworten auf die brennenden Fragen unserer Zeit haben wir nicht. Wenn denn die derzeitigen Prognosen der Meinungsforscher zutreffen sollten, spricht alles dafür, dass das Weiterwursteln wie bisher auch nach der Bundestagswahl im Herbst 2013 angesagt ist. Aller Voraussicht nach werden die Deutschen auch in Zukunft von einer inoffiziellen schwarz-rot- grüngelben Allparteienkoalition regiert.

So wird sich der Wettbewerb der Parteien um die Gunst der Wählerinnen und Wähler auf ästhetische Fragen beschränken, wenn man so will auf kulinarische Vorlieben. Wer hat Charme und Esprit? Ich gebe zu, bei dem zur Auswahl anstehenden Personal eine unverschämt unfaire Frage. Wer erscheint am sympathischsten, wer am kompetentesten, am schlagfertigsten, am unterhaltsamsten, wer ist am telegensten, am besten angezogen? Die deftige Frohnatur Claudia Roth oder die smarte Ursula von der Leyen? Wollen wir uns noch einmal vier Jahre den drögen Charme der Mecklenburgerin Angela Merkel antun oder wechseln wir zum nassforschen Draufgängertum des Hamburgers Peer Steinbrück? Darf Guido Westerwelle weiter durch die Welt jetten oder ist jetzt Jürgen Trittin endlich mal an der Reihe? Fragen über Fragen...

Symptomatisch?!

Erschienen in telepolis, 21.02.2013, www.heise.de/tp

Über die angebliche " Affäre Brüderle" ist nicht nur alles, sondern viel zu viel, vor allem auch viel zu viel Überflüssiges gesagt worden. Dass der Politiker schweigt, ist nicht nur verständlich, sondern auch geboten. Auf ein solches Niveau politischer Auseinandersetzung sollte sich niemand freiwillig herabziehen lassen. Das wäre doch zu deprimierend.

Dagegen wurde viel zu wenig über den Fall " Himmelreich" als Paradebeispiel eines unfairen Journalismus gesprochen, und noch weniger über die darauf folgende wohlvorbereitete, mächtig orchestrierte Sexismus-Kampagne des weitverzweigten feministischen Netzwerks in Medien und Parteien. Es lohnt, sich diese Seite des „Falls

Symptomatisch?!

Himmelreich" einmal näher anzuschauen. Auch deswegen, weil der Schuss nach hinten ging, die Kampagne der Feministinnen zum Rohrkrepierer geriet. Unerwartet großer Widerspruch, im Übrigen nicht nur von Männern, artikulierte sich, vor allem natürlich im Netz.

Bescheidenes Niveau

Dass das Land über Tage und Wochen unentwegt mit einem Flohsprung an Ereignis in " Atem" gehalten werden kann, ist ebenso erstaunlich wie symptomatisch. Wie abwegig, ja verwirrt, muss man sein, die flapsige Bemerkung eines Politikers in vorgerücktem Alter über die Oberweite einer jungen Journalistin anders als abgeschmackte Lappalie abzutun, die sich nun einmal gar nicht eignet, öffentliche Erwähnung zu finden. Dass politische Berichterstattung auf ein solch bescheidenes Niveau zu sinken imstande ist, war bei uns bisher nicht zu vermuten, aber doch zu befürchten.

Peinlichkeiten dieser Art werden uns wohl auch in Zukunft nicht erspart. Für den anstehenden Wahlkampf lässt die " Affäre Brüderle" Schlimmes befürchten. Politik – so die Diagnose des überaus langweiligen Wahlkampfbeginns – findet nicht mehr statt, es ist Wahlkampf und keiner hört zu, es gibt Wahlen und keiner geht hin. Ist das die Zukunft? So übertrieben pessimistisch, so unrealistisch ist das nicht. Die " Affäre Brüderle" macht schlaglichtartig eine Kehrseite deutlich, über die kaum, zumindest viel zu wenig, gesprochen wird.

Symptomatisch?!

Abstinenz

Von Politikern und Meinungsmachern kaum bemerkt hat sich in der Berliner Republik eine schleichende, ganz merkwürdige, ja unheimliche Entfremdung vom Politischen zugetragen. Politik und Politiker werden einfach immer weniger ernst genommen. Politische Berichterstattung verkommt zum seichten Politainment, wird Teil der Unterhaltskultur. Politiker bedienen sich der neuen Möglichkeiten und tragen damit selbst zur weiteren Entpolitisierung bei. Kein Wunder, dass die Bildzeitung zum politischen Leitmedium geworden ist.

Hinzukommt, dass immer mehr Menschen den Eindruck haben, dass ihre Meinung ohnehin nicht gefragt ist, dass ihre Sorgen nichts zählen, dass ihre Interessen schlicht übergangen werden, und – das ist das Schlimmste – dass sie auch nichts dagegen machen können. An diesem Befund ändern auch die schrillen, zumeist medienverwöhnten Lobby- und Pressure-Groups nichts, die ebenso überheblich wie vorlaut anmaßend so tun, als ob sie Volkes Interessen und Meinung vertreten.

Wenn sich der Eindruck, die da oben machen sowieso, was sie wollen, im Volk festsetzt, ist Demokratie am Ende. Sie schafft sich dann selber ab. Was bleibt ist eine Fassade, die das Wahlvolk mit Unappetitlichkeiten á la " Affäre Brüderle" vergnügt.

SYMPTOMATISCH?!

POLITIK DURCH DIE HINTERTÜR

Das ist nicht nur ein Gefühl, ein Unbehagen. Es gibt Gründe für die Entwicklung. Eine eiserne, unabänderliche Logik sogenannter Sachzwänge beherrscht das politische Geschehen. Diese Logik produziert unentwegt " Tatsachen", aus denen dann weitere Sachzwänge entstehen. Diese produzieren dann erneut " Tatsachen" und so weiter und so fort. Ein Perpetuum mobile der Politik. Die handelnden Akteure stellen sich dann als Getriebene einer Entwicklung dar, die sie im besten Fall erleichtern oder – wenn überhaupt – moderieren, längst jedoch nicht mehr beeinflussen können.

Mal ist es der Öffnungstermin der Tokioer Börse, dann ist es der drohende Absturz eines Mitgliedslandes ins Chaos, mal ist es der mögliche Zusammenbruch einer Bank, dann ist es das freundschaftliche Zugeständnis gegenüber dem Partner in Paris – immer gibt es Ereignisse von draußen, die die Bundeskanzlerin oder ihren Finanzminister in den berüchtigten Brüsseler Nachtsitzungen zu " Nacht-und-Nebel Entscheidungen" zu zwingen scheinen, die sie so gar nicht gewollt hatten. Die Zurechenbarkeit von und die Verantwortlichkeit für getroffene Entscheidungen verflüchtigen sich dann in einem Nebel von wohlklingenden Phrasen und Gemeinplätzen.

Die Bundeskanzlerin ist hierin eine wahre Meisterin: Abends vor den Hauptnachrichtensendungen beruhigt sie das besorgte Publikum, sie bekundet ihre Prinzipienfestigkeit und verkündigt großspurig eine entspre-

SYMPTOMATISCH?!

chende Unnachgiebigkeit, um dann nachts zur vorgerückten Stunde kleinlaut wieder einmal einzugestehen, dass sie in den Verhandlungen zum Wohl der europäischen Völkerfamilie und selbstredend auch deutscher Interessen hätte nachgeben müssen. Das Einknicken wird dann von „ ihren" Presseleuten als Erfolg der „ eisernen Kanzlerin" gefeiert. Zwischenzeitlich hat Merkel dies zu einem Brüsseler Ritual verfeinert, sehr zum Wohlgefallen der Gläubigerstaaten und zur klammheimlichen Freude der zehn Nicht-Euro-Staaten.

„ALTERNATIVLOS"

AUFFÄLLIG ist: Politik wird nicht mehr auf offener Bühne ausgetragen. Die Entscheidungen selbst von größtem Gewicht werden verdeckt und unbemerkt in kleinsten, meist nicht legitimierten Parteizirkeln beschlossen, ihre legislative Umsetzung geradezu konspirativ vorbereitet. Eine angemessene Beratung in den parlamentarischen Gremien wird den Volksvertretern dann schon nicht mehr eingeräumt. Kein Wunder, dass das ganze Ausmaß der eigenen Beschlüsse mit ihren häufig doch sehr ernsten Konsequenzen von den Volksvertretern kaum mehr bedacht, übersehen oder abgeschätzt werden können.

Politische Entscheidungen – durch die Hintertür eingefädelt – gehorchen, so suggeriert es die Regierung, den viel beschworenen Sachzwängen – vorzugsweise von außen, die von niemandem hätte mehr beeinflusst werden

Symptomatisch?!

können. " Alternativlos" heißt dann das skandalöse, ja zutiefst demokratiefeindliche Schlagwort, dessen sich die Regierenden bedienen, um eine aufkeimende Diskussion " draußen im Lande" abzuwürgen. Verfassungsrechtler sprechen zu Recht von einer Delegitimierung demokratischer Entscheidungen. Die politische Klasse kümmert dies nicht. Die Hunde bellen, die Karawane zieht weiter, so ist die Denke. Angela Merkels Politikstil hat es hier zu einer bisher nicht gekannten Virtuosität gebracht. Politik als Projekt der politischen und wirtschaftlichen Eliten, über die die Bürger nicht zu befinden haben. Selbst bei Wahlen nicht mehr?

Am Volk vorbei

Der Eindruck ist so falsch nicht. Bei den grundlegenden Fragen deutscher Politik wird am Volk vorbei regiert. Und das nicht erst seit der Euro-Krise. Sind die Ostdeutschen gefragt worden, ob sie dem andern deutschen Teilstaat beitreten wollen? Nein. Sind die Westdeutschen gefragt worden, ob sie die Lasten der Vereinigung zu tragen bereit sind? Nein. Sind die Deutschen gefragt worden, ob sie sich überhaupt wiedervereinen wollen? Nein. Sind die Deutschen gefragt worden, ob sie sich in dem neu entstehenden Deutschland auch eine neue Verfassung geben wollen? Nein.

Volksentscheide dieser Art seien im Grundgesetz nicht vorgesehen, heißt es dann. Die politische Klasse hätte doch längst die Verfassung ändern können, wenn sie den

Symptomatisch?!

Bürgern eine Mitsprache bei den zentralen Fragen der Nation zugetraut hätte. Doch genau das wird den Deutschen nach wie vor verweigert. Stattdessen haben die politisch Verantwortlichen die Bürger mit ihren " alternativlosen Entscheidungen" hinters Licht geführt, vom Wirtschaftswunder Ost und von " blühenden Landschaften" in wenigen Jahren geschwafelt. Und diese Art Entmündigung setzte sich auf europäischer Ebene fort.

Gab es einen Volksentscheid über die Fortentwicklung zur europäischen Union? Nein.

Gab es einen Volksentscheid über die Einführung einer gemeinsamen europäischen Währung? Nein. Konnten die Deutschen – wie in anderen Ländern – über den europäischen Verfassungsvertrag abstimmen? Nein.

Wurden sie gefragt, als die Fundamente der europäischen Währungsunion eingerissen wurden? Nein.

Wurden die Deutschen gefragt, ob es der europäischen Zentralbank erlaubt sei, wertlose Schrottpapiere deutscher, französischer, spanischer, italienischer Banken aufzukaufen? Nein.

Wurden die Deutschen gefragt, ob sie bereit sind, die Staatsschulden anderer Euro-Mitgliederländer zu übernehmen? Nein.

Wurden die Deutschen gefragt, ob sie bereit sind, die Haushaltslöcher Griechenlands, Portugals, Irlands, Spaniens zu stopfen? Nein.

Symptomatisch?!

Wurden die Deutschen gefragt, ob sie bereit sind, die Sozialleistungen anderer Euro-Staaten zu finanzieren? Nein.

Zu all dem hat die Merkel-Regierung ihre Zustimmung erteilt, gegen den breiten Widerstand der Bürger. Ob Wiedervereinigung oder Beitritt, ob Europäische Integration, Abschaffung der DM, europäischer Verfassungsvertrag oder Euro-Rettung – immer handelt es sich um Projekte der politischen Klasse, der politisch-ökonomischen Machtelite, immer bleiben die Bürger draußen vor, sind zur Passivität verurteilt und schauen im besten Fall zu, was die da oben so alles anstellen.

Merkels bittere Bilanz

Niemand hätte 2009 ahnen können, dass nach vier Merkel-Jahren die vertraglichen Grundlagen der europäischen Währungsunion zerstört, die Kriterien des Maastricht-Vertrags faktisch über Bord geworfen sind. Niemand hätte 2009 ahnen können, dass das nationale Haushaltsrecht der einzelnen Mitgliedsstaaten immer weiter ausgehöhlt, die Finanzpolitik der nationalen Eigenverantwortung immer weiter entzogen werden. Niemand hätte im Traum daran gedacht, dass die Deutschen für die Schulden von Griechen, Iren, Portugiesen, Spaniern, Zyprioten – und es werden nicht die letzten sein – einmal geradestehen müssen. Die bisher geltenden Anreize für eine solide Haushaltspolitik der Mitgliedsstaaten sind mit der faktischen Vergemeinschaftung der

Symptomatisch?!

Schulden beseitigt worden. Diese Politik der Kanzlerin wird uns alle noch teuer zu stehen kommen. Ganz unmerklich, gleichsam auf leisen Sohlen, und von einer breiten Öffentlichkeit noch weitgehend unbemerkt haften die deutschen Steuerzahler zwischenzeitlich für die Schulden ihrer Euro-Partner in einer Höhe von über 700 Milliarden Euro. Und das ist nicht das letzte Wort.

Policy Mainstreaming

MERKEL hat es geschafft, die großen Themen deutscher Politik aus dem " Parteienstreit" herauszuhalten. Das ist ihr größter Coup, ihre größte politische Leistung. Damit hat sich das politische Meinungsspektrum in den letzten Jahren bedenklich eingeengt. Grundsatzfragen deutscher Politik werden kaum noch debattiert; grundlegende Differenzen sind zwischen den im Bundestag vertretenen Parteien nicht mehr auszumachen. Unterschiede sind nur noch in Nuancen, gleichsam im Kleingedruckten, zu erkennen. Ein Geschäft für Journalisten und Politologen.

Angela Merkel steht seit ihrem Amtsantritt 2005 faktisch einer inoffiziellen Allparteienkoalition vor, die – bis auf die rückwärtsgewandte " Linke" – in den wesentlichen Fragen deutscher Politik an einem Strang zieht. Ob es sich um Finanz- oder Haushaltspolitik, Europa-, Außen- oder Sicherheitspolitik, Energie- und Umweltpolitik handelt, ob es um Gesundheits- oder Familienpolitik, Renten- oder Arbeitsmarktpolitik, um Mindestlohn

SYMPTOMATISCH?!

oder selbst um Scheinfragen wie der Frauenquote geht, immer ist die Kanzlerin zur Stelle und kündigt Abhilfe an. Ein " policy mainstreaming" hat sich bei uns breitgemacht, das omnipotent erscheint und das die Debatten beherrscht: in den Parteien, in den meisten Medien, in den Verbänden, den Gewerkschaften, ja selbst in den Kirchen. Selbst bei Wahlen tendiert der Einfluss der Bürger zwischenzeitlich gegen Null.

Hat die Bundeskanzlerin im Wahlkampf 2009 etwa gesagt, was sie zur Rettung des Euros so alles vorhat und zu was sie sich alles bereitfinden wird? Natürlich nicht.

Hat sie von der europäischen Haftungs- und Schuldenunion gesprochen? Nein.

Hat die Bundeskanzlerin gesagt, der deutsche Steuerzahler müsse einen Teil der Staatsschuld Griechenlands übernehmen? Nein. Sie hat das Gegenteil versprochen.

Hat die Bundeskanzlerin gesagt, sie würde dem Aufkauf von Schrottpapieren deutscher und vor allem französischer Banken durch die EZB zustimmen? Natürlich nicht. Sie hat das Gegenteil versprochen.

Hat die Bundeskanzlerin damals im Wahlkampf 2009 vom Atomausstieg und von der Energiewende gesprochen? Nein, sie sprach von der Verlängerung der Laufzeiten bestehender Kraftwerke und der Notwendigkeit eines vernünftigen Energiemix. Natürlich: Fukushima!

Die Japaner hatten die Katastrophe und bleiben dennoch bei der friedlichen Nutzung der Kernenergie und die Deutschen – die haben den Atomausstieg mit steigenden

Symptomatisch?!

Strompreisen und immer weniger Versorgungssicherheit. Ein Thema der politischen Klasse? Weit gefehlt. Dabei wusste jeder Bescheid. Natürlich steigen die Strompreise weiter und die Versorgungssicherheit nimmt ab.

Unerledigt, ungeklärt

Und wie sieht es heute aus? Im Wahlkampf 2013? Wer spricht über die vergangenen vier doch sehr ereignisreichen Jahre. Wer spricht z. B. über den beängstigenden Bedeutungsverlust des Deutschen Bundestages, wer über die ständigen Mahnungen des Verfassungsgerichts an die Regierung, die Souveränitätsrechte der Bundesrepublik zu wahren und zu achten und die Rechte des Parlaments nicht weiter auszuhöhlen. Keine Auseinandersetzung mehr darüber, dass die Finanzpolitik der Euro-Länder in nationaler Eigenverantwortung bleiben muss. Keine Auseinandersetzung mehr darüber, dass Mitgliedstaaten, auch die Europäische Union nicht, für die Schulden eines anderen Mitgliedstaates eintreten. Alles Schnee von gestern. Längst vergessen. Und es gibt keine Opposition, die dies der Merkel-Regierung vorhält.

Im Wahlkampf müsste man doch jetzt fragen: Wie geht es weiter mit der Haftung und wohlmöglich auch Übernahme von Schulden süd- und westeuropäischer Staaten? Welche Belastungen kommen auf die Bürgerinnen und Bürger tatsächlich zu? Welchen Entscheidungsspielraum haben die deutschen Volksvertreter bei der sogenannten " Euro-Rettung" überhaupt noch? Ist der " ma-

Symptomatisch?!

terielle (unantastbare) Identitätskern unserer Verfassung" noch gegeben, wenn das Budgetrecht des Parlaments immer weiter eingeschränkt wird und wenn beispielsweise ein Kommissar aus Brüssel dem Deutschen Bundestag die Haushaltspolitik vorschreibt? Was tun Regierung und ihre Vertreter in den europäischen Gremien, um den Zugriff südeuropäischer Regierungen auf die deutschen Steuermilliarden abzuwehren?

Es drängt sich der Eindruck auf, dass zwischenzeitlich Hollande, Monti und Rajoy ungeniert den Takt bei der Euro-Rettung vorgeben, die Schuldner den Gläubigern also die Bedingungen diktieren. Wie lange kann das gut gehen? Für die " Allparteien-Koalition" unter Merkel im Deutschen Bundestag kein Thema. Und im kommenden Wahlkampf vermutlich auch nicht.

Die wohlklingende Chimäre

Dafür nun die wohlklingende Chimäre von den „Vereinigten Staaten von Europa". Die harten geld- und finanzpolitischen Entscheidungen der vergangenen Jahre sollen nun tröstend überhöht, ja versöhnt werden mit der Zukunftsvision eines europäischen Bundesstaates, in dem die Nationalstaaten der europäischen Union aufgehen werden. Nur: Wer will in Europa eigentlich die " Vereinigten Staaten von Europa" ? Klar die Briten nicht, die Iren auch nicht, das wissen alle. Die Franzosen, die Spanier, die Italiener? Vermutlich auch nicht. Es war doch die sozialistische Partei Frankreichs,

SYMPTOMATISCH?!

die maßgeblich dazu beigetragen (allen voran der heutige Außenminister Laurent Fabius) hat, den europäischen Verfassungsvertrag zu Fall zu bringen. Wer in Osteuropa will die gerade erst errungene Souveränität gegen einen Bundesstaat eintauschen? Wahrscheinlich niemand. Die Griechen? Die fürchten sich heute schon vor dem von Deutschland dominierten Europa. Die Niederländer, die Belgier? ja natürlich die Luxemburger.

Und Hand aufs Herz: Wer in Deutschland will einen europäischen Bundesstaat? Natürlich seit eh und je die politischen Parteien, die Meinungsmacher, die Gewerkschaften, die Wirtschaftskapitäne der Großunternehmen. Das vereinte Europa als Elitenprojekt – wieder mal. Jetzt wird ein Volksentscheid z. B. von Finanzminister Schäuble " angedacht", der vermutlich dann zu einem Zeitpunkt anberaumt wird, an dem aufgrund der bekannten " eisernen Logik der Sachzwänge" eine echte Entscheidung gar nicht mehr möglich ist.

EINMAL GANZ KONKRET GEFRAGT

UND was sagen die Parteien den Bürgern in ihren Programmen zu den " Vereinigten Staaten von Europa – einmal ganz konkret gefragt? Wann kann der Bürger über eine europäische Verfassung entscheiden? Noch in der nächsten Legislaturperiode? Fehlanzeige. Wann löst sich der souveräne Staat Bundesrepublik Deutschland auf? In fünf Jahren oder in zehn Jahren? Keine Antwort. Wann wird aus dem heutigen Quasipar-

Symptomatisch?!

lament in Strasbourg und Brüssel eine echte Volksvertretung des europäischen Staatsvolkes? Und was ist das eigentlich: das europäischen Staatsvolk? Antwort: Fehlanzeige. Wann geht das Haushaltsrecht des Deutschen Bundestages auf das Europäische Parlament über? Fehlanzeige. Wann wird das Aufkommen aus der Mehrwertsteuer, Einkommensteuer, Mineralölsteuer, um nur die wichtigsten Steuern zu nennen, nach Brüssel überwiesen? Fehlanzeige.

Anstatt konkreter Antworten bieten die Parteien Politlyrik, wie wir sie seit Jahrzehnten kennen. Kurz gesagt: Erneut erbitten die Parteien vom Wahlvolk einen Blankoscheck, der ihnen alle Optionen offen hält. Keine guten Aussichten für die Demokratie. Stattdessen wird " Wahlkampf" gefeiert: Politunterhaltung mit allerlei Vergnüglichem, wahlweise auch Unappetitlichem nach der Machart "Affäre Brüderle".

Wahlkampf in Zeiten des Policy Mainstreamings

erschienen in: Novo Argumente 16. April 2013

Die Niedersachsen-Wahl hat keinen Aufschluss über die Chancen der Parteien in der Bundestagswahl gegeben. Das von vielen erwartete klare Signal für einen Regierungswechsel in Berlin blieb schwach. Mit einem so hauchdünnen Ergebnis hatte vor Wochen noch niemand gerechnet. Mit dem deprimierenden monatewährenden Debakel um die „Korruptionsaffäre" Christian Wulffs, des erfolgreichen, die Partei über lange Jahre hinweg dominierenden Landesvaters und Parteivorsitzenden, waren die Chancen der CDU auf den Machterhalt alles andere als günstig. Hinzu kam die Dauerschwäche der Liberalen. Umso erstaunlicher ist es, dass die niedersächsische CDU es mit ihrem neuen Spitzenmann Da-

Wahlkampf in Zeiten des Policy Mainstreamings

vid McAllister schaffte, den sicher vorhergesagten Wahlsieg von Rot-Grün fast noch zu vereiteln. Das Ergebnis von Niedersachsen reiht sich ohnehin ein in die lange Serie von Wahlniederlagen, die die Union in den Ländern seit der Kanzlerschaft Merkels im Jahre 2005 erlitten hatte. Erneut wird ein Land von Rot-Grün regiert, die Mehrheit von Schwarz-Gelb im Bundesrat ist endgültig dahin, ohne den Kompromiss mit der anderen Seite kann Merkel nichts mehr vorwärtsbringen. Das wird die Kanzlerin allerdings nicht groß bekümmern. Eine solche Konstellation kommt vielmehr Merkels auf überparteilichen Ausgleich und Kompromiss angelegtem Politikverständnis entgegen.

Merkel kann somit mit dem knappen Wahlausgang in Niedersachsen zufrieden sein: Ohne die Leihstimmenkampagne hätte die Union ein achtbares Ergebnis erzielt. Bei den Erststimmen hat sie gegenüber 2008 kaum verloren. Den Aderlass verzeichnete sie bei den wahlentscheidenden Zweitstimmen. Und dieser christliche Aderlass kam eindeutig der FDP zugute.

Die FDP ist auf die Union fixiert wie der Hund auf den Knochen. Ihr parlamentarisches Überleben hängt jetzt sprichwörtlich vom guten Willen Merkels ab. Damit ist der Gestaltungs- und Handlungsspielraum der FDP praktisch auf null gesunken. Der SPD-Kanzlerkandidat wird jetzt alle Denkübungen in Richtung Ampelkoalition, die er in seinem Hinterkopf erwogen haben mag, abhaken.

Auf ein Neues: Lagerwahlkampf

FAKT ist, uns steht eine Wiederauflage des Lagerkampfs Schwarz-Gelb gegen Rot-Grün aus dem Jahre 2005 bevor. Die damit einhergehende, unvermeidliche „Zuspitzung" ist gut für die vier Lagerparteien. Linke und Piraten werden dabei das Nachsehen haben. Auch mögliche Konkurrenz im rechten Lager wie beispielsweise die Freien Wähler werden mit ihren Botschaften kaum Gehör finden.

Koalitionspolitische Lockerungsversuche in Richtung Jamaika- oder Ampelkoalition, wie sie im Vorfeld des Wahlkampfes hier und da diskutiert wurden, werden in der Wahlauseinandersetzung wohl keine Rolle mehr spielen. Wie 2005 wird dann allerdings die anschließende Regierungsbildung umso schwerer. Schafft die Linke erneut den Sprung ins Parlament – und davon wird man ausgehen können –, wird es weder zu einer Neuauflage von Schwarz-Gelb noch zu einem rot-grünen Regierungswechsel reichen.

Da sich die Linke auf Bundesebene – ganz anders als in den ostdeutschen Ländern – mit ihrer Sicherheits-, Europa-, Haushalts- und Finanzpolitik (wieder einmal) als realitätsverweigernd und damit politikunfähig erweist, kann ein rot-grün-rotes Bündnis – trotz aller Sirenenrufe ihres Spitzenkandidaten Gregor Gysi – getrost ausgeschlossen werden.

Wahlkampf in Zeiten des Policy Mainstreamings

Tücken

Auf den zweiten Blick hat ein Lagerwahlkampf diesmal allerdings seine Tücken. Denn es fehlen ihm die durchschlagenden Themen, an denen sich die Emotionen des Wahlvolks entzünden könnten. Merkel hat es in den vergangenen Jahren verstanden, in den entscheidenden Fragen deutscher Politik der rot-grünen Opposition den Wind aus den Segeln zu nehmen. Ob es sich um die Finanz- oder Haushaltspolitik, Europa-, Außen- oder Sicherheitspolitik, Energie- und Umweltpolitik handelt, ob es um die Gesundheits- oder Familienpolitik, Renten- oder Arbeitsmarktpolitik, um Mindestlohn oder selbst um Scheinfragen wie die Frauenquote geht, immer ist die Kanzlerin zur Stelle und – wie beim Wettlauf des Hasen mit dem Igel – begrüßt ihre Konkurrenten mit einem sauertöpfischen „Ick bün al dor!" Die Union ist unter Merkel zu einer „Wer will noch mal, wer hat noch nicht" -Partei geworden.

Jedoch sind dieser Eingemeindungspolitik die grundlegenden Debatten, von denen der demokratische Diskurs lebt, zum Opfer gefallen. Substantielle, grundlegende Differenzen sind zwischen den im Bundestag vertretenen Parteien kaum mehr auszumachen. Unterschiede sind noch in Nuancen, gleichsam im Kleingedruckten, zu erkennen. Ein Geschäft für Journalisten und Politologen. Gerade in Wahlkampfzeiten, in denen das Interesse an Politik wieder stärker erwacht, erweist sich Merkels Taktik als kluger Schachzug. Zuspitzungen, die die Menschen auch emotional beschäftigen oder gar aufwühlen,

Wahlkampf in Zeiten des Policy Mainstreamings

sind in der Kampagne diesmal kaum zu erwarten. Vor allem die beiden zentralen Themen – Energiewende und Euro-Rettung -, die so viel Zunder in sich bergen und die Gemüter in Wallung zu bringen vermögen, hat die schwarz-gelbe Regierung rechtzeitig neutralisiert. Da hilft auch das Getöse der Opposition, die Kanzlerin handle zu unentschlossen, zu einseitig, zu spät und langwierig, wenig. Rot-Grün hat nun einmal alle entscheidenden Schritte von Merkels Euro-Rettungspolitik mitgetragen, ja die Kanzlerin mehr als einmal vor einer Abstimmungsniederlage bewahrt. Das wird keine Wahlkampagne ungeschehen machen können. Das wird haften bleiben. Und die Union wird Gelegenheit finden, die Rot-Grünen immer wieder daran zu erinnern.

Merkels grösster Coup

MERKEL steht bei den beiden Megathemen deutscher Politik – Euro-Rettung, Atomausstieg und Energiewende – faktisch einer Allparteienkoalition im Deutschen Bundestag vor, sieht man einmal von der Linken ab. Zentrale Fragen werden damit – wie in den vergangenen Monaten und Jahren – auch im Wahlkampf an den Rand geschoben. Bleiben die Stromkosten, unter denen die unteren Einkommensbezieher schon heute ächzen, noch beherrschbar, sind die Stromlieferungen rund um die Uhr sichergestellt, kann die energieintensive Industrie in Deutschland auf absehbare Zeit überleben? Fragen, auf die weder die Schwarz-Gelben noch die

Wahlkampf in Zeiten des Policy Mainstreamings

Rot-Grünen ehrliche Antworten geben. Fest steht: Die Energiewende wird für alle teuer, sehr teuer, für Geringverdiener viel zu teuer, dabei ist ihr Gelingen alles andere als sicher, ein Scheitern nicht auszuschließen. Während wir beim Scheitern der „Energiewende" noch auf billigen Kohle- und Atomstrom von unseren west- und osteuropäischen Nachbarn hoffen können, bleiben die Kosten eines Scheiterns der „Euro-Rettung" vor allem beim deutschen Steuerzahler, vornehmlich bei den Sparern und Transfereinkommensbeziehern, hängen.

Es war zweifellos Merkels größter innenpolitischer Coup, die rot-grüne Opposition faktisch auf ihre Euro-Rettungspolitik einzuschwören. Dabei ist der Kurs, den ihre Regierung steuert, riskant, gefährlich riskant, und vermutlich auch wenig erfolgversprechend. Doch über die tatsächlichen Risiken der Euro-Rettungspolitik wurde im Deutschen Bundestag so gut wie nie gesprochen. Und das wird sich auch im beginnenden Wahlkampf kaum ändern. Also: Keine Auseinandersetzung mehr darüber, dass die Finanzpolitik der Euro-Länder in nationaler Eigenverantwortung bleiben muss. Das war Grundlage der Währungsunion, wie sie im Maastricht-Vertrag vereinbart worden war. Keine Auseinandersetzung mehr darüber, dass Mitgliedstaaten, auch die Europäische Union nicht, für die Schulden eines anderen Mitgliedstaates eintreten oder haften müssen.

Auch das war Grundlage der Währungsunion, wie sie im Maastricht-Vertrag vereinbart worden war. Für Merkels Allparteienkoalition ist das längst schon Makulatur, Schnee von gestern. Die deutsche Stabilitäts-

Wahlkampf in Zeiten des Policy Mainstreamings

kultur, die mit der Einführung des Euro auf alle Beitrittsländer übertragen werden sollte, ist längst zu Grabe getragen worden. Die Vertreter der ehemals so mächtigen wie erfolgreichen Deutschen Bundesbank sind im EZB-Rat marginalisiert, ohne Macht, ohne Einfluss, und können ihren meist leisen Protest gegen den fundamentalen Kurswechsel in der europäischen Geldpolitik nur noch zu Protokoll geben. Unterstützung von den Parteien bekommen sie dafür nicht. Die Kanzlerin bedauert pflichtgemäß. So finanziert die EZB – mit der Notenpresse – heute munter die Haushalte bankrottgefährdeter Staaten, zwischenzeitlich rettet sie sogar auch schon marode Banken, die sich in der Immobilienblase gnadenlos verzockt haben, vor der Pleite. Die Weichen sind schon längst für eine Haftungsunion gestellt, in der allein der deutsche Steuerzahler für die gigantische Summe von 736 Milliarden Euro gerade zu stehen hat (vgl. den „Haftungspegel" des Ifo-Instituts, Stand 23. Januar 2013).

Klar ist: Die Rechnung von Merkels Euro-Rettungspolitik wird den Deutschen erst nach der Wahl präsentiert. Und die kann unangenehm hoch ausfallen. Doch darüber wird im kommenden Lagerwahlkampf vermutlich wenig gesprochen werden, weder in der Regierung, noch in der rot-grünen Opposition, die Merkels Politik bei allen entscheidenden Abstimmungen mitgetragen hat.

VERKORKST

DIE Ausgangslage für die Kampagne der Oppositionsparteien in der Bundestagswahl ist deshalb ziemlich verzwickt, um nicht zu sagen verkorkst. Merkels Union, die kein populäres, wahlwirksames Thema links liegen lässt, bietet bei Lichte besehen wenig Angriffsflächen. Die großen Themen bleiben tabu, über die vielen kleinen kann trefflich gestritten werden. Nur wen interessiert das?

Sicher: Das rot-grüne Lager wächst, die Zustimmung bei Wahlen ist gegenüber dem Tiefpunkt 2009 gestiegen. Die rot-grünen Wahlsiege der vergangenen Jahre wurden jedoch maßgeblich von den Grünen eingefahren. Der Beitrag der SPD blieb dagegen bescheiden. In den neuen Bundesländern sind die Grünen inzwischen in allen Landtagen angekommen, das war lange Zeit nicht so. In den alten Ländern erzielen sie regelmäßig zweistellige Wahlergebnisse. In Baden-Württemberg stellen sie den Ministerpräsidenten, in zahlreichen Städten den Bürgermeister. Spektakulär war der Sieg von Fritz Kuhn in Stuttgart.

Während die Grünen komfortabel dastehen, ist die Lage der SPD unverändert schwierig. Das liegt nicht nur am Fehlstart ihres Kanzlerkandidaten. Die Gründe liegen tiefer. Der SPD gelingt es nicht, sich vom historischen Tief des Jahres 2009 entscheidend weg zu bewegen. Trotz des bejubelten Wahlsieges hat die SPD in Niedersachsen das zweitschlechteste Ergebnis seit 1947 erzielt. So oder

Wahlkampf in Zeiten des Policy Mainstreamings

so ähnlich sieht es auch in den anderen Ländern aus. Den Niveauverlust zwischen 10 und 20 Prozentpunkten, den die Partei während Schröders Regierungszeit erlitten hatte, hat sie bei keiner Wahl mehr zurückführen können.

Anders die Grünen. Nach dem relativ kurzen Stimmungstief Anfang des Jahrhunderts ist die grüne Partei heute wieder ganz oben auf. Mehr noch: Der Abstand zwischen den beiden Parteien schmilzt unentwegt weiter. Der Grund liegt auf der Hand. Nach wie vor sind es die Grünen, die beim gemeinsamen „rot-grünen Projekt" politisch-programmatisch den Takt vorgeben. In der Umweltpolitik ohnehin, in der Energie-, Wirtschafts- und Finanzpolitik, aber auch der äußeren und inneren Sicherheitspolitik, der Außenpolitik, der Gesellschafts-, Bildungs-, selbst der Familienpolitik dominieren grüne Farben. Die Sozialdemokraten hecheln immer wieder hinterher.

Hinzu kommt: Die Grünen sind auch personell vielfach besser aufgestellt. In den achtziger und neunziger Jahren haben sich viele der talentierten Nachwuchspolitiker an der SPD vorbei den Grünen zugewandt. Die Hoffnungsträger von damals sind die Führungspersonen von heute. Das spürt die SPD. Ihre Personaldecke ist verdammt dünn geworden. Die grüne Hegemonie im linken Lager ist deshalb – auch im engen Zusammenspiel mit einer den Grünen zugeneigten Presse – ungebrochen.

Somit steckt die SPD nach wie vor in der selbst verschuldeten Strategiefalle fest: Warum sollen Wähler das Kreuz bei der SPD machen, wenn auch das Original zur Wahl steht. Die grüne Führung weiß zwischenzeitlich mit diesem Vorteil virtuos umzugehen. Die SPD hat dagegen bislang kein Mittel gefunden, wie sie sich aus der Strategiefalle entwinden kann. Man würde meinen, sie hätte spätestens seit ihrem Wahldebakel 2009 hinreichend Zeit gehabt, sich mit einer eigenständigen, klar erkennbaren sozialdemokratischen Handschrift programmatisch und personell neu aufzustellen. Dazu hätte auch gehört, nach allen Parteien hin offen zu sein, keine Regierungskonstellation von vorneherein auszuschließen. Doch mit dem Revival des Lagerwahlkampfes ist diese Chance vertan worden. Mehr noch: Mit dem Lagerwahlkampf wird das alte Dilemma der SPD erneut mit voller Wucht zu Tage treten.

Wahlkampf ohne Biss

So droht uns ein Wahlkampf ohne Biss, vermutlich der wohl langweiligste und zugleich der uninteressanteste Wahlkampf seit Bestehen der Bundesrepublik. Die „Keine Experimente" – und „Weiter so" -Wahlkämpfe Adenauers und Kohls werden uns gegenüber dem, was uns diesmal blüht, als munterer Schlagabtausch mit ungewissem Ausgang vorkommen. Eine echte Wahl, eine Wahl zwischen unterschiedlichen Antworten auf die zentralen Fragen unserer Zeit haben wir eigentlich nicht. So wird der Bürger kaum hoffen können, auf seine Sorgen und drängenden Fragen ehrliche Antworten zu bekommen. Wie geht es weiter mit der Haftung und wohlmöglich auch Übernahme von Schulden süd- und westeuro-

Wahlkampf in Zeiten des Policy Mainstreamings

päischer Staaten? Welche Belastungen kommen auf die Bürgerinnen und Bürger tatsächlich zu? Droht bei dem anhaltenden Fluten des Geldesmarktes durch die Europäische Zentralbank, dem die deutschen Vertreter im EZB-Rat hilf- und tatenlos zusehen, auf mittlere Frist nicht Inflation und damit Wohlstandsverlust für Millionen? Was tun die Bundesregierung und ihre Vertreter in den europäischen Gremien, um den Zugriff südeuropäischer Regierungen auf die deutschen Steuermilliarden abzuwehren? Welchen Entscheidungsspielraum haben die deutschen Volksvertreter bei der sogenannten „Euro-Rettung" überhaupt noch? Ist der „materielle (unantastbare) Identitätskern unserer Verfassung" noch gegeben, wenn das Budgetrecht des Parlaments immer weiter eingeschränkt wird?

Der Kernbestand unserer demokratischen Ordnung ist in Gefahr, wenn das einzig frei gewählte und damit das besonders legitimierte Verfassungsorgan, der Deutsche Bundestag, weiterhin einen solchen Bedeutungsverlust erleidet wie in den vergangenen sieben Jahren, den Merkel-Jahren. Es geht also ums Eingemachte, nicht um irgendwelche Kinkerlitzchen.

Doch es ist wenig wahrscheinlich, dass Fragen dieser Art bei den zu erwartenden „Zuspitzungen" im Lagerwahlkampf Schwarzgelb : Rotgrün eine prominente Rolle spielen werden. Stattdessen werden sich die Lagerparteien mit ganz anderen Fragen zu profilieren suchen, etwa der Frage, ob es gerechtfertigt ist, Müttern ein Betreuungsgeld zukommen zu lassen, die ihre zwei- oder dreijährigen Kinder lieber Zuhause betreuen und erziehen möchten. Oder der Frage, ob die sogenannte Lebensleistungsrente um 10 oder 20 Euro aufgestockt wird. Nicht zu vergessen die Frauenquote in Dax-Unternehmen, also der uns alle so bewegenden Frage, ob und wie 200 oder 300 junge Managerinnen den Sprung in die Vorstandsebene von Dax-Unternehmen vorzeitig schaffen.

Der lange Abschied von Rot-Grün

SELTEN wurde ein gemeinsames Projekt so schnell zu Grabe getragen wie das rot-grüne Projekt nach der Bundestagswahl vom 22. September 2013. Das kam allerdings alles andere als überraschend. Dass es zu keinem rot-grünen Regierungsbündnis kommen würde, stand eigentlich schon von Anfang des Wahlkampfes an fest. Dass uns damit der langweiligste Wahlkampf seit langem bevorstehen würde auch. Zu keinem Zeitpunkt der Kampagne kam Rot-Grün auch nur in die Nähe einer Mehrheit. So war der Versuch, noch einmal mit einem „Lagerwahlkampf" ein rot-grünes Regierungsbündnis zustande zu bringen, von vorneherein zum Scheitern verurteilt. Warum der Versuch dennoch unternommen wurde, ist eine berechtigte Frage, auf die von den Verantwortlichen jedoch kaum eine Antwort erwartet werden kann. Da der sozialdemokratische Spitzenkandidat ein Regierungsbündnis unter Einschluss der „Linken" kategorisch ausschloss, verfügte Peer Steinbrück über keinerlei realistische Machtperspektive. Er war ein reiner Zählkandidat. Das hätte er eigentlich wissen können. Warum er sich trotzdem im Wahlkampf abmühte, ist unverständlich. Eines der vielen Ungereimtheiten des glücklosen Kandidaten Steinbrück. Der Wahlkampf war also eine leichte Übung für Merkel und die Union. Ihr Wahlsieg war zu keinem Zeitpunkt gefährdet.

Merkels grösster Coup

Es war jedoch nicht nur die falsche strategische Aufstellung, die dem rot-grünen Lager den Garaus machte. Die Fehler gehen weiter zurück. Und sie sind nicht den Oppositionsparteien allein anzulasten. Merkels Politikverständnis, nichts auszulassen, was ihr Zustimmung und vor allem Stimmen einbringen kann, macht es jeder Opposition schwer, Profil zu gewinnen. Sie hatte es in den vergangenen Jahren verstanden, in den entscheidenden Fragen deutscher Politik der rot-grünen Opposition den Wind aus den Segeln zu nehmen. Vor allem bei den beiden zentralen Themen deutscher Politik heute – der Energiewende und der Euro-Rettung – , die so viel Zunder in sich bergen und die Gemüter in Wallung bringen, konnte sie SPD und „Grüne" rechtzeitig „neutralisieren". So wundert es denn auch nicht, dass Merkels anhaltenden Fehlleistungen z.B. auf dem Gebiet der „Euro-Rettung" von Rot-Grün kaum einmal richtig, so wie es hätte sein müssen, aufgespießt wurden. Nichts von den entscheidenden, tiefgreifenden Veränderungen,

DER LANGE ABSCHIED VON ROT-GRÜN

die Merkel während der Legislaturperiode – auch mit Hilfe der Opposition – hatte durchboxen können, hatte sie in ihrem Programm zur Wahl 2009 angekündigt, etwa den Ausstieg aus der Atomenergie, die Abschaffung der Wehrplicht oder die höchst risikoreichen Euro-Rettungsmaßnahmen.

Gerade letzteres regt die Menschen aber ganz besonders auf. Wer hätte 2009 ahnen können, dass nach vier Merkel-Jahren die vertraglichen Grundlagen der europäischen Währungsunion zerstört und die Kriterien des Maastricht-Vertrags faktisch über Bord geworfen sind. Wer hätte dann 2009 ahnen können, dass das nationale Haushaltsrecht immer weiter ausgehöhlt, die Finanzpolitik der nationalen Eigenverantwortung immer weiter entzogen wird. Niemand hätte damals im Traum daran gedacht, dass die Deutschen für die Schulden von Griechen, Iren, Portugiesen, Spaniern, Zyprioten – und es werden nicht die letzten sein – einmal geradestehen müssen.

Die bisher geltenden, vertraglich festgeschriebenen Anreize für eine solide Haushaltspolitik der Mitgliedsstaaten sind mit der faktischen Vergemeinschaftung der Schulden beseitigt worden. Das aber war Merkels Politik seit ihrer erneuten Wahl zur Bundeskanzlerin im Jahre 2009. Ohne ihre Zustimmung in Brüssel wäre nichts davon beschlossen worden. Diese Politik der Kanzlerin wird uns alle aber noch teuer zu stehen kommen.

DER LANGE ABSCHIED VON ROT-GRÜN

IN MERKELS FALLE

Doch im Wahlkampf war nichts von Merkels Fehlleistungen zu hören. SPD und „Grüne" blieben auffallend stumm. Europolitik im Wahlkampf Fehlanzeige. Nichts war von den zuvor mit so großer Eindringlichkeit als notwendig erklärten Veränderungen in der europäischen Union im Wahlkampf zu hören. Auf dem Weg zu den „Vereinten Staaten von Europa", über die Union, FDP, SPD und „Grüne" gesprochen hatten, wäre ja eine Grundrevision der europäischen Verträge notwendig geworden.

Alle zentralen Bereiche hätten zur Disposition gestanden: die Haushalts-, Steuer-, Wirtschafts- sowie Forschungs-, Bildungs-, Wettbewerbs-, Arbeitsmarkt-, Renten- und Gesundheitspolitik. Selbst Grundgesetzänderungen wurde nicht ausgeschlossen. Kein Wort darüber im Wahlkampf.

Angela Merkels schwarzgelbrotgrüne Allparteienregierung wollte sich auf nichts festlegen. Sie verlangte erneut einen Blankoscheck vom Bürger und den hat sie jetzt auch in der Hand. Merkel und Schäuble können zufrieden sein. Rot-Grün aber hatte sich eines der wenigen Themen beraubt, das den Menschen wirklich unter die Haut geht. Sie überließ das Thema der AfD, die damit fast den Sprung ins Parlament geschafft hatte. Im Übrigen verpassten SPD und „Grüne" damit die seltene Gelegenheit, ihre wirtschaftspolitische Kompetenz unter Beweis zu stellen und in der Mitte der Gesellschaft auf Stimmenfang zu gehen, hätte sie doch den gesammelten unabhängigen finanzwirtschaftlichen Sachverstand der Bundesrepublik auf ihrer Seite gehabt.

Merkel hat es geschafft, die großen Themen deutscher Politik aus dem " Parteienstreit" herauszuhalten. Das ist ihrer größter Coup, ihre größte politische Leistung. Damit hat sich das politische Meinungsspektrum in den letzten Jahren aber in bedenklicher Weise eingeengt. Grundsatzfragen deutscher Politik werden kaum noch debattiert; grundlegende Differenzen sind zwischen den im Bundestag vertretenen Parteien, ausgenommen die „Linke", nicht mehr auszumachen.

Ein „Policy Mainstreaming" hat sich bei uns breitgemacht, das omnipotent erscheint und das die Debatten beherrscht: in den Parteien, den Medien, den Verbänden, den Gewerkschaften und den Kirchen. Dass Oppositionsparteien in einem solchen Umfeld kaum noch wahrgenommen werden, ist geradezu zwangsläufig. Das spüren sie dann am Wahltag, wenn die Wählerinnen und Wähler mit dem Eindruck an die Wahlurnen gehen, dass die Kanzlerin schon alles richtig gemacht hat und ernsthafte Alternativen eigentlich gar nicht in Sicht sind. Warum dann SPD, „Grüne" oder „Linke" wählen?

Grüne Identitätskrise

Mit der Entscheidung, aus der Atomenergie auszusteigen, hat Merkel den „Grünen" ihr Leib- und Magen-Thema genommen. Nachdem der „Pazifismus" der Partei schon am Beginn der rot-grünen Regierungszeit in Serbien abhanden gekommen war, der „Feminismus" zwischenzeitlich in allen Parteien Wurzeln geschlagen hat, Umwelt- und Naturschutz ein Selbstläufer in allen Parteien ist, fehlt den Grünen jetzt das letzte zentrale Alleinstellungsmerkmal, die „Raison d'etre" ihrer politischen Existenz.

Warum braucht es eigentlich noch eine grüne Partei? Antworten zu geben, fällt den „Grünen" offensichtlich schwer. Jetzt bedient sie sich freigiebig aus dem Themenreservoir anderer Parteien: „Soziale Gerechtigkeit" von der SPD, „Bürgerrechte" von der FDP, „Informationelle Selbstbestimmung" von den Piraten. Doch offensichtlich hat der Ideenklau bei den Wählerinnen und Wählern nicht verschlagen. Die bescheidenen 8,4 Prozent der abgegebenen Stimmen bei der Bundestagswahl waren ein Warnschuss. Das Stimmungshoch für die Partei im Windschatten der Nuklearkatastrophe in Fukushima ist längst verflogen. Feststeht: Seit Merkels Coup befinden sich die „Grünen" in einer Identitätskrise, deren Ausgang heute noch nicht abzusehen ist. Das enttäuschende Ergebnis bei den diesjährigen Wahlen ist ganz wesentlich der grünen Identitätskrise geschuldet, es waren nicht nur die verunglückten Steuervorschläge der Partei und die peinvolle „Kinderschänderdebatte", die die „Grünen" so lange hatten erfolgreich verbergen können.

Der lange Abschied von Rot-Grün

Um zu erkennen, dass ein erneuter rotgrüner Lagerwahlkampf, der siebente in Folge seit 1990, keine Erfolgsaussichten haben konnte, hätte der Blick auf das Ergebnis der Bundestagswahlen von 2005 und besonders das von 2009 genügt. Auch alle ermittelten Umfragewerte der Meinungsforschungsinstitute unterstrichen die Aussichtslosigkeit ihres Unterfangens. Seit Januar 2006 lag die SPD bei der „Sonntagsfrage" dauerhaft unter 30 Prozent. Selbst „Grüne" im Höhenflug konnten einen solchen Absturz in der Wählergunst nicht ausgleichen.

Es ist also vor allem die anhaltende Schwäche der SPD, die für das Scheitern des rot-grünen Projektes auf Bundesebene verantwortlich ist. Von dieser Schwäche sind zwischenzeitlich auch die „Grünen" befallen. Knapp eine Million Stimmen haben sie gegenüber 2009 verloren. Kein Wunder, dass sie sich vom gemeinsamen Projekt wegmachen. Das Ergebnis der Bundestagswahl vom 22. September 2013 hält also für SPD und „Grüne" eine deutliche Botschaft bereit. Rot-grüne Regierungsbündnisse auf Bundesebene gehören der Vergangenheit an. Lagerwahlkämpfe auch. Insgesamt hat das „rot-grüne Projekt", als es 1998 in Regierungsverantwortung kam, bei Bundestagswahlen fast 10 Millionen Wähler verloren. Auf nicht einmal 35 Prozent der abgegebenen Stimmen kam Rot-grün dieses mal. Selbst ein rot-rot-grünes Bündnis brachte es nur noch auf knapp 43 Prozent. Die Sitzverteilung im Deutschen Bundestag, nach der ein rot-rot-grünes Bündnis mit 320 Mandaten knapp vor der Union (311 Mandate) liegen würde, verzerrt das tatsächliche Bild. Das linke Lager ist heute so schwach wie nie. Es ist nur noch so groß wie das Lager der Nichtwähler. Der Absturz ist dramatisch: 1998 stimmten knapp 43 Prozent der Wahlberechtigten für die drei Linksparteien, heute sind es nur noch 30 Prozent.

Die strukturelle linke Mehrheit, wie wir sie nach der deutschen Vereinigung feststellen konnten, gehört der Vergangenheit an. Die politischen Koordinaten in Deutschland haben sich 2013 verschoben: Das Lager rechts von der Mitte kam am 22. September auf gut 53 Prozent der abgegebenen Stimmen. Es zeichnet sich bei Wahlen eine strukturelle rechte Mehrheit ab. Wie in den alten Zeiten der Bundesrepublik vor der Wende. Ob sie allerdings so bleibt, hängt vom Verhalten der knapp 30 Prozent der Nichtwähler ab.

Neue Beweglichkeit

Während die sozialdemokratische Parteiführung sich – zum Ärger ihrer Basis – in die Arme von Merkels Union flüchtet, versuchen es die „Grünen" in Wiesbaden mit der stockkonservativen Hessen CDU. Das, was beide Parteien während des „Lagerwahlkampfs" vehement bestritten hatten, kommt jetzt zum Zuge. Vor allem für die hessischen „Grünen" wird eine Koalition mit dem Hardliner Volker Bouffier zum Test ihrer Leidensfähigkeit. Die ist zwischenzeitlich aber auch schon ziemlich hoch. Die neue Beweglichkeit in und zwischen den Lagern kommt allerdings nicht von ungefähr. Sie ist vom Wähler erzwungen worden. Die Lager lösen sich auf. Jeder kann mit jedem. Das ist die Zukunft.

Anmerkungen

[1] Im Weiteren: Daten aus verschiedenen Analysen von Infratest- dimap für den SPD Parteivorstand, 2011

[2] Wahlanalyse Baden Württemberg Infratest- dimap für die SPD , 27. 03.2011, S. 5ff

[3] Erhard Eppler, Eine Partei für das zweite Jahrzehnt: die SPD, Bonn 2008, S.6

[4] Das „Ende der Volksparteien" wird schon lange in der Wissenschaft diskutiert. Knappe brauchbare Einführungen liefern Elmar Wiesendahl, Parteien, Fischer kompakt: Parteien, Frankfurt/Main 2006, Peter Lösche, Parteienstaat in der Krise, Überlegungen nach 50 Jahren Bundesrepublik, Friedrich-Ebert-Stiftung, Digitale Bibliothek, library.fes.de/ fulltext/ historiker/ 00632001.htm,

ANMERKUNGEN

Andreas Kießling, Politische Kultur und Parteien in Deutschland. Sind die Parteien reformierbar? In: Aus Politik und Zeitgeschichte, B 10/2001, S. 29-37, Elmar Wiesendahl, Keine Lust mehr auf Parteien. Zur Abwendung Jugendlicher von den Parteien, In: Aus Politik und Zeitgeschichte, B 10/2001, S. 7-19, ausführlicher Franz Walter, Im Herbst der Volksparteien. Eine kleine Geschichte von Aufstieg und Rückgang politischer Massenintegration, Bielefeld, 2009, Elmar Wiesendahl, Mitgliederparteien am Ende?: Eine Kritik der Niedergangsdiskussion , Wiesbaden 2006, Uwe Jun, Oskar Niedermayer und Elmar Wiesendahl, Die Zukunft der Mitgliederpartei, 2009, Oscar Gabriel, Oskar Niedermayer und Richard Stöss (Hrsg.), Parteiendemokratie in Deutschland, 2. Aufl., Wiesbaden 2002, grundsätzlicher: Hans Herbert von Arnim, Volksparteien ohne Volk. Das Versagen der Politik, München 2009

[5] Niemand weiß so recht, was der in den achtziger Jahren in den USA aufgebrachte Begriff „The German Angst" eigentlich bedeutet, obwohl er seither immer wieder Furore macht. Dabei ist dieses Phänomen selbst keineswegs neu. Wer sich auch nur rudimentär in der deutschen Geistesgeschichte auskennt, weiß welche Horizonte sich mit dem Begriff „Angst" auftun, auf die natürlich hier nicht eingegangen werden kann. Es gibt geradezu eine „politische Kultur der Angst", die äußerst wirkungsmächtig und meist verhängnisvoll den Gang der deutschen Geschichte ein übers andere Mal bestimmt hat. Franz Neumann hat in seinem Aufsatz „Angst und Politik" (in: Franz Neumann, Demokratischer und auto-

ritärer Staat, Studien zur politischen Theorie, Frankfurt Wien 1967, S. 261ff) darauf hingewiesen, dass Angst die Freiheit der Entscheidung beeinträchtigt, ja unmöglich machen könne, denn nur der furchtlose Mensch kann sich frei entscheiden. Es nimmt deshalb nicht Wunder, dass autoritäre und vor allem totalitäre Bewegungen sich der Angst bedienen. Leo Lowenthal und Norbert Guterman sprechen von der „Charade vom Untergang" (in: Theodor W. Adorno und andere, Der autoritäre Charakter Bd. 1, S. 29, Amsterdam 1968), die von interessierter Seite inszeniert wird, um ihre Ziele durchzusetzen. Es ist deshalb mehr als nur eine Marotte, wenn der ehemalige Bundeskanzler Helmut Schmidt gerade auch im Hinblick auf die deutsche Bewältigung der Fukushima Katastrophe auf diese Grundbefindlichkeit der Deutschen warnend hinweist. Alle bedeutenden politischen Führungspersonen der deutschen Nachkriegsgeschichte – sei es Konrad Adenauer, der erste Bundeskanzler, oder Theodor Heuss, der erste Bundespräsident, sei es Willy Brandt, Herbert Wehner oder Helmut Schmidt – haben um diese fatale Neigung der Deutschen gewusst. Siehe weiterführende Literatur bei Sabine Bode: Die deutsche Krankheit – German Angst. Stuttgart 2006, Friedrich Ani: German Angst, München 2000, Bernhard Frevel: Wer hat Angst vor'm bösen Mann? Ein Studienbuch über Sicherheit und Sicherheitsempfinden, Baden-Baden 1998, Curzio Malaparte: Kaputt, Frankfurt a.M. 2007.

[6] Regierungserklärung von Bundeskanzlerin Dr. Angela Merkel, 114. Sitzung des 17. Deutschen Bundestages am 9. Juni 2011, in: Das Parlament, Debattendokumentati-

ANMERKUNGEN

on, S. 1, Berlin 14. Juni 2011

[7] Nur wenige Wochen zuvor hatte die Bundesregierung in ihrem „Jahreswirtschaftsbericht 2011" noch für eine befristete Verlängerung der Laufzeiten der vorhandenen Kernkraftwerke plädiert u.a. auch weil dadurch „die Klimaschutzziele möglichst effizient zu erreichen" seien. Unabhängig von der Laufzeitverlängerung würden zudem die Sicherheitsanforderungen an deutsche Kernkraftwerke erweitert und „auf höchstem Niveau fortgeschrieben". Im Atomgesetz sei deshalb eine zusätzliche Sicherheitsstufe verankert worden, wonach der Sicherheitszustand von Kernkraftwerken permanent entsprechend dem fortschreitenden Stand der Wissenschaft und Technik verbessert werden müsse. („Jahreswirtschaftsbericht 2011 der Bundesregierung", Deutscher Bundestag. 17. Wahlperiode Drucksache 17/4450 vom 19. 01.2011 S. 53).

[8] Der ehemalige Bundeswirtschaftsminister und derzeitige Vorsitzende der FDP Bundestagsfraktion, Rainer Brüderle, hatte in einem vertraulichen Gespräch mit Unternehmervertretern die Energiewende Merkel als unseriöses Wahlkampfgetöse lächerlich gemacht.

[9] Die Debatte über Auswirkung und Bedeutung der elektronischen Medien für die Demokratie wird schon seit Jahrzehnten geführt. Knappe, brauchbare Einführungen liefern Thomas Meyer, Inszenierte Politik und politische Rationalität, in Deutschland Trend Buch. Fakten und Orientierungen, hrsg. Von Karl-Rudolf Korte und Wer-

ner Weidenfels, Bonn 2001, Prof. Dr. Heribert Schatz, Zwischen Schmierenkomödie und Staatstheater: Politische Kommunikation in der Mediendemokratie, Rhein-Ruhr-Institut für Sozialforschung und Politikberatung GmbH FORUM Forschung 2002/2003, Hans J. Kleinsteuber, Mediendemokratie – kritisch betrachtet, In: medien + erziehung. 52. Jahrgang, Heft 4/08. München 2008. S. 13-22, siehe auch Philip Baugut/Maria-Theresa Grundler: Politische (Nicht-)Öffentlichkeit in der Mediendemokratie. Eine Analyse der Beziehungen zwischen Politikern und Journalisten in Berlin, Baden-Baden 2009, Ulrich Sarcinelli, (Hrsg), Machtdarstellung und Darstellungsmacht. Beiträge zur Theorie und Praxis moderner Politikvermittlung, Baden-Baden 2003, Ulrich Sarcinelli : Elite, Prominenz, Stars? Zum politischen Führungspersonal in der Mediendemokratie, in: Axel Balzer, Marvin Geilich, Shamim Rafat (Hg.):Politik als Marke – Politikvermittlung zwischen Kommunikation und Inszenierung , Münster 2005, Ulrich von Alemann , Stefan Marschall (Hg.): Parteien in der Mediendemokratie, Wiesbaden 2002, Heribert Schatz, Patrick Rössler, Jörg-Uwe Nieland (Hg.): Politische Akteure in der Mediendemokratie – Politiker in den Fesseln der Medien?, Wiesbaden 2002, Thomas Meyer : Mediokratie. Die Kolonisierung der Politik durch die Medien, Frankfurt 2002

[10] „Staatsschauspieler" nimmt hier Bezug auf eine Formulierung aus dem Buch eines der einflussreichsten Journalisten der Bonner Republik, Vgl. Jürgen Leinemann, Höhenrausch. Die wirklichkeitsleere Welt der Politiker,

ANMERKUNGEN

München 2004, S. 333

[11] Andreas Dörner, Politainment- Politik in der medialen Erlebnisgesellschaft, Frankfurt am Main 2001, Thomas Meyer, Rüdiger Ontrup und Christian Schicha, Die Inszenierung des Politischen, Wiesbaden 2000, Richard Meng, Der Medienkanzler. Was bleibt vom System Schröder? Frankfurt/Main 2002, zuletzt: Albrecht Müller, „Meinungsmache. Wie Wirtschaft, Politik und Medien uns das Denken abgewöhnen wollen", München 2009

[12] zitiert nach Jürgen Leinemann, Höhenrausch. Die wirklichkeitsleere Welt der Politiker, München 2004, Seite 333

[13] Albrecht Müller, Von der Parteiendemokratie zur Mediendemokratie. Beobachtungen zum Bundestagswahlkampf 1998 im Spiegel früherer Erfahrungen (Schriftenreihe Medienforschung der LfR – Landesanstalt für Rundfunk NRW) Bd. 30, Düsseldorf 1999, Peter Lösche, Parteienstaat in der Krise? Überlegungen nach 50 Jahren Bundesrepublik Deutschland, Friedrich Ebert Stiftung, Digitale Bibliothek, library.fes.de/ fulltext/ historiker/ 00632001.htm: „Der neue Parteitypus stellt sich als Medienpartei dar. Die nationale Parteiführung, sei es ein einzelner Parteiführer oder ein Duo oder eine Troika, kommuniziert mit den Mitgliedern, aber auch mit den Sympathisanten und Wählern direkt über die Medien. Dadurch werden die traditionellen Strukturen innerparteilicher Willensbildung, das Delegiertensystem, umgangen.

Die Parteifunktionäre, die Parteiaktivisten, die mittlere Parteielite verliert an Einfluß und Macht."

[14] Zur parteigeschichtlichen Bedeutung des „Godesberger Programms" von 1959 siehe Kurt Klotzbach: Der Weg zur Staatspartei. Programmatik, praktische Politik und Organisation der deutschen Sozialdemokratie 1945 bis 1965, Bonn 1982, Joseph Rovan, Geschichte der deutschen Sozialdemokratie, Frankfurt/Main 1980, Susanne Miller und Heinrich Potthoff, Kleine Geschichte der SPD, Darstellung und Dokumentation 1848 – 2002, 8. Auflage, Bonn 2002, Susanne Miller : Die SPD vor und nach Godesberg (Kleine Geschichte der SPD, Band 2, Theorie und Praxis der deutschen Sozialdemokratie), Bonn 1974, Helga Grebing : Geschichte der deutschen Arbeiterbewegung. Von der Revolution 1848 bis ins 21. Jahrhundert, Berlin 2007, Peter Lösche und Franz Walter, Die SPD: Klassenpartei – Volkspartei – Quotenpartei. Zur Entwicklung der Sozialdemokratie von Weimar bis zur deutschen Vereinigung Darmstadt 1992, Gesine Schwan und Alexander Schwan, Sozialdemokratie und Marxismus. Zum Spannungsfeld von Godesberger Programm und marxistischer Theorie, Hamburg 1974, ablehnend kritische Würdigung vor allem Wolfgang Abendroth, Aufstieg und Krise der deutschen Sozialdemokratie. Das Problem der Zweckentfremdung einer Partei durch die Anpassungstendenz von Institutionen an vorgegebene Machtverhältnisse, Frankfurt/Main 1964

ANMERKUNGEN

[15] Zur Bedeutung Helmut Schmidts für die deutsche Politik und seine Auseinandersetzungen mit seiner Partei siehe die akribisch genaue Biographie von Hartmut Soell, Helmut Schmidt. Band 1: Vernunft und Leidenschaft. 1918-1969. München 2003, ders, Helmut Schmidt. Band 2: Macht und Verantwortung. 1969 bis heute. München 2008, zudem hat sich der ehemalige Bundeskanzler zu Fragen der nationalen und internationalen Politik, vor allem der Sicherheits- ,Wirtschafts- und Finanzpolitik immer wieder geäußert, ohne auf den Kurs der SPD nach seinem Sturz 1982 expressis verbis einzugehen. Kenner der Texte werden die fundamentalen Differenzen mit seiner Partei allerdings leicht entschlüsseln können.

[16] Neben den bereits oben erwähnten Monographien (Anmerkung 14) sind die Memoiren führender Parteimitglieder von Interesse. Wegen seiner schonungslosen Offenheit immer noch lesenswert Hans Apel, Der Abstieg. Politisches Tagebuch 11978-1988, Stuttgart 1990, wenn auch nicht so bitter Horst Ehmke, Mittendrin. Von der Großen Koalition zur Deutschen Einheit, Berlin 1994, weniger ergiebig Hans-Jochen Vogel, Nachsichten. Meine Bonner und Berliner Jahre, München 1996 und Friedhelm Farthmann, Blick voraus im Zorn: Aufruf zu einem radikalen Neubeginn der SPD, Düsseldorf 1997

[17] Eppler hat sich in den vergangenen Jahrzehnten vielfältig zu Wort gemeldet, ohne je wieder ein Regierungsamt anzustreben. Insbesondere war er in den Grundsatzdebatten der Partei allgegenwärtig, für viele der entschei-

dende Stichwortgeber. Siehe u.a. Erhard Eppler, Plattform für eine neue Mehrheit. Ein Kommentar zum Berliner Programm, Bonn 1990, ders. Eine Partei für das zweite Jahrzehnt: Die SPD? Berlin 2008

[18] Dass die vielen Grundsatzdebatten die Partei nicht weiterbrachten, sie vielmehr in die Irre führten und in eine falsche Sicherheit wiegten, zeigte sich spätestens bei der Übernahme der Regierungsverantwortung im Jahre 1998. Von einem tragfähigen, zukunftsweisenden Regierungsprogramm konnte keine Rede sein.

[19] Ex-Bundeskanzler Gerhard Schröder hat dies in seinen Erinnerungen auch freimütig zugegeben, vgl. Gerhard Schröder, Entscheidungen. Mein Leben in der Politik, Hamburg 2006, S. 83ff

[20] Detaillierte Beschreibungen des Desasters vgl. Daniel Friedrich Sturm, Wohin geht die SPD, München 2009. Wenn auch Altersmilde gestimmt jedoch unzweideutig: Gerhard Schröder. Entscheidungen. Mein Leben in der Politik, Hamburg 2006, Franz Müntefering, Tissy Bruns, Macht Politik! Freiburg/Breisgau 2008, zuletzt Peer Steinbrück, Unterm Strich, Hamburg 2010. Einen brauchbaren knappen Überblick bietet Franz Walter, Die SPD. Biographie einer Partei, Reinbek bei Hamburg 2009, ders. Abschied von der Toskana. Die SPD in der Ära Schröder, Wiesbaden 2005, siehe weiter Heiko Geiling (Hrsg): Die Krise der SPD. Autoritäre oder partizipatorische Demokratie, Münster 2009, Micus, Matthias, Die Enkel Willy

ANMERKUNGEN

Brandts, Aufstieg und Politikstil einer SPD-Generation, Frankfurt/Main. 2005, Wolfgang Merkel u.a. Die Reformfähigkeit der Sozialdemokratie, Wiesbaden 2006. Den Modernisierungskurs der SPD aus grundsätzlicher Sicht ablehnend: Oskar Lafontaine, Das Herz schlägt links, München 1999, ders., Die Wut wächst. Politik braucht Prinzipien, Berlin 2003, Albrecht Müller, Die Reformlüge, München 2004, Christian von Ditfurth, SPD – eine Partei gibt sich auf, Berlin 2000, auch Sozialdemokraten standen dem Modernisierungsweg Schröders skeptisch gegenüber: Andrea Nahles, Ulrich Maurer, Niels Annen, Hermann Scheer und Sigrid Skarpelis-Sperk, Zeit für einen Neuanfang, 2003, Detlev Albers, Andrea Nahles (Hrsg.), Linke Programmbausteine. Denkanstöße zum Hamburger Parteitag der SPD, Berlin 2007, Ottmar Schreiner, Die Gerechtigkeitslücke. Wie die Politik die Gesellschaft spaltet, Berlin 2008,

[21] Reformen wie die Lockerung des Kündigungsschutzes, die Einführung eines demographischen Faktors in der Berechnungsformel von Rentenanwartschaften, die finanzielle Selbstbeteiligung im Gesundheitswesen oder die Minderung der gesetzlichen Lohnfortzahlung im Krankheitsfall waren keineswegs alle so unvernünftig, wie die SPD im Wahlkampf immer behauptet hatte. Im Verlauf ihrer Regierungszeit – vor allem nach dem Abgang von Oskar Lafontaine – hat sie dann Reformen dieser Art selber wieder aufgegriffen und teilweise sogar verschärft.

[22] Gerhard Schröder und Tony Blair, Der Weg nach vorne für Europas Sozialdemokraten, London, Berlin 1999

[23] Bei der ebenso geschickten wie medial äußerst erfolgreich vermarkteten Präsentation von „New Labour", die ja schon Jahre vor dem fulminanten Wahlsieg Blairs 1997 auf Touren gekommen war, wäre es sehr leicht gewesen, das britische Erfolgsrezept genauer unter die Lupe zu nehmen. Doch konzeptionell war die SPD in den neunziger Jahren noch mit ganz anderen Themen befasst als die britischen Sozialdemokraten um John Smith, Gordon Brown und Tony Blair. Einer der wenigen Spitzenpolitiker, der den neuen Ansatz von „New Labour" aufnahm, war Bodo Hombach, Aufbruch. Die Politik der neuen Mitte, München, Düsseldorf 1998, früher Hinweis auf die Bedeutung des neuen Führungsduos Blair/Brown vgl. auch Klaus Funken, Großbritannien: Ende der Tory-Herrschaft dank „neuer" Labourparty, Friedrich Ebert Stiftung, Bonn 1994

[24] Eine der wenigen Spitzenpolitiker der SPD, die dem Schröder-Blair Papier etwas abgewinnen konnte, war Nina Hauer, Keine Angst vor Schröder und Blair, In: Die Neue Gesellschaft//Frankfurter Hefte, 46. Jg. (1999), H. 9, S. 773-775

[25] Redebeitrag Hans-Jochen Vogel, In: Protokoll des SPD-Parteitages in Münster am 30. 8. 1988, Seite 551, vgl. dazu auch Klaus Funken, 25 Jahre Frauenquote sind

ANMERKUNGEN

genug, in: NachDenkSeiten, 14. Juni 2011

[26] Robert Michels, Zur Soziologie des Parteienwesens in der modernen Demokratie. Untersuchungen über die oligarchischen Tendenzen des Gruppenlebens, 2. Auflage, Stuttgart 1957. Michels politischer Weg vom Sozialismus über Syndikalismus und Anarchismus zum Faschismus italienischer Prägung hat seine Theorie in Verruf gebracht. Vor allem von bolschewistischer Seite wurde er – wen wundert es – heftig attackiert. Michels ist trotz alledem einer der einflussreichsten Parteiensoziologen des zwanzigsten Jahrhunderts.

[27] Vgl. seinen Brief an Fritz Erler am 16. Dezember 1957, in Hartmut Soell, Fritz Erler – eine politische Biographie, Bd. 1, S. 630, Berlin-Bonn-Bad Godesberg 1976, Hans Apel kommt mehr als dreißig Jahre später zu einer ähnlichen Bewertung. (Die deformierte Demokratie, Stuttgart 1991)

[28] Eine brauchbare Einführung liefern Andras Kießling, Sind die Parteien reformierbar, Aus: Politik und Zeitgeschichte (B 10/2001), für die SPD Peter Lösche, Verkalkt – verbürgerlicht – professionalisiert. Der bittere Abschied der SPD von der Mitglieder- und Funktionärspartei, in: Universitas, H. 650 (2000), S.779-793, Bodo Zeuner, Innerparteiliche Demokratie, Handwörterbuch des politischen Systems der Bundesrepublik, Opladen 2003

ANMERKUNGEN

[29] Vor allem die Schriften von Hans Herbert von Arnim und Albrecht Müller widmen sich dem Machtmissbrauch der politischen Klasse, zuletzt Hans Herbert von Arnim, Die Deutschlandakte. Was Politiker und Wirtschaftsbosse unserem Land antun, München 2008, ders. Volksparteien ohne Volk. Das Versagen der Politik, München 2009, Albrecht Müller, Machtwahn,

[30] Frauenquote ist nicht gleich Frauenquote. Die Frauenquote in einer Partei verletzt das Demokratieprinzip, das für Parteien verfassungsrechtlich vorgeschrieben ist. Eine gesetzlich vorgeschriebene Frauenquote in den Vorständen von Unternehmen verletzt das Vertragsrecht und das Eigentumsrecht. Die Eigentümer können nicht mehr frei entscheiden, wer ihr Unternehmen führen soll. Allerdings ist allen verpflichtenden Quotenregelungen gemein, dass sie Artikel 3, Abs. 3, Satz 1 verletzen, nach dem „niemand ... wegen seines Geschlechtes benachteiligt oder bevorzugt werden darf".

[31] siehe ausführlicher dazu: Klaus Funken, 25 Jahre Frauenquote sind genug, in NachDenkSeiten 4. Juni 2011, sowie Ingwer Ebsen, Verbindliche Quotenregelungen für Frauen und Männern in Parteistatuten, Heidelberg 1988

[32] Hans Apel, Der Abstieg, Politisches Tagebuch 1978–1988, Stuttgart 1990, S.450

ANMERKUNGEN

[33] Ingwer Ebsen, Verbindliche Quotenregelungen für Frauen und Männern in Parteistatuten, Tübingen 1988, S. 9. Der Staatsrechtler Ingwer Ebsen hatte im Auftrag des SPD Parteivorstandes das Gutachten erarbeitet. Als Befürworter der Quotenregelung ist er juristischer Kronzeuge in der innerparteilichen Auseinandersetzung vor Münster gewesen. Allerdings wurden entscheidende Passagen seines Gutachtens wissentlich oder unwissentlich übersehen.

[34] Ingwer Ebsen, Ebenda

[35] Redebeitrag G. Jahn, In: Protokoll des SPD-Parteitages in Münster am 30. 8. 1988, Seite 102f

[36] Entscheidungen des Bundesverfassungsgerichts, Bd. 109, S. 89, Tübingen 2004

[37] Entscheidungen des Bundesverfassungsgerichts, Bd. 85, S. 207, Tübingen 1995

[38] Entscheidungen des Bundesverfassungsgerichts, Bd. 109, S. 90, Tübingen 2004

[39] Diese Benachteiligung setzt am passiven Wahlrecht an, was nichts anderes bedeutet, als dass die Wählbarkeit der Männer beschränkt wird.

[40] Redebeitrag Hermann Bachmeier, In: Protokoll des SPD-Parteitages in Münster am 30. 8. 1988, Seite 101f

[41] 9. Redebeitrag Ulrich Lang, In: Protokoll des SPD-Parteitages in Münster am 30. 8. 1988, Seite 109

[42] vgl. Beschluss zur Gleichstellungspolitik der SPD auf dem Nürnberger Parteitag 25.- 29.8.1986

[43] Ludwig Stiegler, Wieviel „Quoten" braucht die SPD? In: Die Neue Gesellschaft/Frankfurter Hefte Nr. 1, 1988, S. 13

[44] Redebeitrag Karin Junker, In: Protokoll des Bundesparteitages, Bochum 2003, S. 201

[45] SPD-Pressedienst vom 16. Juli 1985

[46] Ingwer Ebsen, Verbindliche Quotenregelungen für Frauen und Männer in Parteistatuten, S.25f

[47] Redebeitrag Hans-Jochen Vogel, In: Protokoll des SPD-Parteitages in Münster am 30. 8. 1988, Seite 550f

[48] Ebenda

ANMERKUNGEN

[49] Karsten D. Voigt nach der Wahl: „Da müht man sich seit Jahrzehnten für die Partei – und dann dies!" Jahrbuch,... S. 186

[50] Hans Apel hat in seinem Tagebuch die Stimmung in den Führungsgremien der Partei beschrieben: „In persönlichen Gesprächen hält niemand diese Quotierung für sinnvoll. Auch die meisten Frauen sind dagegen, sie ziehen einen politischen Aufstieg ohne die Krücke der Quote vor. Auch sie befürchten, daß sich künftig weniger qualifizierte Männer in der SPD engagieren, weil ihre Aufstiegschancen über Jahre blockiert sind. Doch bis auf wenige Ausnahmen sind wir alle elende Feiglinge. Wir haben Angst vor der organisierten Kraft der Frauen in der ASF und hoffen, daß der Kelch der Quote an uns vorübergeht." (Hans Apel, Der Abstieg, Politisches Tagebuch 1978-1988, Stuttgart 1990, S. 450). Doch der Kelch ging weder an der Partei noch an Apel nicht vorüber.

[51] Redebeitrag Helmut Kuhn, In: Protokoll des SPD-Parteitages in Münster am 30. 8. 1988, Seite 114

[52] Gerhard Jahn, Quotierung: der einzige Weg zur Gleichheit, in: Vorwärts Nr. 29, 16. Juli 1988, S. 15

[53] Redebeitrag Inge Wettig-Danielmeier, In: Protokoll des SPD-Parteitages in Münster am 30. 8. 1988, S. 88.

[54] 22. Redebeitrag Karin Junker, Protokoll des Bundesparteitages der SPD, Bochum 17.-19. 11. 2003, S. 201

[55] 23. Redebeitrag Karin Junker, ebenda

[56] Gerhard Jahn, Quotierung: der einzige Weg zur Gleichheit, In: Vorwärts Nr. 29. 16. Juli 1988, S. 15

[57] Alle nachfolgenden Zahlen stammen aus den diversen „Gleichstellungsberichten der ASF" für die Bundesparteitage der SPD.

[58] Redebeitrag Hans-Jochen Vogel, In: Protokoll des SPD-Parteitages in Münster am 30. 8. 1988, Seite 551

ASF, 81
Merkel, 332 P.
          312
Eppler, 145 P.P.
Medien, 168
Grüne, 169
Oskar, 170
Rente, 201
Quok, 222
Merkel,
Euro, SPD 224
Guido, SPD
          225 P.
          243 P.
          ───
          269

Fem + Öko, 187 P.1.
Wald

Printed in Germany
by Amazon Distribution
GmbH, Leipzig